给教师的101条
新建议丛书

从三维目标到核心素养 | 给政治教师的 101条新建议

朱开群 主编

南京师范大学出版社

图书在版编目(CIP)数据

从三维目标到核心素养:给政治教师的101条新建议/朱开群主编. — 南京:南京师范大学出版社,2019.6
(给教师的101条新建议丛书)
ISBN 978-7-5651-3966-6

Ⅰ.①从… Ⅱ.①朱… Ⅲ.①政治课－教学研究－中学 Ⅳ.①G633.202

中国版本图书馆 CIP 数据核字(2019)第 000104 号

丛 书 名	给教师的101条新建议丛书
书 名	从三维目标到核心素养:给政治教师的101条新建议
主 编	朱开群
策 划 人	戴联荣 王 艳
责任编辑	徐文娟
出版发行	南京师范大学出版社
地 址	江苏省南京市玄武区后宰门西村9号(邮编:210016)
电 话	(025)83598919(传真) 83598412(营销部) 83373872(邮购部)
网 址	http://press.njnu.edu.cn
电子信箱	nspzbb@njnu.edu.cn
照 排	南京理工大学印刷照排中心
印 刷	盐城市华光印刷厂
开 本	787毫米×960毫米 1/16
印 张	23.25
字 数	381千
版 次	2019年6月第1版 2019年6月第1次印刷
书 号	ISBN 978-7-5651-3966-6
定 价	59.00元

出 版 人 彭志斌

南京师大版图书若有印装问题请与销售商调换
版权所有 侵犯必究

编委会主要成员

主　　编：朱开群
副 主 编：王德明
编写人员（按姓氏笔画排序）

王延东　王庆军　王恒富　王锦飞　成　洁
朱丽萍　刘　雁　孙全军　严卫林　李　峰
李忠勇　李建军　肖凤杰　沈雪春　张　翰
张园园　张惠英　陈汉清　陈晓凤　季成伟
洪　敏　姚敬华　顾爱勤　殷久华　殷斌宇
黄　娟　崔维云　康　敏　舒兰兰　薛亚春

目 录

第一章 活动型学科课程与议题式教学

1. 活动型课程要尝试主题探究 / 3
2. 活动型课程要实施议题教学 / 6
3. 活动型教学要充满思辨色彩 / 9
4. 活动型教学要树立综合思维 / 13
5. 活动型教学要坚持"五大转变" / 16
6. 活动型教学要坚持价值引领 / 22
7. 议题式教学要坚持"一大指向" / 25
8. 议题式教学要依托"两大载体" / 28
9. "议题"设置的三个条件 / 31
10. 把握"议题"的四个特征 / 34
11. 议题式教学要处理好五个关系 / 36

第二章 政治核心素养解读与实施

12. "政治认同"之解读 / 41
13. "科学精神"之解读 / 45
14. "法治意识"之解读 / 48
15. "公共参与"之解读 / 51
16. 如何构建有政治认同的思想政治课堂 / 54
17. 课堂教学如何培养学生的科学精神 / 57

18. 如何在教学中培养学生的法治意识 / 60

19. 教学中公共参与意识的渗透 / 64

20. 如何让科学精神成为课堂的"主心骨" / 67

21. 如何在课堂教学中提升学科核心素养 / 70

22. 如何挖掘思想政治课教材中的核心素养 / 73

23. 从一次优秀课展评看道德与法治课成绩与进步 / 77

24. 从一次优秀课展评看道德与法治课期待与展望 / 80

第三章 深度教学与主题情境探究式教学

25. 研究"深度教学"要从研究"深度学习"开始 / 87

26. "深度教学"与"非认知学习" / 90

27. "深度教学"是基于真实问题情境的教学 / 93

28. "深度教学"是基于高质量问题的教学 / 96

29. "深度教学"是基于思辨的教学 / 100

30. "深度教学"是基于整合的教学 / 103

31. 主题情境探究式:一种新的教学引领方式 / 106

32. 主题情境探究式教学的三条主线 / 109

33. 创建思想政治课"主题情境探究"新范式 / 112

34. 开启思想政治课情境教学的新局面 / 115

35. 让问题成为主题式案例教学的"多重纽带" / 119

36. 道德与法治课主题式案例教学"三问" / 122

37. 探究式教学讲究"情·真·意·切" / 126

38. 主题式案例教学:让道德与法治课"多快好省" / 129

39. 如何通过问题设置来提高探究实效 / 133

40. "半结构化"教学情境的设计 / 137

第四章 教学评价与教学反思

41. 基于核心素养的课堂教学强调什么 / 143

42. 构筑"为核心素养而教"的素养工程 / 146

43. 政治学科核心素养的评价要素及实践操作 / 149

44. 培育核心素养必须处理好的几对关系 / 152

45. 核心素养:还道德与法治课应有的"绿水青山" / 155

46. 视界融合:一种新的评价话语 / 158

47. 反思型教学:政治教师专业发展的助推器 / 161

48. 政治课需要什么样的课堂教学逻辑 / 164

49. 课堂"伪"对话的表现及其克服策略 / 168

50. "问题教学"之问题 / 171

51. 学生为主体,教师也不能缺失自己 / 175

第五章　教学设计与教学艺术

52. 教学设计如何综合平衡、优化组合出精品 / 181

53. 不妨对教材进行"第二次开发" / 185

54. 不妨开展第二次备课 / 188

55. 课例研修:让教师成为集体备课的"自由人" / 191

56. 从学情分析角度看教材"二次开发"的"度" / 194

57. 在集体备课中如何处理"伙伴"关系 / 198

58. 实现课堂的别样翻转的艺术 / 202

59. 思想政治课教学的对话艺术 / 205

60. 思想政治课教学的有效追问艺术 / 208

61. 思想政治课教学中七种语言的设计艺术 / 212

62. 思想政治课教学的留白艺术 / 216

63. 学生创造性思维培养的发问艺术 / 221

64. 思想政治课教学的语言艺术 / 225

第六章　主体意识与品味课堂

65. 唤醒学生主体意识的"一二三"实践 / 231

66. 在教学过程中还学生质疑权 / 235

67. 教师不妨"留一手" / 238

68. 注重学生提问：学生主体性教学的应然选择 / 241

69. 通过开发学生资源生成精彩课堂 / 245

70. "以学论教"课堂四法 / 248

71. 创建具有翻转课堂式的微课 / 252

72. 创建具有思辨含量的课堂 / 256

73. 创建具有选择智慧的课堂 / 259

74. 创设师生互动的课堂 / 263

75. 创设有灵魂的课堂 / 266

76. 创设有趣味的课堂 / 269

77. 教学与生活的水乳交融 / 274

78. 生活化教学中素材甄选的策略 / 278

79. 让思想政治课教学回归生活 / 282

80. 让思想政治课植入生活土壤 / 286

81. 教学激情有何用？激情从哪来？ / 290

82. 构建激情课堂需要专情课程和移情课外 / 293

83. 构建激情课堂要关注"心育"渗透 / 296

84. 让民谣唤醒学生的学习热情 / 299

85. 构建激情课堂的几种方法 / 303

86. 自媒体时代：寻觅思想政治课之走向 / 308

87. "未来教室"为政治课搭建多功能平台 / 311

88. 对高中政治学科移动学习的尝试 / 314

89. "互联网＋教育"背景下中学德育教学改进方法 / 317

90. "翻转课堂"教学模式在中学政治课上的应用 / 320

第七章　范式建构与有效命题

91. 主题情境探究式教学的基本范式 / 325

92. "双背景教学"实践的实施 / 329

93. 思想政治课"导学式"教学模式的应用 / 333

94. "自主—合作—创新"三维教学模式实践 / 336

95. "学案教学"探索 / 339

96. 向 PISA 学习试题命制 / 343

97. 实现由"能力立意"向"素养立意"转变 / 347

98. 提高命题情境创设的质量 / 350

99. 打造"秀外慧中"的优质选项 / 354

100. 基于真问题的主观题设问 / 358

101. 做一名会命题的政治教师 / 361

第一章 活动型学科课程与议题式教学

1

活动型课程要尝试主题探究

《普通高中思想政治课程标准(2017年版)》与旧版相比,一个引人注目的变化就是将高中思想政治的学科性质从"基于生活的学科课程"转变为"综合性、活动型学科课程"。但不管思想政治学科性质如何变化,有一点是不容置疑的,那就是"活动型学科课程"仍然离不开情境和知识两大载体。基于核心素养的教学的最本质特征是什么?是真实情境下的问题解决。要在课堂教学中落实核心素养,要让"活动型学科课程"真正在课堂教学中落地,教师就要从"知识—知识"的教学呈现方式向"情境—问题—知识"的教学呈现方式转变,强调让学生在真实的问题情境下,通过自主学习、合作学习、探究学习,将所学知识迁移到新情境中去解决实际问题。

一、"主题情境探究教学"的内涵及实施缘由

"主题情境探究"教学,是以主题为中心,以情境为载体,以问题为桥梁,以探究为途径,将情境预设成为与教学内容相关的一个主题系列。通过一系列问题设计,将情境与教学内容紧密联系起来,引导学生在现象和本质的统一中探究,从而使教学的主题性、整体性、逻辑性更强,并实现情境由小到大、由远到近、由国家社会到自身的有机连接。在高中思想政治课教学中积极探索和实施"主题情境探究教学"主要出于以下三点缘由:

1. 源于对当前中学思想政治课情境教学现状的反思

当前主题活动型教学在政治课教学中已被广泛运用,也有很多研究成果

发表,并已产生了较好的效果。但在现行的中学政治课主题活动型教学中,情境、案例的选择大多往往是随意的、杂乱的、无序的、碎片式的,缺少逻辑性、整体性和系统性的要求。有时反而冲淡了教学效果。本课题的研究者认为,主题活动型课堂教学必须在教学目标的指引下,通过一个完整的情境和系列的探究性问题,使教学的逻辑性、整体性、探究性更强。

2. 源于新的一轮基于核心素养的课堂改革对课堂教学的期盼

以核心素养为指向的课程改革即将启幕,要将基于核心素养的教育教学改革真正落到实处,有赖于不可或缺的四根支柱,即课程是灵魂、评价是关键、学习方式和教学方式的变革是中心环节、教师素养及培养是保障。那么,基于核心素养的教学与传统的教学有什么区别呢?基于核心素养的教学强调的侧重点在哪里呢?我们认为,主要表现在以下六个方面:一是价值引领,这是核心素养的本质和核心;二是非认知技能,如沟通与交流、团队合作、社会参与及社会贡献、自我规划与管理等;三是真实情境,强调要建构真实、复杂、综合、两难、模糊、结构不良的课堂教学情境;四是知识迁移和问题解决,学生能将所学知识迁移到真实的问题情境中,发现问题、分析问题、解决问题;五是综合思维,包括学科内的综合和学科间的综合,学生能在问题化情境中,在综合地带和边缘地带,进行知识与知识的碰撞、知识与知识之间的联系;六是高阶思维,尤其是国际公认的开放性思维、批判性思维、创新性思维等。而核心素养的这些要求,与主题活动型教学是一致的。因为,主题活动型教学最主要特征就是主题性、活动性和生成性。

3. 契合了国家提倡的社会主义核心价值观

主题活动型课堂教学最本质的立意是"培养什么人,如何培养人",以"立德树人"为最高价值取向;教学的"主题"的选择要坚持弘扬主旋律、坚持正确的价值导向原则;教学的实施过程本身就是一个探索社会主义核心价值观的实施路径的过程。

二、"主题情境探究教学"的实施及典型课例

主题情境首先是一种"主题思想",这是全课的灵魂所在。好课首先要有思想、有灵魂;其次是一种"主题情境",如人物、事件、案例等。如西安交通大学苏州附属中学的刘雁老师在"传统文化的继承与发展"一课教学设计中,以

"弘扬爱国主义,在继承与发展中传承爱国主义"为主题思想,以"中国古代爱国主义和当代爱国主义"为主题情境,形成古代爱国主义和当代爱国主义两大板块,形成主题情境线(将真实情境整合成一个主题系列)、主体互动线(问题互动、谈话互动、探究互动等)、主干知识线(实现情境与知识的有机连接)和价值引领线(体现立德树人的学科本位)四条主线。如以"古代爱国主义"为例,主题情境探究教学可以这样呈现(见表1-1):

表1-1 主题情境探究教学的方式示例

主题板块	主题情境(思想)线	主体互动线	主干知识线	价值引领线
篇一:爱国主义的昨天(古代爱国主义)	主题情境:从中国古代的人物、作品等看中国古代爱国主义的特点;主题思想:"中国古代爱国主义"的特点,从中国古代爱国主义看当时人们如何对待传统文化	议题:如何辩证认识和对待中国古代爱国主义? 分享:分享你所了解的反映古代爱国主义的英雄人物、诗歌、名人名言等,并说说你的感悟。 探究:中国古代爱国主义有何特点? 针对古代爱国主义所呈现出的特点,我们对中华传统文化应该持什么态度? 思辨:岳飞作为中国古代爱国主义的代表人物,在他身上具有浓郁的"封建忠君"甚至"愚忠"思想意识,但为什么说"不妨碍他是一个伟大的爱国主义者"?	1. 传统文化的特点; 2. 对待传统文化要取其精华、去其糟粕	1. 引导学生充分认识以"爱国主义"为核心的中华优秀传统文化在国家发展中的重要作用,增强对优秀中华传统文化的认同感,增强中国特色社会主义的文化自信。 2. 引导学生正确认识和对待中华传统文化

2

活动型课程要实施议题教学

新颁布的《普通高中思想政治课程标准(2017年版)》将学科性质定位为"活动型课程"。那么,如何实施高中思想政治"活动型课程"呢?新课标提出的一个重要实施路径就是围绕议题设计活动型学科课程的教学。

一、何为议题?

那么,何为"议题","议题"与"问题"的区别在哪里,如何在课堂教学中结合教学内容设计"议题",就成为高中思想政治课一线教师迫切需要解答的三个问题。笔者认为,议题既包括学科课程的具体内容,也包括学生学习探究的思维过程,还展示价值判断的基本观点;既具有开放性、引领性,又体现教学重点,针对教学难点。"议题"作为"问题"的升级版,具有如下四个特征:一是形式的多元性。"议题"不仅仅是以"问题"的形式呈现,在课堂教学中所涉及的调查研究、活动体验、问题探究、师生互动、课堂思辨等都是"议题"教学的组织形式。二是问题的序列化。"议题"不再是一个个孤立的问题,而是围绕某一探究主题所进行的系列化、序列化的问题设计,是一个连续的、层层递进的问题链。三是思维指向的多维性。每一个"议题"所设计的问题链中,包括多种思维指向、多种问题形式、多种设问方式。四是课内课外的双向性。"议题"既包括课内的探究,也包括课外的调查研究、研究性学习、微课题研究、微论文写作等。围绕议题展开的活动设计,包括提示学生思考问题的情境、应用资料的方法、共同探究的策略,并提供表达和解释的机会。活动设计应有明确的目标和清晰的线索,统筹议题涉及的主要内容和相关知识,并进行序列化处理;要了解学生对议题的认识状况及原有经验,以提高教学的针对性和实效性;还要了解议题的实践价值,创造丰富多样的教学情境,引导学生面对生活世界的各种现实问题。

二、议题教学例析

在《普通高中思想政治课程标准(2017年版)》中有这样一个议题式教学的案例:

议题:如何理解校训的价值追求?

校训是一个学校办学理念的凝练,反映了该校最重要的价值追求,对学生形成价值观会产生重要的影响。以此为议题设计教学,可组织学生参与搜集与本校校训有关的各种素材,并搜集、比较其他学校的校训,在此基础上,组织学生讨论以下问题:① 校训确立的依据是什么? ② 校训对学校教书育人产生了哪些影响?

围绕这个议题的设计,可"领悟社会存在决定社会意识,理解价值观的形成与时代与环境密切相关"(必修模块课程4:哲学与文化内容要求2.1),例如,通过对本校校训的探源,思考不同区域、领域的价值追求是怎样提出的,这些价值追求同人们的价值观的形成有什么联系,进而探讨社会主义核心价值观对国家、社会和个人的发展有什么作用。

作为活动型学科课程的教学设计,还可以把这个议题当作价值观教育系列活动设计的一个环节,如家风、班风、乡规民约、职业精神、重大活动口号的提炼等,都能够成为这个系列活动的组成部分。以系列活动的设计为载体,使有关价值观教育的学科内容生活化、生动化、结构化,充分体现活动型学科课程的教学特点和优点。

下面还以西安交通大学苏州附属中学的刘雁老师在"传统文化的继承与发展"一课的议题式教学设计为例。在本课的教学中,刘雁老师设计了"爱国主义的昨天与今天"这个总议题,并分设为"如何辩证认识和对待中国古代爱国主义"和"如何辩证认识和对待中国当代爱国主义"两个分议题,每个议题又包括分享、探究、思辨等多种形式。

如,第一个议题——"如何辩证认识和对待中国古代爱国主义"的问题链设计是:① 分享:分享你所了解的反映古代爱国主义的英雄人物、诗歌、名人名言等,并说说你的感悟。② 探究:中国古代爱国主义有何特点?针对古代爱国主义所呈现出的特点,我们对中华传统文化应该持什么态度?③ 思辨:岳飞作为中国古代爱国主义的代表人物,在他身上具有浓郁的"封建忠君"甚至"愚忠"思想意识,但为什么说"不妨碍他是一个伟大的爱国主义者"?

再如,第二个议题——"如何辩证认识和对待中国当代爱国主义"的问题链设计是:① 分享:从某一具体事例谈谈你对当代爱国主义的认识和理解。② 探究:我国当代爱国主义有何特点?针对当代爱国主义所呈现出的特点,我们对中华传统文化应该持什么态度?③ 思辨:为什么说在中国当代爱国与爱党、爱社会主义是一致的?在中美贸易战的背景下,有人提出抵制美货的主张,你是否认同?如何理解实现中华民族伟大复兴的中国梦与建设人类命运共同体的一致性?

议题式教学的评价,建议采取"求同"取向和"求异"取向相结合的评价和验证思路。这是一种有统一标准、无标准答案的评价。应以基本观点为统一标准,在此前提下,鼓励学生运用相关学科的知识和技能,基于不同经验,运用不同视角,利用不同素材,表达不同见解,提出不同的问题解决方案。要通过议题教学,既评价达成基本观点的过程,也评价实现教学设计的效果。

3

活动型教学要充满思辨色彩

价值引领和实践导行是高中思想政治课的核心理念和根本价值追求,也是基于核心素养的课堂教学的核心理念和根本价值追求。而在教学过程中如何进行价值引领,实施路径至关重要。在知识经济和信息化的时代,各种思想文化相互影响、相互渗透,尤其是网络和各种自媒体都成为学生获取知识和信息的重要渠道,这就使得学生接受各种知识的渠道具有明显的多元化特征。而且,当今的高中学生与以前的学生相比,思想的独立性、选择性、多变性、自主性和批判性明显增强。这就要求我们在课堂教学中,努力追求开放的辨析式的教学设计,通过"辩题"让学生理性面对不同观点,经历自主辨析、体验、感悟的过程,从而自主做出判断,在理性的思辨中,在真实情境下的体验感悟中,逐步形成正确的世界观、人生观和价值观。

实施"思辨型教学"可通过以下路径来实施。

一、整体设计式思辨教学

2013年江苏省高中政治青年教师基本功大赛,南师附中的一位青年教师在设计"实践是认识的基础"一课的教学时,就将思辨教学贯穿于教学过程的始终,令人耳目一新。她围绕教学内容设计了三个教学情境,每个教学情境都渗透出思辨特征。

教学情境一:"秀才不出门,全知天下事"与"秀才不出门,难知天下事"是否矛盾?

教学情境二:"兴趣是最好的老师"与"实践是认识发展的动力"你赞同哪个观点?

教学情境三:历史上检验真理的标准存在着"用多数人的认识来检验""用权威理论来检验"和"用实践来检验"的争论。你的观点是什么?说说你的理由。

二、辩题辩论式思辨教学

以西安交通大学苏州附属中学的刘雁老师在"传统文化的继承与发展"一课的教学为例,在本课的教学中,刘雁老师通过确定恰当的辩题引领学生进行辨析式学习,在思辨中实现"活动型课程"的学科定位,在思辨中实现积极价值观的思想引领。

例如,在板块一"中国古代爱国主义"的教学中,她围绕岳飞这样一个中华民族几乎家喻户晓的抗金将领,设计了这样的"辩题":"岳飞作为中国古代爱国主义的代表人物,在他身上具有浓郁的'封建忠君'甚至'愚忠'思想意识,但为什么说'不妨碍他是一个伟大的爱国主义者'?"通过引导学生思辨,达成了这样的共识:无论何时何地,岳飞精忠报国的思想作为爱国主义的重要财富,是中华民族精神的重要体现;在当时的历史条件下,岳飞爱国抗金符合人民的利益和中华民族的利益;评价古代爱国主义,从本质上看维护了中华民族、中国人民和中华文化的延续和发展,就值得继承和弘扬。这样的思辨教学,就可以引领学生将对"古代爱国主义"的认识引向深入,走向升华。

再如,在"当代中国的爱国主义"这一主题板块的教学中,课前通过调查发现,学生的主要思想困惑是:为什么在当代中国,爱国就必须爱党和爱社会主义;面对中美贸易摩擦,为什么我国既要积极回应,出台相应的反击措施,但又不能走回闭关自守的老路,更不能采取抵制美货的极端做法,不能让爱国主义成为"糊涂的爱";在奋力实现中华民族伟大复兴的中国梦的今天,如何实现"中国梦"与"个人梦"有机统一。在课堂教学中,她紧紧围绕学生的这些思想困惑设计"辩题",使学生认识到:爱国与爱党、爱社会主义本质上是一致的(情怀);爱国需秉持理性精神和遵循法治轨道相统一(能力);爱国要坚持中国梦与个人梦,中国梦与人类命运共同体建设相结合(行动),从而实现爱之心、爱国之才和爱国之为的有机统一,这才是当代中国真正的爱国主义。

三、思辨讲解式思辨教学

例如,笔者在讲"传统文化的继承和发展"的内容时,以案例探究的形式引导学生就"如何正确对待中国传统的孝道"展开讨论。案例是这样的:北京有一位青年从21岁起便辞职全力照顾父亲,10多年来不工作、不恋爱、不娶妻,不会上网,也没有手机,从不与人交往,专以照顾植物人父亲为唯一的职责和工作。你如何看待北京这位青年的孝行?

在学生充分讨论并发表意见的基础上,笔者也发表了自己对这一问题的看法:孝行在任何时代都让人感动。孝子的牺牲和奉献精神,在今天这个利他精神稀缺的社会,自然更会感动众人。但社会对孝子的表彰,却需要理性的指导和格外的慎重,而不能专以极端和感人为最高标准。当一个青年在将自己的生命价值也奉献给父亲的过程中成为另一个生命的附庸时,这种奉献就有了残酷的意味。今天的中国社会需要文化重建和呼唤传统回归,但尊重每个人的自由意志和生命价值的基本价值观,不能在回归传统、弘扬孝道的名义下被否定。今天的年轻人,首先要尽自己的最大努力为老人提供幸福和安宁,不能成为自私、逃避责任的一代。但孝道也不等于放弃自主和独立。今天的孝子也应该是具有独立精神和自主意志的个体,他的生命,理当在学习、工作和对社会的奉献中,作为一个完整的社会人而体现其价值。这样的充满思辨色彩、具有理性精神的讲解,对学生如何在新时代正确继承弘扬和发展创新中国传统的"孝道"思想产生了积极的启迪作用。

四、在"教材的知识脉络"和"学生的思想脉络"交叉处开展思辨性教学

思想政治课教学如何走进学生的心灵,很重要的一条就是要在"教材的知识脉络"和"学生的思想脉络"交叉处开展思辨性教学。

例如,如何讲解我国社会主义制度的优越性,树立中国特色社会主义的道路自信、制度自信、理论自信和文化自信,一直是高中思想政治课教学中的一大困惑问题。因为,在相当一部分学生的思想中,仍然存在着对资本主义民主制度的盲目崇拜的意识。而在突破这一教学难点的过程中,笔者在教材中对西方民主制度分析的基础上,选用了美国著名的政治家费朗西斯·福山对美国民主法治制度的反思的材料,引导学生辩证认识西方民主制度的进步

性和局限性。材料如下：

近年来，在西方学术界兴起了一股对西方和中国的国家治理体系进行反思的浪潮。其中，美国学者费朗西斯·福山提出的一些新学术观点引起了很多关注。他发表文章认为，中国经济之所以能够成功地应对金融危机，是基于中国独特的政治治理能力，能够迅速地做出重大、复杂的决策，并有效地实施决策。相比而言，美国却不具有快速、高效应对危机的治理能力。

福山在美国《外交》双月刊上撰文《衰败的美利坚——政治制度失灵的根源》，细剖美国政治制度诸多流弊，结尾感叹改革无望、"死路一条"：

第一，民主和透明成了美国改革的绊脚石。美国太多的公众参与，太多的透明，也就是说太多的民主，使这个国家的改革寸步难行。

第二，公民社会在某种程度上也不利于美国的改革。公民社会孵化了利益集团的形成，利益集团积累权力形成分配联盟，分配联盟导致否决制。在这样的公民社会里，只要有一个分配联盟不喜欢一件事，它就能把这件事给"黄"了。要所有人都觉得没问题才能做，结果是什么事都做不成，改革更做不成。

第三，是法治。美国的法治出现了治理的司法化。就是说所有的政治、所有治理都要通过立法。立法的过程遭到分配联盟的制约，即便立了法，分配联盟也可以通过司法程序百般阻挠它的执行。

第四，是自由。福山说自由和特权是一步之遥，一不小心自由就变成了特权。

4

活动型教学要树立综合思维

未来社会所遇到的问题具有不确定性和复杂性的特征,在分析问题、解决问题时,也需要调动多角度、多学科的知识和能力。基于学科内和学科间的整合性学习,也就成为21世纪以来世界教育改革的重要特征。从某一学科而言,强调要从综合思维建构知识,从单一的知识、概念到主题、关系、结构;从学科间而言,倡导围绕一定的主题和核心概念进行跨学科的综合学习。这样的综合性、整合性学习,具有如下的特征:从有限学习转向结构性学习;从事实到概念,到关系,到结构;从部分学习转向综合性学习;从知道到理解,到应用,到综合;从特殊学习转向通用性学习,从单一的学科迁移到其他学科。

一、打通知识内容,开展综合性学习

以案例为载体开展综合性教学,既要着眼于本节课的教学内容,也要着眼于与本节课教学内容相关的教学内容;既要着眼于同一模块的内容,也要综合不同课程模块的内容。

下面还以西安交通大学苏州附属中学的刘雁老师在"传统文化的继承与发展"一课的教学为例。在本课的教学中,刘雁老师力图追求这样的综合性、整合性的教学设计。在学科内试图打破框题之间、单元之间甚至模块之间的知识界限,让学生在综合、联想和结构中开展学习;在学科间,试图打通与本堂课教学内容密切相关的其他学科的知识之间的联系,如历史、语文等,围绕爱国主义这一主题,开展跨学科的主题式教学。

如在"古代爱国主义"的教学中,她通过引用中国古代具有爱国主义思想的名人名言、诗歌作品等,在对文学作品的赏析中,挖掘其中的爱国主义的思想内涵,那就是:"天下兴亡,匹夫有责"的平民意识;"爱好和平,维护祖国统一"的爱国精神;"抵御外辱,捍卫国家尊严"的斗争精神;"威武不屈,成仁取义"的气节;"国破家亡"时文人志士的爱国情操……在开展"爱国主义与爱党、爱社会主义是一致的"的教学过程中,她又引导学生打通政治课教学与历史的有机联系,让学生联系中国近现代史,说明自鸦片战争以来,从太平天国运动,到义和团运动;从洋务运动,到戊戌变法,到辛亥革命,农民阶级、资产阶级维新派和资产阶级革命派都先后登上历史舞台,都试图找到改变中国命运的道路,但由于受到各自阶级和制度的局限,他们都失败了,都没有改变中国半殖民地半封建的性质。唯有中国共产党领导中国人民走新民主主义革命的道路,进而走社会主义革命和建设的道路,中华民族和中国人民才走上了救亡自强的道路。中国人民选择社会主义道路、选择中国共产党的领导,是历史的必然,是人民的选择。

在分析"中美贸易摩擦"中部分人存在的抵制美货的思想倾向时,她又试图打通政治生活、经济生活、哲学生活与所教的文化生活之间的模块的界限,让学生从不同的模块视角进行综合分析。例如,从经济生活的模块使学生认识到,经济全球化是世界经济发展的必然趋势,对外开放是我国长期坚持的基本国策。在经济全球化的时代,世界各国的经济你中有我、我中有你,形成了一种相互依赖、不可分割的必然联系。面对贸易战,我们在坚决有礼有节坚持斗争的同时,既不能关上大门重走闭关自守的老路,也不能采取抵制美货那种"伤敌一千,自损八百"的非理智的形式。从某种意义上讲,爱国不仅是一种情感,还是一种理性的能力。要透过风云变幻的国际形势,认识国家真正的根本的长远的利益所在。当今世界,法理是最有说服力的共同语言;当下中国,法治是民族复兴的根本保障。尊重法律,尊重他人的合法权利,爱国的激情才不会成为"糊涂的爱"。

二、以案例为载体,开展综合性学习

综合性学习能力的培养要在教师指导下,学生依据教学目标,综合运用自主、合作、探究等方式,评价学习结果的一种能动的、创造性的学习方式,是依据培养学生核心素养的要求,立足于改革传统的教学方式、学习方式和评价方式,少教多学、先学后教,变"教室"为"学室",变"教案"为"学案"。

例如,在"实践中追求和发展真理"一课中,教师可帮助学生明确本课学习的主要内容及重点难点,并交给学生自学教材的方法,然后给学生时间自学教材。学生自主阅读教材,既要泛读,又要精读,还要带着教师提供的重点难点进行有目的的研读。一段时间后,教师可组织学生开展学习成果交流,学生可以用具体事例或自己的语言来阐释真理的客观性的含义,真理是具体的、有条件的,人的认识具有反复性、无限性和上升性。在此基础上,学生会生成或教师会提出如下问题:① 既然真理是客观的,为什么对于同一个事物、同一个现象,会有不同的认识? ② 真理是有条件的,往前跨一步就会变成谬误,那么真理和谬误的界限到底在哪里? ③ 追求真理是一个过程,那么人们需要具有怎样的品质才能求得真理?

三、立足多视角分析,提升综合能力

综合能力是指在掌握基本知识和技能的基础上,把学科内和学科间的有关知识整合在一起,并应用这些知识综合分析和解决实际问题的能力。如围绕主题进行多角度、多层次分析的能力;将相同、相异、相似的内容进行比较分析,构建知识网络的能力;结合社会实际,围绕相关情境,提出解决问题的思路和方案的能力;对不同观点进行辨析,并在质疑的基础上提出自己观点的能力等。

再如,论述民族团结的重要性,可以从哲学的视角,用整体和部分的关系、系统和要素的关系,阐述民族团结是衡量一个国家综合国力的重要标志之一;可以从政治学的视角,分析民族平等是民族团结的前提,各民族共同繁荣有利于促进民族团结;可以从经济学的视角,分析民族间发展程度的差异会妨碍民族团结;可以从文化学的视角,分析各民族由于风俗习惯、宗教信仰的差异,在就业、社交、居住、治安、教育等方面出现的一些矛盾,也会妨碍民族团结。综合所学知识,可以从民族平等、统筹发展各民族的经济文化、妥善处理民族间的分歧和矛盾、坚决反对民族分裂活动等方面,采取有效措施,加强民族团结。

5

活动型教学要坚持"五大转变"

核心素养时代的中学思想政治(道德与法治)课教学,从宏观看,就是要坚持立德树人的方向,全面体现道德与法治学科的育人价值,从"学科教学"向"学科教育"转变;从中观看,要体现核心素养的改革要求,深入推进教学方式、学习方式、评价方式和信息技术与课堂教学融合方式的变革;从微观看,要体现"活动课程、情境探究、议题设计、体验感悟、深度思辨"等改革取向,贯穿新理念,呈现新气象,教出新变化。具体地说,要努力追求"五大转变"。下面以初中《道德与法治》"公平正义的守护"一课的教学为例加以阐述。

一、立足价值引领——从"学科教学"转向"学科教育"

立德树人是教育的根本任务,价值引领与实践导行是初中"道德与法治"最核心的理念,也是基于核心素养的教育改革的本质追求。初中道德与法治课程,从其核心价值看,这是一门进行国家意识形态教育的课程(立场、方向);从其基本功能看,这是一门提高学生社会参与能力的课程(思想与心理品质);从其培养目标看,这是一门培养当代中国公民素养的课程(道德与法律意识)。道德与法治课的教学要寓价值引领和实践导行于知识教学之中,潜移默化地对学生进行科学的世界观、人生观和价值观教育,培养学生正确的价值认同、强烈的法治意识、科学的理性精神和积极的公共参与意识,实现德育教学目标的入耳、入脑和践行。

难能可贵的是,这也成为一线老师们普遍的价值取向。他们都能把教学的落脚点放在让学生体悟法治的价值,逐步形成尊重自由平等、维护公平正义的意识,树立自由平等、公平正义的法治价值追求,引导学生崇尚法治精神,树立现代公民意识上来。例如,有老师以"聂树斌案"和"杨帆案"的再审为例,使学生懂得"一次不公正的审判,其恶果甚至超过十次犯罪。因为犯罪虽是无视法律,好比污染了水流,而不公正的审判则毁坏法律,好比污染了水源"(培根),从而深刻地理解教材中的"司法是公平正义的最后一道防线"。正义虽然迟到,但终究没有缺席,要使学生从中感受到我们党和政府有错必纠的伟大精神和勇气,感悟到中国司法的进步。也有老师通过视频《慧眼》中的中年人巧斗犯罪分子的故事,引导学生见义勇为更要见义智为;通过模拟"杨帆案"的审理过程,引导学生树立以事实为根据、以法律为准绳的法治意识;通过让学生分享在生活中遇到的不公正的事情,教育学生如何正确认识和处理生活中的不公平现象。

二、基于真实情境——从"知识—知识"的教学转向真实情境下的问题解决

核心素养离不开知识,但单纯的知识不等于素养。只有将知识与技能用于解决复杂问题和处理不可预测情境所形成的能力和道德才是核心素养。基于核心素养的教学强调让学生在真实情境中,通过自主学习、协作学习和研究性学习,主动进行意义建构。如果用一句话来概括基于核心素养的教学的基本特征,那就是真实情境下的问题解决。学生要在一定的真实情境中形成概念,再将在前一个情境中学习的内容迁移应用于新的情境中,即情境—知识—情境。如此形成的知识就不是一堆简单记忆的知识符号,而是可迁移、能运用的素养,包括学科内容的知识和为何、何时、如何用这些知识来解决实际问题。

那么,我们需要什么样的情境呢?这就要从情境的分类说起。情境有正面的情境和反面的情境,我们主张弘扬正能量,多用正面情境,慎用反面情境;情境有真实的情境、虚拟的情境和半虚拟的情境,我们推崇真实的情境;情境有复杂的、模糊的、综合的、开放的、有认知冲突甚至是两难的结构不良的情境,也有相对完整、简单、清晰的结构完整的情境,我们推崇结构不良的

情境;情境有政策情境、社会情境、生活情境等离学生生活相对较远的情境,也有发生在学生身边的情境,我们主张情境的使用要多样化,体现远近结合、大小结合。但不管使用什么样的情境,学生都应该有一定的知识积累,有一定的生活体验,有一定的情感需求。

例如,有老师选择了"聂树斌案"这样一个在我国司法史上具有里程碑意义的案件为例,来说明司法在维护公平正义中的价值与意义。对于这样的反面案例的使用具有一定的争论,因为从弘扬主旋律和正能量的角度,我们应该多选择正面的情境和案例。但是,道德与法治课能否更好地走进学生的心灵、引起学生的共鸣,关键是要找到教材的知识脉络和学生的思想脉络的集合点。那么,本课学生的思想脉络在哪里呢?那就是在我国社会存在很多的司法不公和冤假错案的情况下,如何让学生坚定我们的党和政府能够实现和维护公平正义的信心。为此,"聂树斌案"这样的反面案例不是不能用,而是如何从这样的反面案例中使学生看到我国司法制度的进步,看到我们党和政府承认错误的勇气和纠正错误的决心,认识到司法作为最后一道防线在维护公平正义上的重要地位,即所谓"反例正用"。

又如,如何处理好"见义勇为"与"见义智为"的关系,使未成年人既要勇于维护公平正义,又要善于见义智为,在以保护生命为第一原则的前提下,用智慧的方法维护公平正义,是本课的一个教学难点。有老师通过视频《慧眼》中的中年人巧斗犯罪分子的故事,给学生呈现了一个"见义勇为"与"见义智为"和谐统一的成功范例。

难能可贵的是一线的老师们在坚持以案说法,在真实的案例情境中引导学生分析问题和解决问题的同时,还采取远近结合的策略,从学生的生活开始,由小到大、由浅入深、由具体到抽象。例如,在课堂的导入环节,有老师设置了"你心目中的公平正义是什么?你对公平正义有何期盼?你在生活中是否遇到过不公正的事情?你是如何处理的?"的问题导入新课;有老师事先在学生中进行问卷调查,要求学生列举他(她)所认为的不公正的事件;有老师则通过学生的小品表演《评教前夕》,引导学生讨论面对学校生活中的不公平现象,我们应该怎样维护公平。

三、尝试自主探究——从"浅层学习"向"深度学习"转变

当前的初中道德与法治课堂，无论是学生的学还是教师的教都存在"浅层化"的倾向。从学生学的角度看，以外在驱动、简单记忆、重复描述、机械孤立等为主要形式的浅层学习的弊端并没有得到本质上的改革。这种学习有三个最显著的特征。第一，这是一种基于外在动机的学习，是在外在任务的驱动下消极地进行学习。考试的内容是学习最重要的目标，等级评分是学习最有效的促进方法。第二，这是一种基于记忆的学习。一般来说，学习大多停留在"知道、领会、记忆"的层面，较少涉及在理解学习的基础上批判性地学习新的思想和知识，在众多思想和知识之间进行联系，将已有的知识逐渐迁移到新的情境中，做出决策和解决问题。第三，这是一种孤立的学习。缺乏知识结构的有效建构，缺乏所学知识与周围其他知识和其他事物的有机联系和迁移，缺乏知识之间、学科之间的有效整合。而从教师教的角度看，当前道德与法治课堂教学存在的一个突出问题是教学的浅层化。浅层的导入、浅层的情境、浅层的问题、浅层的讲解、浅层的思辨比比皆是。生活化不等于肤浅化，更不能庸俗化，要生动更要深刻。我们主张浅入深出，避免浅入浅出、深入浅出，有时深入深出比浅入浅出对学生成长的价值更大。

在笔者观摩的"公平正义的守护"的教学课例中，也呈现出很多深度学习的智慧火花。例如，有老师课前引导学生自学微课、研读课本、发现问题、梳理结构，课中通过情境、思辨、问题引导学生探究，课后引导学生梳理学习方法，智慧对待和处理生活中存在的一些不公平现象；有老师通过"杨帆案"模拟真实的庭审过程，引领学生从事实与法律两个维度寻找判决的依据。这些都体现了情境与问题、自主与体验、结构与思辨、价值与引领等深度学习的特征。

四、围绕议题设计——从"问题"向"议题"转变

高中新课标专家组的朱明光先生（人民教育出版社）和朱志平先生（常州市教育科学研究院）都曾撰文指出，基于核心素养的思想政治学科课程的定位——活动型课程。

活动型学科课程的设计,要为学生提供更多的主动体验探究的过程、经历社会实践的机会;要以结构化、系统化的形式来承载学科教学内容,从而实现教学内容活动化、活动内容系列化。而要完成活动型课程的教学设计,关键在于选择确定适当的议题,实现从"问题"向"议题"的升级转变。议题是序列化、结构化的问题,是学科内容和价值引领的载体,是学生探究活动、思考问题和表达观点的重要路径。围绕教学内容设计相应的活动,选择相应的议题,并对活动和议题进行结构化的设计,将是基于核心素养的思想政治学科教学的重要特点。虽然,这是针对高中思想政治学科提出的课程理念,但对于初中道德与法治学科教学同样具有直接的指导和借鉴意义。

例如,在"公平正义的守护"一课的教学中,不少老师都不约而同地选择了"杨帆案"这样一个案例,设计了序列化、结构化的问题系列:一审法院判决杨帆向田某补偿1.5万元是否合理?二审法院撤销一审法院补偿1.5万元的判决的依据何在?如果二审法院不撤销一审法院的错误判决会产生怎样的消极后果?从"杨帆案"的审理过程中你感悟到什么?该案对我们有何启示?这样的问题设计不仅具有浓郁的情境教学的特征,也体现了新课改从"问题"向"议题"转化的特征,使问题系列化、结构化。这样基于"议题"的活动设计,使问题解决的过程既包括思考问题的情境,又包含运用资料的方法和共同探究的策略,还提供了表达不同观点的机会和展示价值判断的基本观点,从而更好地体现"情境活动课程化,课程内容情境化"的改革思路。

五、追求情理交融、个性张扬——从过于追求学理性、程式化的课堂向情与理、共性与个性交融的课堂转变

美国学者威伍在《激情,成就一个教师》一文中曾说过这样一段话:"想要教好的教师可能在大多数情况下都是志向更高和激情奔放的。伟大至少一部分出自天赋,这是无法传播的。然而,伟大的教师一定是有激情的教师。"著名特级教师陈凯先生在总结他的教学特色时,所提的第一点就是情理交融。而情理交融对初中道德与法治课而言,更具有其不可替代的价值。因为像初中道德与法治课这样的课程,课程本身很难有多少吸引学生的地方,所以应该让教学过程成为一个师生情感流动的过程。同时,当前无论是初中的

道德与法治课还是高中的思想政治课,都呈现出过分的程式化、模式化倾向,缺少个性化的特征。伟大的教师不仅是有激情的教师,往往也是有个性的教师。

  而在这一点上,山东省临沂实验中学的王有鹏老师给人留下了深刻的印象。在首届全国道德与法治品位课堂观摩及研讨会的教学中,他虽年过半百,但课堂教学仍然激情飞扬,能以课程和教材为载体,深入挖掘教材中的情感教学的因素,积极尝试运用富有激情、生动幽默、充满理性色彩的教学语言,善于运用设问、悬念、铺垫等手法,使课堂呈现出起伏、急缓、张弛等变化。同时,山东快板、结合教材内容自编打油诗,不仅使课堂教学呈现出一定的地域特征,也很好地发挥了王老师语言文字功底比较深厚的特长。

6

活动型教学要坚持价值引领

高中思想政治课教学的最根本任务和最核心价值是什么？答案是肯定且一致的，那就是立德树人、价值引领。而要做到这一点，很重要的一条，就是我们不仅要关注那些可测量可考查的分数，那只是冰山的一角，我们孜孜以求；而暗涌在水面之下的看不见的更大山体，又是什么呢？笔者认为，追求水面上的价值无可厚非，但追寻高中思想政治课水面下的价值意义更大。这是在高中思想政治课教学中，如何将立德树人、价值引领真正落地的关键问题。

一、对话智者，让学生成为一株能思想的苇草

读陈丹青的《退步集》，一直处于一种酣畅淋漓的快感中：博古通今的厚实，一针见血的真实，切中时弊的犀利，可是读到他"关于绘画专业的前瞻性意见"时，这种快感荡然无存，取而代之的是心惶惶然。

惭愧啊，作为一个政治老师，除了知道海德格尔——"人，诗意的安栖""向死而生"的名言，在阅读《教师不可不知的哲学》时认识了萨特和福柯，在超星名师讲坛听北大中文系王岳川教授说起解构主义领袖德里达，其他一无所知。

除了几十年前在大学里读的一点东西，做了政治老师的我们读了多少书？因为一个学生喜欢尼采，笔者才读了周国平的《尼采》。对时代、对人生，我们有自己的多少思考？平常的教学我们基本满足于梳理教材，做大量的试

题,教学生如何做对选择题而决胜于考试。

学生呢,在唯一的青春花季里,围绕考点读背、复习、做题,模考,排名,只为考分等级消耗着精气神。有多少学生在阅读思想类的书籍?又有多少学生在思索人生的究竟?

人的全部尊严在于思想。教师的思想厚度一定影响学生的思想厚度。我们有厚度吗?我们的课堂有多少文化气息在传递,又有多少思想火花在碰撞,让学生三年浸染其中?

学科就是个思想花园,我们的首要使命是像艾伯特那样,导学生游"花园",让学生在思想的熏陶中保持一份对世界的好奇,不安于现状,不轻易下结论,成为一株能思想的苇草。

二、判断价值,让学生成为一个知行合一的现代公民

价值观,一方面表现为价值追求,凝结为一定的价值目标;另一方面表现为价值尺度和准则,即人们判断事物有无价值及价值大小的评价标准。它反映了人的主观认知世界,是决定人的行为的心理基础。

教材在价值观的引领上是不遗余力的,《经济生活》从正确的金钱观到理性的消费观,从正确的从业观到多元的理财观,从公平的分配观到绿色的生态观,几乎涵盖了经济生活的全部;《政治生活》从国家意识到公民意识,从权利意识到义务意识,覆盖了政治生活的主要途径;《生活与哲学》则重视遵循事物发展规律,是立足绝大多数人利益立场的正确的人生价值观教育;《文化生活》关注文化多样性、民族性和软实力的价值,崇尚社会主义荣辱观。我们的很多学生基本止步于做考题时的娓娓道来。让学生成为知行合一的公民,让正确的价值判断外化为行为选择,是学科的应有之义。

三、滋养能力,让学生成为拥有综合素养的生活达人

能力是人们顺利完成某种活动所必备的个性心理特征,直接影响着活动的效率,任何活动都要求参与者具备一定的能力,而素养也就是由训练和实践而获得的技巧或能力。

1. 财经素养

美国学者将财经素养作为当今社会的核心生活技能,财经教育被称为

"从三岁开始实现的幸福人生计划"。美国确立的财经教育政策的目标是：使公民养成良好的理财习惯，承担个人理财责任，从而做出明智的经济决策，降低国家的经济风险。

具有基本财经素养的学生，成年后能更好地保护和增加个人的家庭财富。此外，个人以及家庭所做的经济决策还会从根本上影响国家市场经济的健康运行。

《经济生活》在培养和提升学生的理财能力上，义不容辞。

2. 辩证思维能力

在升学入职的考试中要获得高分，学生不仅需要理解、识记相关知识，更依赖切中现实的思维及其品质。

一个学生在保险业工作三年，跳槽两次，经历三次面试。笔者好奇地问她考官都问些什么问题，她举例："作为保险从业人员，应该如何接待客户？"然后她说了自己是如此回答的：首先回答作为从业人员应秉持的一般原则；其次澄清前提，划定界限，客户是形形色色的，又是可以分类的，对不同类别客户的接待之道是不同的……在工作中有时领导问你要一组数据，你不能简单地就给一组数字，必须思考这组数据背后的信息，一并提供。

一个考题或一项任务有两种状况是我们最不愿遇到的。有学生遇到时，要么是头脑一阵空白，不知道从何开始；要么是头脑一片混乱，许多想法交织造成淤塞。如何帮助学生避免此类状况？《生活与哲学》在培养学生的辩证思维能力上，责无旁贷。

3. 表达能力

表达能力是指一个人把自己的思想、情感、想法和意图等，用语言、文字、图形、表情和动作等显示出来的能力，是观察、记忆、思维、创造和阅读的综合运用，是智能的外化。

每个学生的家庭背景不同，从小到大所受的教育也是有差别的，学生表达能力的差异是必然的。高中阶段，有计划地创造机会，搭建平台，如时事评论、情景模拟等，在提升学生的表达能力上，学科是可以有所作为的。

如果我们足够用心，在课堂45分钟里，在校本课程和研究性课题的设计和实施中，在学生社团的辅助开展上，真的可以达成学科工具价值和本体价值的统一，成就学生和自我。

7

议题式教学要坚持"一大指向"

《普通高中思想政治课程标准(2017年版)》与2011版课程标准相比,具有五个显著的变化:一是课程目标从"三维目标"走向了"核心素养",凝练出了包括"政治认同、科学精神、法治意识和公共参与"四大学科核心素养;二是更新了课程教学内容,力图落实习近平新时代中国特色社会主义思想,有机融入社会主义核心价值观,中华优秀传统文化、革命文化和社会主义先进文化教育内容,努力呈现经济、政治、文化、科技、社会、生态发展的新成果;三是课程性质上出现了创新性的提法,从"以生活为基础的学科课程"转变为"综合性、活动型学科课程";四是在教学方式上提出了根本性变革的举措,首次提出了围绕"议题"设计活动型学科课程的教学;五是研制了学业质量标准,明确了学生学科核心素养应该达到的水平。

在这五大显著变化中,一线教师最关心、最困惑、最难操作、争议也最大的就是"议题式"教学了。对于何为"议题式"教学,如何实施"议题式"教学,不要说一线教师,就算是学科专家也是众说纷纭,莫衷一是。而从各地呈现的所谓"议题式"教学的公开课来看,更反映出在对于这一问题的认识上缺乏清晰的可实施、可操作的指南。而作为实施"活动型学科课程"最关键的举措,厘清"议题"的内涵、特征和实施的路径,对于将"活动型学科课程"在课堂教学中真正落地,对于科学有效地实施真正的"议题式"教学,而不是打着"议题"的旗号,实质上是"穿旧鞋走老路",就显得尤为紧迫和重要。带着这一问题,本文结合许多"议题式"教学设计的案例,就高中思想政治"议题式"教学的"一二三四五",即一个指向、二个载体、"议题"选择的三个条件、"议题"的四个特征和实施"议题式"教学要认识处理的五个关系或问题,尝试对"议题式"教学进行全面系统的阐述和建构,希望能对广大一线的高中思想政治课教师在实施"议题式"教学时有所启发。同时,本文对于"议题式"教学的认识和观点,仅仅是一家之言,甚至可能有很多不当之处,也以此就教于全国同行。

"议题式"教学首先要坚持一大指向,即立德树人、价值引领。"要全面贯彻党的教育方针,落实立德树人的根本任务,发展素质教育,推进教育公平,培养德智体全面发展的社会主义建设者和接班人",党的十九大报告的这一论述,明确地指明了教育的根本方向和根本任务。高中思想政治课作为国家基础教育的一门重要课程,以立德树人为根本任务,培育社会主义核心价值观,弘扬中华优秀传统文化,提高法制意识、创新精神和实践能力,以帮助学生树立正确的政治方向,培养学生的政治认同、科学精神、法治意识和公共参与等学科核心素养,引领学生坚定中国特色社会主义的道路自信、理论自信、制度自信和文化自信,进而逐步树立和形成正确的世界观、人生观和价值观。

高中思想政治课教学的所有改革都应该立足于十九大报告的精神,立足于高中思想政治学科的性质和根本任务。正是基于这样的认识,高中思想政治"议题式"教学也必然以立德树人、价值引领为根本指向,这是"议题式"教学的根和魂。要按照思想政治学科的四大学科素养对于立德树人的独特价值的具体要求,着力培养我们的学生成为有信仰、有思想、有尊严和有担当的合格的社会主义建设者和接班人。

例如,西安交通大学苏州附属中学的刘雁老师在"传统文化的继承与发展"一课的教学中,以"如何正确认识和对待中国古代的爱国主义思想""如何正确认识和对待中国当代的爱国主义"为议题开展"议题式"教学:

议题一:如何正确认识和对待中国古代的爱国主义思想

1. 分享你所了解的反映古代爱国主义的英雄人物、诗歌、名人名言等,并说说你的感悟。

2. 中国古代爱国主义有何特点?针对古代爱国主义所呈现出的特点,我们对中华传统文化应该持什么态度?

3. 岳飞作为中国古代爱国主义的代表人物,在他身上具有浓郁的"封建忠君"甚至"愚忠"思想意识,但为什么说"不妨碍他是一个伟大的爱国主义者"?

议题二:如何正确认识和对待中国当代的爱国主义思想

1. 从历史和政治相结合的角度,论证在中国当代爱国与爱党、爱社会主义是一致的。

2. 在中美贸易战的背景下,有人提出了抵制美货的主张,你是否认同?

3. 请你以"爱国是秉持理性精神和遵循法治轨道相统一"为题,说说如何"不让爱国主义成为糊涂的爱"。

【解析】爱国主义既是社会主义核心价值观的主要内容,也是中华优秀传统文化的重要内容。以爱国主义为主题情境,通过分享、体验、探究和思辨等方法,既避免了空洞地、抽象地谈论中华传统文化的继承与发展,又将弘扬社会主义核心价值观和中华优秀传统文化的教育落到了实处。通过两个议题的教学,使学生认识到对待中华传统文化要坚持"取其精华,去其糟粕,推陈出新,革故鼎新"的态度,既要坚持和弘扬中国古代爱国主义的优秀的传统,又要赋予其新的时代精神和内涵,在当代中国最本质的就是坚持爱国和爱党、爱社会主义相一致,秉持理性精神和遵循法治轨道相统一。这样的"议题式"教学是"有魂"的教学,体现了知识性、政治性和时代性的有机统一,是寓价值引领于知识教学中的典范,体现了价值引领从单向的灌输走向体验、感悟,从贴标签、符号化的价值观教育走向潜移默化、润物细无声的内在认同和驱动。

8

议题式教学要依托"两大载体"

"议题式"教学的实施也离不开情境和知识两大载体。

载体一：情境（案例）

"议题式"教学的核心和实质是真实情境下的问题解决。

纵观世界上主要的发达国家和主要的国际组织的核心素养框架，纵观20世纪八九十年代以来国际教育教学改革的成功经验，都有一个鲜明的改革指向，那就是指向真实情境下的问题解决。让学生在真实情境里，通过自主学习、协作学习和研究性学习，主动进行意义建构。

在新的一轮以核心素养为指向的课程改革背景下，我们要全面、准确地认识知识和核心素养的关系。核心素养离不开知识，但单纯的知识不等于素养。只有将知识与技能用于解决复杂问题和处理不可预测情境所形成的能力和道德才是核心素养。因此，无论是"活动型学科课程"，还是"议题式"教学，都必须以真实的、复杂的、综合的、开放的、有争议的情境为载体，而且情境教学还需要2.0升级版，即从虚构的、模拟的情境走向真实的情境，从简单、清晰的结构良好的情境走向复杂、综合、两难、开放的结构不良的情境，从碎片化、零散化的情境转向主题、整合、系列化的情境。

载体二：知识

"议题式"教学的设计要承载知识性内容的教学。

《普通高中思想政治课程标准（2017年版）》将高中思想政治课定位为"综合性、活动型学科课程"。那么，"活动型"和"学科"之间是什么关系，也许这样"两句话"和"两个关键词"可以非常简明扼要地概括:"两句话"就是课程内容活动化,活动设计内容化;"两个关键词"就是"两重性"和"从属性"。所谓"两重性"就是既具有"活动课程"尊重学生主体地位的特点,又具有"学科课程"注重学科素养的特点;所谓"从属性"就是"活动课程"从属于"学科课程","学科课程"依赖于"活动课程"的实施。

从对高中思想政治学科性质定位的分析可以看出,"议题式"教学的载体是情境,但又必须承载知识性教学的内容,情境也好,活动也好,议题也好,都只是一种手段和载体,不是目的和最后的立足点。我们既要反对脱离情境(案例)的空对空的"议题式"教学,更要反对脱离知识的单纯的活动和"议题"设计。

例如,在《政治生活》"我国政府的职能"一课的教学中,以"社会主义市场经济条件下政府的'有为'与'无为'"为议题开展教学:

议题:社会主义市场经济条件下政府的"有为"与"无为"

党的十八大以来,我国政府大力推进"简政放权",加大转变政府职能的力度。把不该管的微观事项坚决放给市场、交给社会,该加强的宏观管理切实加强,做到事前审批要多放,事中事后监管问责要到位。也就是说,既要把该放的权力放开、放到位,又要把该管的事务管住管好,做到有所为有所不为。

1. 请从政治生活的角度,说明政府为什么既要有为又要无为。

2. 请你结合政治、经济和社会生活的实例,分析说明在社会主义市场经济条件下,政府如何处理好有为与无为的关系。

3. 能否用"管多管少"作为一个衡量政府好坏的标准?

【解析】这一"议题式"教学的设计较好地处理了情境和知识、活动型和学科性之间的关系。首先,这一"议题"所面对的是我国政治体制和经济体制改革中的一个重大的现实问题,那就是在推进政府放、管、服改革的进程中,如何避免我国过去曾经出现过的"一管就死,一放就乱"的弊端,其关键是处理好政府有为和无为的关系,既要反对乱作为,又要防止不作为,克服"缺位、错位、越位"的倾向;其次,这一"议题"较好地实现了情境和教材知识的无缝对接,既基于教材,又高于教材。

在这里,笔者需要特别提醒的是,高中思想政治课所涉及的教材知识和具体情境是不断变化的。一方面,思想政治课的教学内容总在变化,我们必须跟进理论创新成果,采用新思想、新观点、新提法,不断充实课程内容;另一方面,思想政治课所面对的社会环境和现实也在不断变化,我们要紧密结合变化了的社会实际和学生思想实际,选择新情境、新素材、新案例,不断优化教学设计。因此,新课标所追求的"学习内容活动化,活动设计内容化"是在动态中不断发展的。

9

"议题"设置的三个条件

"议题式"教学作为实施"活动型学科课程"的重要载体和实施路径,对于将"活动型学科课程"在课堂教学中真正落地起着举足轻重的作用。但什么样的知识点和什么样的问题才适合设计为"议题"呢?是不是所有的知识点都需要设计"议题"开展教学呢?这就是一个必须统一思想、形成共识的重大问题。

一、议题选择的三个条件

笔者认为"议题"的选择必须符合三个重要的条件,即重大和重要、争议和思辨、生活和困惑,这三个条件也可依次表述为有价值、有必要和有可能。

1. 重要与重大(有价值):适合设计为"议题"的一般是教材中重要的核心知识点,是我国政治、经济和社会生活中受到普遍关注的重大问题。这样的问题具有设计为"议题"的意义和价值。

2. 争议与思辨(有必要):选择为议题的问题,应该是具有争议、思辨、两难、开放的问题。只有这样的问题,才具有进一步设计为"议题"开展讨论、探究和思辨的必要。

3. 生活与困惑(有可能):选择为"议题"的问题除了体现重大与重要、争议与思辨之外,还要紧扣学生实际,做到学生生活有体验、知识有积累、认识有困惑。只有这样,学生才能真正参与进去,才能做到有感而发。

当然,适合选择为"议题"的肯定不仅仅具备这三个条件,但这三个条件是"议题"教学中必须关注的核心要素,关系到"议题式"教学有意义、有必要和有可能这三个关键维度,从而直接影响"议题"设计的质量和"议题"教学的效率。

二、围绕三个条件的议题案例分析

关于"法治,如何让生活更美好"的议题,学生在"法治,如何让生活更美好"的具体途径上,可以有不同的意见甚至争论。如在"如何认识和对待打麻将"的议题上,一种观点认为,打麻将是传统文化,作为一种广受人们欢迎的娱乐方式,它有利于在消遣的过程中联络感情、愉悦性情、涵养修养,应该得到保护;另外一种观点认为,打麻将是落后文化,它不仅诱使人们把大量宝贵的时间花费在毫无意义的活动中,而且可能成为众多赌徒采用的赌博方式,应该予以打击和抵制。这样的议题既具有必要性,又具有争议性,学生还有话可说。

西安交通大学苏州附属中学的钱秀英老师和江苏省黄埭中学的张华老师在《生活与哲学》"矛盾是事物发展的源泉和动力"一课的教学中,分别设计了"走进 AI"和"如何造就和谐的自我"两个议题开展教学。

议题一:走进 AI

1. 分享你所了解的人工智能在经济、社会和生活中应用的实例。

2. 请你分析人工智能所具有的积极作用和可能引起的矛盾。

3. 人工智能给人类带来的是福音还是毁灭?你如何看待人工智能的发展?说说你的理由。

4. 从矛盾的角度分析我们对人工智能应具有的正确态度。

议题二:如何造就和谐的自我?

1. 请用对立统一的原理描述自己目前的生活或学习的状况。

2. 人的心中总有一些坚硬和柔软的东西,如何对待它们将关系到能否造就和谐的自我。观点一:社会竞争激烈,要坚定执着、刚毅不屈。坚硬,让我们恪守规则与底线;坚硬,让我们历经风雨而不改初心。观点二:世事多变难料,要灵活变通,温润通达。柔软让我们懂得调整与转弯,柔软让我们尽享知足与平和。你赞同哪个观点?请说明理由。

3. 请你以"坚硬和柔软"为例,分析说明矛盾的概念及其两个基本属性。

【解析】 这两个"议题"都较好地体现了"议题"选择的三个条件:首先是重大与重要,如人工智能是事关国家经济转型发展的重大战略问题;其次是争议与思辨,如人工智能深刻改变着我们的生活,对经济、社会等有着重大的积极影响,但同时也带来了很多矛盾和问题,如就业、安全甚至伦理问题等;再次是生活与困惑,如人工智能看似是一个国家、企业和社会的问题,其实也与中学生的生活息息相关,中学生在生活的很多方面都享受着人工智能带来的便利,也开始体验到人工智能带来的烦恼。因此,中学生对人工智能是有生活体验、知识积累和情感需求的。

10

把握"议题"的四个特征

那么,何为"议题"呢?"议题"与"问题""辩题"等有何区别和联系呢?要正确认识和解答这些问题,就必须准确把握"议题"的四个特征。

主题化:议题一般是围绕一个主题所展开的。

序列化:议题可以是一个问题,但更多的是围绕主题所设计的多种思维指向的问题序列或问题链。

综合化:议题可以综合同一模块内的多个知识或不同模块的多个知识展开。

多样化:议题主要以问题形式呈现,也可以是学生的分享、调查、体验等活动;议题包括多种问题类型、多种思维指向、多种行为主体,如聚合与发散、单一与开放、演绎与思辨、原因阐述与计划方案、政府企业和个人等;议题的解决可以通过学生个体思考、生生合作和师生互动等多种方式来解决。

例如,江苏省苏州第一中学的舒兰兰老师,在全国思想政治课第二届卓越课堂教学展示活动中,执教《生活与哲学》"创新是引领发展的第一动力"一课时,紧密联系我国的创新驱动战略,以"华为是怎样炼成的"为总议题,下面包括"科技创新与华为发展、管理创新与华为发展、文化创新与华为发展"三个分议题,将主题式、"议题式"教学贯穿于课堂教学的始终,得到了与会老师的一致好评。

总议题:华为是怎样炼成的?

议题一:科技创新与华为发展

1. 分享你所了解的华为在科技创新方面的巨大成就。

2. 结合华为实例,谈谈创新如何推动生产力发展。

3. 从"中兴事件"谈谈我们如何处理好引进国外先进技术和开展核心技术自主攻关的关系。

议题二:管理创新与华为发展

1. 分享你所了解的华为在管理创新方面的举措。

2. 华为的股权激励体现了怎样的分配制度?股权激励对企业发展有何积极意义?这说明创新是如何推动生产关系和社会制度变革的?

3. 如果你是一名企业员工,你赞成拿高薪还是拿股权?

议题三:文化创新与华为发展

1. 分享你所了解的华为文化创新的实例。

2. "政府对企业的服务,就像空气一样,平时他们感觉不到,但是又离不开。"杭州滨江区的政府管理改革体现了怎样的经济学智慧?

3. 我国著名生命科学家、清华大学原副校长施一公在《开讲啦》的演讲中说:"知足常乐是创新的最大敌人"。对此,你是怎样认识的?

【解析】这是一节一以贯之的"议题式"教学,总议题下包括三个分议题,正好对应了教材的三个知识点:创新推动社会生产力发展、创新推动生产关系和社会制度的变革、创新推动人类思维和文化的发展。整个议题以华为的发展为主题,具有主题性;每个议题下又包括分享、探究、思辨多个问题,具有序列性和多样性;该议题不仅涉及本节课的知识,也涉及本模块的其他知识,甚至还涉及经济生活、哲学生活模块的知识,具有综合性。

11

议题式教学要处理好五个关系

一、"活动型教学"就是"议题式"教学吗

教学设计能否反映活动型学科课程实施的思路,关键在于确定开展活动的议题。也就是说,活动型学科课程最主要的实施路径和方法就是"议题式"教学。从这个意义上说,"议题式"教学是实施"活动型学科课程"的主要实施路径,但不等于"活动型教学"就是"议题式"教学。

二、议题就是问题吗

议题离不开问题,但问题不等于议题。首先,简单的单一的问题不是议题;其次,具有重大的政治、经济和社会意义,具有争议性、思辨性、开放性的单一问题可以理解为议题;再次,议题更多的是针对学生实际和重大社会热点、围绕一个主题所设计的问题序列。

三、议题就是辩题吗

思辨性是议题的重要特征,但不等于说所有的辩题都是议题。首先,议题的选择一般是具有争议性、思辨性的问题;其次,比较复杂的涉及多种主体、多种路径、多种关系的辩题本身就具有议题的性质;再次,某些单一的、简单的正反方辩论式的问题不能被认为是议题。

四、议题就是课题和研究性学习吗

议题本身都具有探究的价值,具有课题研究与研究性学习的特征。但议题与课题研究和研究性学习还是具有一定区别的。课题研究和研究性学习是学生在教师指导下,将学科"大观念"转化为探究课题,将课题与真实生活情境联系起来,以小组合作或个体独立的形式,运用批判性思维对课题展开系统而深入的研究,形成自己的学科解释或理解,发展学科素养。

五、课堂教学都需要围绕议题展开吗

新课标下的高中思想政治课教学,应该是传统的问题式教学与现代的议题式教学的结合,将所有的知识点的教学都议题化是既不可能也没有必要的。

下面以笔者执教《经济生活》"企业发展的战略"一课为例来具体说明。

议题:"猪如何站在风口上飞,又不至于被摔死"

小米的创始人雷军提出了"飞猪理论",即站在台风口,猪也能飞起来。"飞猪理论"概括起来就四个字:顺势而为。伴随着"飞猪理论"的迅速走红,争议也由此而来,不少大佬矛头直指"飞猪理论"。如马云认为,"猪碰上风也会飞,但是风过去摔死的还是猪,因为你还是猪"。百度李彦宏在出席IT领袖峰会时也对"飞猪理论"表示不满,他认为其充满投机思维。面对外界的质疑,雷军不得不对"飞猪理论"做出更全面的解释,反复提及"1万小时定律"和"选择比努力重要"两大理论。

1. "猪要站在风口上"在经济学上有何道理?
2. 从经济学上看,"猪如何站在风口上飞,又不至于被摔死"?
3. 在市场竞争中,企业如何做好选择与努力?

本节课结束后,学生仍然兴趣盎然、意犹未尽,都感觉这样的政治课太好玩了。因此,也引发了笔者一直在思考的高中思想政治课教学的三个问题:第一,政治课首要要好玩有趣,好玩了有趣了,学生才会听,才能进而解决信不信、做不做的问题;第二,政治课仅仅好玩还是不够的,还要解决深刻性和探究性的问题。要努力追求浅入深出,避免浅入浅出、深入浅出,基于教材又高于教材,基于生活又高于生活,能给学生更高更远的价值引领、人生启迪和

方法指导。而议题式教学无疑是提升高中思想政治课思维层次和深刻程度的有效方法;第三,高中思想政治课要在学生兴趣与应试之间找到合适的平衡点,在确保学生应试成绩的前提下,追求理想的教育,实现自己的教育理想和情怀,做一个现实的理想主义者。也就是说,仅仅关注应试是短视的,但不关注应试是不负责任的。

第二章

政治核心素养
解读与实施

12

"政治认同"之解读

一、政治认同的内涵

政治认同是指人们对一定社会制度和意识形态的认可和赞同。通过本课程的学习,学生能够确信发展中国特色社会主义是国家富强、民族振兴、人民幸福的根本保障;理解中国共产党的领导是中国特色社会主义最本质的特征,拥护中国共产党的领导;认同社会主义核心价值观是建设什么样的国家、建设什么样的社会、培育什么样的公民最基本的价值标准,自觉践行社会主义核心价值观。

我国公民的政治认同,就是坚持和发展中国特色社会主义,就是坚持和践行社会主义核心价值观。中国特色社会主义是中国共产党和全国人民长期实践取得的根本成就,社会主义核心价值观是中国特色社会主义道路、理论体系、制度和文化的价值表达。只有认同中国特色社会主义和社会主义核心价值观,才能形成全国各族人民的共同理想,坚持中国道路、弘扬中国精神、凝聚中国力量,为实现中华民族伟大复兴的中国梦而奋斗。青少年的政治认同是他们创造幸福生活的精神支柱和价值追求,并影响着中国未来的走向;学生发展政治认同的素养,旨在树立中国特色社会主义理想信念,成为有信仰的中国公民。

二、政治认同的课程目标

具有政治认同的素养,指的是学生应能够:确信中国特色社会主义是国家富强、民族振兴、人民幸福的根本保障,展现中国特色社会主义道路自信、理论自信、制度自信和文化自信;理解中国共产党的领导是中国特色社会主义最本质的特征,拥护党的领导;明确社会主义核心价值观是建设什么样的国家、建设什么样的社会、培育什么样的公民最基本的价值标准,自觉践行社会主义核心价值观,坚定中国特色社会主义理想信念。

三、政治认同的学业质量水平

水平1:引用成功事例证实走中国特色社会主义道路的选择的正确性;引述党章规定,明确马克思列宁主义、毛泽东思想、中国特色社会主义理论体系是中国共产党的指导思想;引述宪法对我国社会主义根本制度的规定,明确中国特色社会主义的本质特征;结合典型事例,说明中国共产党是中国特色社会主义事业的领导核心;描绘全面建成小康社会的图景,解释国家富强、民主、文明、和谐的价值追求,表达中国特色社会主义是全国各族人民的共同理想。

水平2:通过中国近现代史的回顾,依循历史逻辑证实走中国特色社会主义道路是历史和人民的选择;叙述马克思主义"一脉相承、与时俱进"的发展,明确中国特色社会主义理论体系是当代中国的马克思主义;分析具体事例,归纳中国特色社会主义政治制度、经济制度的特点和优点;运用具体事例,展示共产党依法执政的方式,说明加强和改善党的领导的意义;结合为实现中华民族伟大复兴中国梦而奋斗的历程,解释社会主义核心价值观是中国特色社会主义道路、理论和制度的价值表达。

水平3:选择恰当论据,在全球视野中比较各国发展道路,论证只有中国特色社会主义能够发展中国;结合改革开放的实践,阐述中国特色社会主义理论体系的时代特征,表达理论创新无止境;对照西方主要国家的政治制度,阐述人民代表大会制度的组织和活动原则,说明绝不能照搬西方政治制度模式的道理;阐明党的执政理念和全面从严治党的意志,阐述中国共产党永远保持先进性和纯洁性的意义;论证社会主义核心价值观既体现了社会主义本质要求,继承了中华优秀传统文化,也吸收了世界文明有益成果,体现了时代精神。

水平4:综合运用各种论据,有创见地批驳任何封闭僵化或改旗易帜的主张,申明走中国特色社会主义道路的坚定信念;辨析各种错误思潮,系统阐述马克思主义中国化最新成果,表达坚守本色、保持特色的意志;跟进全面深化改革的进程,论证坚持中国特色社会主义制度不动摇的理由;引用全面从严治党的各种数据,评析中国共产党领导全国各族人民长期奋斗不忘初心、继续前进的业绩;论证社会主义核心价值观根植于中国特色社会主义实践和中华历史文化,阐明道路自信、理论自信、制度自信都是文化自信的表现。

四、政治认同的能级要求之水平等级

水平1:能够列举走中国特色社会主义道路的成功事例;能够表述马列主义、毛泽东思想、中国特色社会主义理论体系是中国共产党的指导思想;能够叙述宪法对我国社会主义根本制度的规定;能够认同中国共产党是中国特色社会主义事业的领导核心;能够着眼全面建成小康社会的愿景,解释富强、民主、文明、和谐是社会主义核心价值观在国家层面的价值目标。

水平2:能够通过中国近现代史的回顾,证实走中国特色社会主义道路是历史的结论、人民的选择;能够叙述马克思主义"一脉相承、与时俱进"的发展,明确中国特色社会主义理论体系就是当代中国的马克思主义;能够分析具体事例,表明中国特色社会主义制度的特点和优点;能够运用具体事例,展现共产党依宪执政、依法执政的方式;能够结合为实现中华民族伟大复兴中国梦而奋斗的历程,解释社会主义核心价值观是中国特色社会主义道路、理论和制度的价值表达。

水平3:能够通过各国发展道路的比较,论证只有中国特色社会主义能够发展中国;能够结合改革开放的实践,阐述中国特色社会主义理论体系的时代特征;能够对照西方主要国家的政治制度,说明绝不能照搬西方政治制度模式的道理;能够着眼中国共产党的先进性和纯洁性,阐述党的执政理念和全面从严治党的意义;能够结合历史文化的渊源、中国特色社

会主义的实践和当前面临的问题,论述培育和践行社会主义核心价值观的意义。

水平4:能够批驳各种封闭僵化、改旗易帜的主张,坚定走中国特色社会主义道路的信念;能够辨析各种错误思潮的影响,坚定马克思主义理论创新成果;能够跟进全面深化改革的进程,坚持中国特色社会主义制度不动摇;能够洞察不同价值观的影响,揭示其根源,澄清普世价值的误导,阐明社会主义核心价值观既体现了社会主义本质要求,继承了中华优秀传统文化,也吸收了世界文明有益成果,体现了时代精神。

13

"科学精神"之解读

一、科学精神的内涵

科学精神是人们在认识和改造世界的过程中表现出来的理智、自主、反思等思维品质和行为特征。通过本课程的学习,学生能够运用马克思主义哲学的观点和方法论观察事物、分析问题、解决矛盾;理性面对国家和社会治理中的各种问题,以负责任的态度和行为促进社会和谐;理性面对经济建设过程中的各种问题,做出恰当的解释、判断和选择;理性面对文化发展的各种问题,树立文化自信和文化自觉。

我国公民的科学精神,就是坚持马克思主义世界观和方法论,对个人成长、社会进步、国家发展做出理性的价值判断和行为选择。当代中国正经历广泛而深刻的社会变革,正进行宏大而独特的实践创新,在这个需要思想而且一定能够产生思想的时代,表现科学精神必须坚持辩证唯物主义和历史唯物主义基本观点,认清社会发展规律和趋势,解放思想、实事求是、与时俱进、求真务实,理解全面深化改革的进程,把握发展机遇、应对各种挑战。培养青少年的科学精神,有助于他们坚守正确价值取向、提高辩证思维能力,在实践创新中增长才干,成为有思想的中国公民。

二、科学精神的课程目标

具有科学精神的素养,指的是学生应能够:用马克思主义基本观点和方法，观察事物、分析问题、解决矛盾；解放思想、实事求是，对经济、政治、文化、社会和生态文明建设的实践，做出理性的解释、判断和选择；珍重人生价值，展现人生智慧，以锐意进取的态度和负责任的行动促进社会和谐；具有坚持和发展中国特色社会主义先进文化的自信心、自觉性。

三、科学精神的学业质量水平

水平1：依据马克思主义哲学基本原理，观察并解释经济、政治、文化和社会现象，阐释创新、协调、绿色、开放、共享的发展理念；运用相关学科的方法，表述相关体制运行的意义，在实践中识别决策目标和主要限制性条件，确认合理的选择方案；面对各种矛盾争端，把握个人在社会生活中的角色，评价既遵守规范、遵循程序，又不盲从、敢于质疑的行为；识别当前各种文化现象，理解存在于区域、民族和国家间的文化差异，表明拒绝落后文化、抵制腐朽文化、认同中华文化、尊重域外文化、选择先进文化的态度。

水平2：运用辩证唯物主义基本观点和方法，回应当前经济、政治、文化、社会和生态文明建设中的突出问题，并对相关信息或推理进行检验和评价；运用相关学科的方法，在实践中反思各领域既有政策和体制、机制方面的限制性条件，解放思想，评估其对国家和社会发展的影响；关注当前热点问题和事件，理性论证选择方案，既表达担当社会责任的态度，又表现促进社会和谐的智慧；辨析继承中华优秀传统文化、不同文化交流互鉴、践行与传播先进文化的行为，表达文化创新的意义，揭示事物的文化价值以及各种文化现象背后的重要影响因素。

水平3：运用历史唯物主义基本观点和方法，阐释社会发展的基本规律和趋势，用历史思维评价不同信息和观点，辨明事实真伪；针对政治、经济、社会活动中的重要议题，运用相关学科原理辨识各种选择方案，预测未来发展的走向，做出恰当的研判；针对生活实践中各种不确定的具体问题，用矛盾分析的方法权衡利弊，在私人生活和公共生活领域做出实事求是的价值判断和行为选择；在积极开展国际文化交往的过程中，对如何继承中华优秀传统文化、发展中国特色社会主义文化等议题，发表持之有据、言之成理的见解，并提出可行的建议。

水平4：运用辩证唯物主义和历史唯物主义原理，揭示社会急剧变化的原因，把握历史发展的阶段性特征，论述因势而谋、应势而动、顺势而为的意义；直面经济、政治、社会、文化和生态文明建设的各种问题和挑战，秉持建设性批判的态度,解放思想、实事求是,采用相关学科探究方法进行理性判断和选择;应对成长过程中遭遇的复杂情境和突发事件,运用辩证思维,理性掌控分歧及各种不确定性,澄清有关信息和观点的误导,提出有创见的解决方案;因应各种思想文化的交流交融交锋的态势,在全球视野下表现强大的文化理解力和传播力,对创造性转化与创新性发展传统文化、走中国特色社会主义文化发展道路发表见解。

四、科学精神的能级要求之水平等级

水平1:能够懂得马克思主义哲学的基本原理,用以观察和理解政治、经济、文化和社会现象;能够掌握相关学科的方法,说明有关体制运行的意义和基本原则;能够意识到个人在社会生活中的角色,既遵守规范、尊重秩序,又不盲从、敢于质疑,冷静面对各式各样的矛盾争端;能够识别当前各种文化现象,拒绝落后文化、抵制腐朽文化,认同中华文化,接纳域外文化,选择先进文化。

水平2:能够运用辩证唯物主义基本观点和方法,解释当前政治领域和社会现象中突出问题,并对相关信息和推理进行检验和评价;能够针对个体或社会发展的各种经济问题,阐述兼顾公平效率、寻求互利共赢的观点;能够关注当今热点问题和事件,理性评估其对国家、社会的影响,担当社会责任,促进社会和谐;能够理解存在于区域、民族和国家间文化差异,立足中华优秀传统文化的根基,学习借鉴外来文化的积极成果。

水平3:能够坚持历史唯物主义的基本观点,解释社会变迁的原因,把握社会发展的趋势;能够用开放而敏锐的眼光,辨识和分析不同信息和观点;能够在公共场所和私人生活领域针对复杂问题做出有效决策;能够在经济社会活动中辨识各种限制性条件,理性选择,拟定实现各种目标的合理方案,对经济社会发展的愿景进行有理有据的研判;能够着眼传统文化的创造性转化、创新性发展,自觉传承和弘扬中华优秀传统文化。

水平4:能够面对社会转型期的急剧变化,运用辩证唯物主义和历史唯物主义的原理,把握社会发展的阶段性特征;能够理性应对经济发展"新常态"下的各种不确定性,应势而动、顺势而为;能够针对突发事件和复杂问题,用建设性批判思维,澄清有关信息和观点,创造性提出解决方案;能够在全球视野下,面对各种思想文化的交流交融交锋,表现强大的文化理解力和传播力。

14

"法治意识"之解读

一、法治意识的内涵

法治意识是人们对法律的认可、崇尚与遵从,是关于法治的思想、知识和态度,主要包括规则意识、程序意识和权利义务意识等。通过本课程的学习,学生能够理解法治是人类文明演进中逐步形成的国家治理方式:形成宪法至上、法律权威、法律面前人人平等的观念;懂得行使权利与履行义务的关系;养成依法办事、依法维权、依照法律程序解决纠纷的习惯;具有法治让生活更美好的认知和情感。

我国公民的法治意识,就是主动自觉地参加社会主义法治国家建设,发自内心地尊法学法守法用法。全面推进依法治国,总目标是建设中国特色社会主义法治体系,建设社会主义法治国家。为实现国家治理体系和治理能力的现代化,必须坚持党的领导、人民当家做主、依法治国有机统一,实现科学立法、严格执法、公正司法、全民守法,在全社会树立法治意识。青少年应增强法治意识,做社会主义法治的忠实崇尚者、自觉遵守者、坚定捍卫者,依法行使权利,自觉履行义务,维护公平正义,成为有尊严的中国公民。

二、法治意识的课程目标

具有法治意识的素养,指的是学生应能够:理解法治是人类文明演进中逐步形成的先进的国家治理方式,解释建设社会主义法治国家的基本要求;

树立宪法至上、法律权威、法律面前人人平等的观念;懂得权利与义务的关系,养成依法办事、依法维权、依法履行义务的习惯;具有法治让社会更和谐、生活更美好的认知和情感。

三、法治意识的学业质量水平

水平1:讲述法治使社会更和谐的典型事例,表明法治是先进的国家治理方式;列举科学立法、严格执法、公正司法、全民守法的事例,描绘法治国家的图景;列举实例,说明任何人都没有超越法律的特权;秉持自由、平等、公正、法治的价值取向,解释公民依法行使权利、依法履行义务的行为;引用自身的经验,推荐依法办事、依法维权、依法解决纠纷的案例,表明法律的亲近与威严,提供法治使社会更和谐的理据。

水平2:描述法治国家、法治政府、法治社会的基本表征,说明依法治国是党领导人民治理国家的基本方略;归纳生活中各种违法犯罪发生的原因和类型,阐明宪法至上、法律权威、法律面前人人平等的观念;剖析多个实例,比较不同的行为方式,预测并评估其后果,阐释权利与义务相一致的道理;联系依法治理的实际,用经过核实的材料,证实依法办事、依法维权、依法解决纠纷的好处,表达法治使生活更美好的感悟。

水平3:列举生活中立法、执法、司法和守法的多种实例,阐述依法治国、建设社会主义法治国家的目标;基于法律的本质和功能,选择恰当的论据和论证方式阐述宪法至上的道理、法律权威的价值、法律面前人人平等的意义;针对民事活动和公共参与过程中的不当行为,解释相关权利和义务的法律意义,明辨依法行使权利、履行义务的正确方式;针对经济、政治、文化、社会生活中的行为误区,澄清法律规范与自由权利的关系、法治保障与生活品质的关系。

水平4:反思历史经验,立足发展中国特色社会主义的实践,阐释全面依法治国对推进国家治理体系和治理能力现代化的意义;选用立法、执法、司法和守法中体现法律面前人人平等的实例,阐述运用法治思维的意义,论证尊崇宪法和法律在治国理政中的作用和价值;熟悉生活中各种民事法律规范,列举解决社会争议的有效路径和方式,论证依法行使权利、依法履行义务、依法办事的意义;描绘法治中国的蓝图,阐述法治信仰的价值,为维护公平正义和法律尊严采取自觉行动、提出合理建议。

四、法治意识的能级要求之水平等级

水平1:能够用讲述法治和人治故事的方式,表达法治是先进的国家治理方式;能够列举科学立法、严格执法、公正司法的实例;能够采用实例,警示法律是不可逾越的红线;能够秉持自由、平等、公正、法治的价值取向,解释公民依法行使权利,依法履行义务的行为;能够引用自身的经验,表达法律的亲近与威严;能够收集经过核实的材料,推荐依法办事、维权、解决纠纷的成功经验。

水平2:能够着眼人类文明演进的历程,说明法治是逐步形成的先进的国家治理方式;能够归纳生活中违法犯罪的各种因素,说明宪法至上、法律权威、法律面前人人平等的观念;能够剖析多个实例,阐明权利与义务相一致的道理;能够引用依法治理的范例,表达法治使生活更美好的感悟;能够比较不同的行为方式,评估其后果,说明依法办事、维权、解决纠纷的好处。

水平3:能够列举现实生活中的实例,阐述依法治国,建设社会主义法治国家的愿景;能够基于法律的本质和功能,阐述宪法至上的道理、法律权威的价值、法律面前人人平等的意义;能够针对公共参与活动中的不当行为,解释相关权利和义务的法律意义,阐释行使权利、履行义务的正确方式;能够针对政治、经济、社会、文化生活中的错误认识和行为,澄清法律约束与自由的关系、法治保障与生活品质的关系;能够养成依法办事、依法维权、依照法律程序解决纠纷的习惯。

水平4:能够用坚持和发展中国特色社会主义的实践,阐释全面推进依法治国对国家治理体系和治理能力现代化的意义;能够选用立法、执法和司法实践的实例,阐述法治思维的表现和意义;能够结合法治国家、法治政府、法治社会一体建设的经验,阐明建设中国特色社会主义法治体系的总目标;能够依法辨识并制止任何违法犯罪行为,以维护公平正义和法律尊严的自觉行动,助力全社会尊法学法守法用法蔚成风气。

15

"公共参与"之解读

一、公共参与的内涵

公共参与是公民主动有序参与社会公共事务和国家治理,承担公共责任,维护公共利益,践行公共精神的意愿与能力。通过本课程的学习,学生能够具有人民当家做主的责任感;了解有序参与公共事务的途径、方式和规则;积累参与民主管理、民主决策、民主监督的实践经验;提高通过对话协商、沟通与合作表达诉求、解决问题的能力。

我国公民的公共参与,就是有序参与公共事务、承担社会责任的积极态度和行动,直接行使人民当家做主的政治权利和义务。广泛的公共参与,彰显人民主体地位,是公民行使知情权、参与权、监督权的表现,有助于更好地表达民意、集中民智,提高国家立法和政府决策的科学性、民主性;有助于鼓励社会力量热心公益活动、参与公共服务,激发社会活力,提高社会治理水平。培养青少年公共参与的素养,有益于他们了解民主管理的程序、体验民主决策的价值、感受民主监督的作用,增强公德意识、公共精神和参与能力,成为有担当的中国公民。

二、公共参与的课程目标

具有公共参与的素养,指的是学生应能够:遵循有序参与公共事务的途径、方式和规则;热心公益事业、乐于公共服务、践行公共道德、展现公共精神;获得参与民主管理、民主决策、民主监督的实践经验,具备公共交往中善于对话协商、沟通合作、表达诉求和解决问题的能力;享受人民当家做主的幸福感,表现勇于担当的责任感。

三、公共参与的学业质量水平

水平1:引用主流媒体的报道,确认公众参与国家立法、政府决策、社会治理、公共服务的某些途径、方式和规则;引用经过核实的报道,解释公民参与民主管理、民主决策、民主监督的必要条件和重要意义;阐述爱国、敬业、诚信、友善的价值准则,表明参加公益活动、公共服务,践行公共道德的积极态度;结合各层面、各领域公众参与的情境,表明公共参与是体现人民主体地位的应有之义。

水平2:举例说明各领域、各层面公共机构与公民生活的关系,并表达对这些机构的工作方式及其规则的期望;针对人们当前关注的公共事务,说明公共机构所持的观点,识别、评价政府行使职能和权力的过程,解释居民自治、村民自治中公共参与的价值,阐述公民有序参与、直接行使民主权利的意义;分享公共参与的体验,表达参与公益事业的幸福感、参与公共服务的获得感和成就感;评析各层面、各领域公共参与的实例,表达公共参与的行动体现了我国公民的主人翁意识和社会责任感。

水平3:剖析若干公共机构制定公共政策的实例,阐释公民有序参与不同领域、不同层面公共事务的意义和价值;列举公共利益与私人利益发生矛盾的实例,阐述不同层面、不同领域协商民主的意义和价值,评估合理解决矛盾的方案;列举任何情境下的各种冷漠表现和议论,剖析导致冷漠的思想根源、评估无端妄议的社会后果,彰显践行公共道德的勇气;抨击漠视、损害公共利益的行为,全面、系统地阐述公共精神的内涵,表达公共参与的强烈意愿,提出率先垂范的行动方案。

水平4:评析各种情境下指向公共机构的质疑,解释公民在公共参与过程中与各领域、各层面公共机构的互动关系,系统论证参与国家立法、政府决策、社会治理、公共服务的途径和方式;列举不同群体间利益冲突的实例,揭示其历史和现实根源,并提出管控冲突、化解矛盾的办法;评述有序政治参与的过程,既解释公民行使权利、履行义务的意义,又强调人民主体地位的保障;全面阐述公共参与与公民直接行使民主权利的关系,论证公共参与是人民当家做主的集中表现和重要标志,是当代中国公民担当社会责任的宝贵品格和关键能力。

四、公共参与的能级要求之水平等级

水平1:能够识别并举例说明不同领域、不同层面的公共事务;能够运用实例(如某项公共政策的制定),说明通过民主协商解决问题的好处;能够描述自己所在社区公共事务管理的经验(如环境治理的状况),表现村民自治或居民自治的方式;能够引用经过核实的报道,表达民主管理、民主决策、民主监督的好处;能够基于爱国、敬业、诚信、友善的价值准则,表达乐于参与公益活动的态度。

水平2:能够举例说明公民与各领域、各层面公共机构的关系;能够针对人们关注的公共事务,说明政府所持有的观点;能够识别政府的职能和权力,解释社会治理的方式,以及居民自治、村民自治中的公共参与途径,阐述公民直接行使民主权利的意义;能够分别从国家治理和社会治理两个层面,说明协商民主的特点和优点;能够分享自己公共参与的经历,表达关注公共参与利益的真切感受,展示真诚的公共精神。

水平3:能够剖析若干实例,阐述公民参与公共事务的意义和价值;能够剖析若干实例,解析公众参与国家立法、政府决策、社会治理、公共服务的途径和方式;能针对公共利益与私人利益发生矛盾的情境,阐述协商民主的意义和价值;能够比较公民在政治参与和社会参与中的角色行为,展现公共参与的理性行动能力;能够既着眼公民依法行使权利、履行义务的意义,又着眼人民当家做主的意义,论述公共参与的责任和担当精神。

水平4:能够面对各种指向公共机构的质疑,解释公民在公共参与过程中与各领域、各层面公共机构的相互作用,阐述公民有序参与公共事务的意义和价值;能够针对社会上各种冷漠的表现和议论,剖析导致冷漠的思想根源;能够面对不同群体之间的利益冲突,揭示其历史和现实根源,并提出管控冲突、解决矛盾的办法或方案;能够以自身的公共精神和公共参与行为,率先垂范,影响、带动更多的人参与各领域、各层面的公共事务。

16

如何构建有政治认同的思想政治课堂

作为政治教师,其最高境界,并不是要学生背上多少知识,而是要让学生对我国的政治充满认同,使学生认识到作为社会成员在社会生活中能产生对我国政治系统及其运作的同向性情感、态度与行为。鉴于此,教师须通过课堂这一主阵地,增强学生对中国特色社会主义的道路、理论、制度自信和价值观的认同。

一、紧跟"风向标",引领道路认同

对于中国人民来说,道路问题始终是第一位的问题。中国特色社会主义道路,是中国共产党领导全国各族人民在新的历史条件下的独特创造。这条道路是跌宕起伏的,我们虽经历过一次次挫折、震荡和损失,但已取得了举世瞩目的伟大成就。思想政治教师应千方百计地告诉学生这条路会非常曲折,但前途一定光明。

教师在执教《政治生活》中有关"中国共产党的领导和执政地位及其确立"的内容时,先播放纪录片《苏联亡党亡国20年祭》片段和《中国特色社会主义道路:正确的选择》片段,接着要求学生分组讨论,并通过比较分析原苏联在20世纪末的轰然坍塌和中国在21世纪初的震撼崛起的深刻原因。接着又让学生列举走中国特色社会主义道路的成功案例,进一步证实走中国特色社会主义道路是历史的必然结果和中国人民的慎重选择。这时教师又自编小诗深情朗诵道:"我们永远感谢共产党!以前我们做牛马,现在人人把家当;以前忍饥又挨饿,现在温饱奔小康;以前穿的蓑草衣,现在毛料新时装;以前走的羊肠道,现在道路宽又广;以前住的茅草屋,现在砖瓦新楼房;以前有病无钱医,现在医药能报账;以前种粮要上税,现在免税还补偿。"最后,通过课堂讨论和辩论,让学生明白,走中国特色社会主义道路不能封闭僵化,更不能改旗易帜。只要坚定信念,道路一定会越来越宽广。构建当代中国的政治认同,首先必须增强道路认同,这是"风向标"。只有紧跟"风向标",坚持从中国的具体实际出发,我们才能大路前进。

二、紧握"指南针",引领理论认同

有一位名师,他在给学生讲马克思主义哲学时,讲解的方法很独特,效果也很明显。凡是书本上的概念,他总是让学生尝试着先去自我定义,然后再进行对比讲解;一个命题提出来,他先让学生尝试着去判断,让学生的思维跑在老师前面。即使不能超前,他也试着让学生去体悟他即将说的下一句话是什么。由于长期让学生在课堂上体味思维的乐趣,他所教班的课堂十分活跃。这位教师虽从不给学生布置课外作业,但他的学生在当地辩论大赛和各项活动中却能有上佳的表现。他也被学生评为最受尊敬的教师。

与此相反,有的教师上课讲条条、课后要求学生背条条、练习考条条,如此学生怎么能对中国特色社会主义理论感兴趣呢?最可怕的是,部分教师自己都不相信马克思主义理论,又怎么能让学生对这样的理论心服口服呢?这里还要提一个角色认同的概念,人们在社会中可能在不同的时间和空间扮演不同的角色,各种角色都有一种约定俗成的行为标准,一个人如果能够赞同社会对某个角色的行为标准,并按这个行为标准行事,就是角色认同。做教师的应首先对自己的角色具有认同感,才能让学生对你所传授的理论产生认同。

三、紧扣"保险绳",引领制度认同

在课堂上,让学生对我国政治制度认同绝不是件容易的事,需要教师开动脑筋。某位教师在课堂教学的过程中,不断给学生开一些微型讲座,如"动荡的乌克兰与大国博弈""历史上的东欧剧变对中东欧的影响""原苏联的解体与中国的崛起""中东动荡的原因及其趋势""国际格局的变化与大国关系"等,让学生在潜移默化中认识到,虽然阿富汗、伊拉克、利比亚等国在美国等资本主义国家武装干涉下强行移植了西方民主,乌克兰、埃及等国也纷纷效仿西式民主,但这些国家内部陷入了持续动荡,经济形势江河日下,人民生活水平日趋下降;欧美等国内部也面临金融危机、政府失信、媒体丑闻、社会骚乱等,西式制度的"神圣"光环已显得黯然褪色,越来越遭遇全球性的质疑与挑战。而改革开放40多年来,中国共产党依据社会主义发展规律,努力推动改革开放和社会主义建设事业不断走向深入,使中国特色社会主义制度在日趋激烈的国际竞争和挑战中显示出强大活力和勃勃生机。

看来,我们的思想政治课堂应该像一片面积宽广、底蕴丰富的森林,为鸟儿提供葱茏的绿荫、充沛的水源、丰富的食物、鸟儿成长必需的挫折和创伤,甚至还应包括那些看似没有用的游戏与玩乐,大鸟在前面,小鸟在后面,慢慢地跟着、跟着,小鸟就什么都懂了、会了,逐渐成熟了。

四、紧揣"定心丸",引领价值认同

在长期唯考试导向的教育体制中,我们要求的是学生升学科目得满分,却容忍学生在道德、人格、情感培养方面得零分。在课堂上,我们经常看到教师组织的爱国主义教育往往都是表面文章,常常是开开会、谈认识、表决心、喊口号、签名字、贴标语、唱高歌等,这样的教育很难让这些价值原则真正打动学生,更难内化为学生自己的行动。学生往往会嘴上说一套,心里想一套,实际做的又是另外一套。这样的认同只能是一种伪认同。因此,对于学生而言,成绩大概是微不足道的,我们不希望自己的学生只有成绩,而没有成长。如果我们能结合"七七事变"纪念日、"九一八事变"纪念日、抗日战争暨世界反法西斯战争胜利纪念日、南京大屠杀国家公祭日等开展一些行之有效的纪念活动,唤醒人们对历史的惨痛记忆,深刻认识走中国特色社会主义道路是人民的选择、历史发展的必然,从而更加坚定坚持社会主义制度,走中国特色社会主义道路的坚强必胜信心,我们的教育一定更有效。

价值认同是政治认同的核心。它可以为政治制度或政治体系的合法性提供理论和道义上的诠释,也能够为公民政治认同的实现提供精神支撑和情感归属。如果我们政治教师学做人师,也永远以人为本,让学生通过对特定的政治体系的感知、体会、理解与判断形成初步的认知,在此基础上逐渐形成符合自身理想追求的政治情感、政治信念,进而内化为自身的政治意志,并据此做出主动的政治选择和政治参与,那我们的工作将是功德无量的。

17

课堂教学如何培养学生的科学精神

作为地震灾害较多的国家,日本每次大地震都会造成重大人员伤亡和财产损失。在日本遭遇大灾害后的第一时间,我国国家领导人总会向日本天皇、首相致电表示慰问。但在中学校园里,这些事却引起了学生们不同的反应:有惊愕,有同情,有惋惜,也有幸灾乐祸。但生命的高贵在于生命的平等,没有哪个国家、哪个民族人民的生命就应该被无情剥夺,我们应培养中学生的科学精神,使他们拥有更多的宽容与温情。那么,什么是科学精神呢?思想政治课要培养学生的科学精神,应从哪些方面入手呢?根据笔者的学习体会,科学精神应有以下含义。

一、怀疑是理性的始祖

然而,在中学思想政治课堂上,经常看到不少学生"奋笔疾书",记下老师说的每一个字,然后加以死记硬背,唯书、唯师是从,并没有真正地对知识进行消化理解和独立思考。当教师让某一学生从哲学上解释"细节决定成败"时,该生也许能洋洋洒洒地把细节的决定性作用讲得头头是道;当教师让某一学生从哲学上分析"大局决定成败"时,他同样可以滔滔不绝,让你相信大局确实重要。但很少有学生能把"细节"和"大局"放在一起去思考、去追问、去质疑,判断到底是"细节"还是"大局"真正决定成败。学生独立的人格、自由的思想、个人的判断、真理的追求都在部分教师教学的"灌"中、作业的"滥"中、考试的"多"中、管理的"死"中被慢慢地扼杀了。

例如,某位教师执教"处理民族关系的原则"这一内容时,并没有照本宣科,而是抛出了诸如"有些民族为什么被称为少数民族,是因为他们对国家的贡献少吗?""人数少的民族就叫少数民族吗?""民族问题无小事,是说把问题搞大吗?""既然讲民族平等,那么为什么在高考录取时又要实行民族倾斜政策呢?""既然要民族平等,消灭一切民族差别不是更好吗?"等问题引发学生思维。在课堂上,学生讨论热烈、回答活跃,教学效果十分明显。

这一节课上,教师创设了具有一定深度和广度的问题,引导学生不以书本为教条,主动参与讨论,积极进行思考。课堂上,没有空洞说教,有的是广泛的讨论及辩论;有的是教师顺乎本性地因势利导。试想如果我们的课程没有批判性思维,没有交流,没有融会贯通,就不会推陈出新,更培养不出会思考、爱思考的劳动者;试想如果我们培养的学生都是那样唯唯诺诺,四平八稳,困于窠臼,那么中国怎么会有突破?怎么会有创造?

二、理性能使人自由

在国外,流行着这样一个道德两难推理故事:一辆火车沿着轨道飞驰,在它将要经过的线路不远处,有五个人被困在轨道上无法逃身。幸好你可以扳动方向盘,让火车驶入另一条支线,从而避开这五个人。然而另一条支线上也有一个人,这样做要付出的代价是那个人将死于非命。那么你该不该扳动方向盘呢?

在这样一种场合下,虽然扳动方向盘的后果算不上好,但大多数人都能比较容易做出决定,选择牺牲一个人、保全五个人。

另有一则与上述故事类似的故事:同样是一辆失控的火车沿轨道飞驰而来,同样是五个人困在铁轨上命悬一线。但在轨道上方天桥上,有一位陌生人。挽救那五个人的唯一办法是把这陌生人推下去。掉下去的那人庞大身躯可以挡住火车而让那五个人逃过一劫,但他必死无疑。你应该推他下去吗?

虽然前后案例的生死账相同,都是牺牲一条命挽救五条命。但后一案例所作抉择也许让我们更加谨慎紧张。因为,前案例属于较为理性的思维;而后案例不仅涉及道德,更涉及情感、法律等因素,只有慎重地思考才能做出客观、冷静的判断。

由上例,进一步思考可知:没有科学精神绝不会有理性的生活。科学精神的第二层含义就是需要我们克服一些情绪因素,推崇与尊重秩序、规则、法制。

十七世纪荷兰伟大的哲学家斯宾诺莎,在继承理性主义先驱笛卡尔的思想基础上,致力于人的理性方面的研究。他提出了"理性能使人自由"的观点,认为人类理性会引领每个人走向自由,并建立起一个繁荣、公正、平等的社会。

三、理性智慧出尊严

大家都还记得林浩森丧心病狂地毒害室友的行为吧,177名复旦大学生提出的请求属"人情",一定程度上也有缺乏理性思考之处。由此类推,一些地方出现的"医闹""越级上访""下跪讨薪"等从另一侧面说明社会需要科学精神。从这些现象的本质来看,科学精神的第三层含义应是人们对生命尊严的尊重,直接形成对人的尊严的尊重,从而推动人的科学精神的进一步发展,以推动整个人类文明的不断升级。

法国作家莫里斯·马丹杜加尔有句名言:"哪里有理性智慧,哪里就有尊严。"也就是说尊严需要理性的智慧来维护。

笔者曾看过一篇有关"尊严垃圾桶"的报道,很受启发:在丹麦的哥本哈根,有人发现,有些个小或是残疾的拾荒者,根本捡不到1.5米高的垃圾桶里面的"宝贝"。于是这人就向有关部门建议,把垃圾桶降低30厘米,让那些拾荒者不会每次为了捡垃圾而灰头土脸。提案很快得到批复,垃圾桶高度从1.5米降低到1.2米。设计者还别出心裁,不仅降低了高度,而且还可让垃圾箱翻转,这样拾荒者就能很方便地捡到"宝贝"了。

其实,被缩短的不仅仅是高度,被缩短的还有人和人之间的心灵距离。让弱小者看到了自己不能被忽视的人格尊严。理性对待社会成员,让社会成员得到应有的尊严也是衡量社会文明程度的标尺。但这些素质需要从小养成,思想政治课堂肩负着义不容辞的责任。

我们讲人文精神是让学生关注人的重要性,而讲科学精神是让学生用理性的眼光看待生命。科学精神能使人客观地看待人与物、冷静地思考问题、逻辑地进行推理、全面地观照事局,对任何事态具有较强洞察力,能做出明智的选择。一个具有科学精神的人能从一定高度看待问题和事局,不以暴力、狂热、蒙昧、偏执等心态来思考和解决问题。他知道教养的重要性,了解自己,也尊重他人。因此,科学精神是一种维系社会公共生活秩序的文化精神,缺乏了这种精神,任何发展与稳定都是不可能的。

18

如何在教学中培养学生的法治意识

加强青少年法治教育事关现代合格公民的有效培育,事关青少年的健康成长,事关全面推进依法治国战略的有效实施,应当及时抓好。实际上,在我们的日常生活中,从衣食住行到公民权利义务,法律无处不在并时时刻刻影响着我们的生活。所谓"玉不琢,不成器。人不学,不知义",对于中学生,我们应引导其努力通过"博学之、明辨之、笃行之"来拓展法律认识、提升法律情感、巩固法律理念。

一、勤于"博学",拓展学生法律认知

思想政治教师应认识到法律认知对中学生的重要性,针对高中思想政治教材的特点,能从从容容、扎扎实实、循序渐进地深挖相关法律资源,开展法制教育实践活动。

一是结合教材中的法律资源拓展学生认知。高中思想政治教材的每一模块都可以拓展学生的法律认知。如《经济生活》第一单元可进行消费者权益保护法教育,第二单元可进行劳动者权益保护法、公司法、证券交易法等方面的教育,第三单元可进行税法教育,第四单元可进行合同法、反不正当竞争法等教育;《政治生活》第一单元可进行宪法及公民的权利与义务教育,第二单元可进行行政诉讼法教育,第三单元可进行依法治国教育,第四单元可进行国际法方面的教育等,使中学生养成规则意识和约束意识,形成对法律的畏惧和崇敬。

二是结合新出台的法律法规拓展学生认知。如,2016年3月,十二届全国人大四次会议审议通过了《中华人民共和国慈善法》。结合书本相关知识点,适当进行解读十分必要。课堂上教师可与学生共同研究:如果我有家人得了大病,能发起微博捐款吗?单位总是组织捐款,我可以说"不"吗?钱捐了以后,"怎么花"我还有发言权吗?个人求助和个人募捐有什么区别?公开承诺捐款的,不兑现怎么办?让学生通过学习讨论认识到,献爱心虽出于自愿,但也离不开法律。

三是结合生活热点拓展学生认知。如,从山东济南非法经营疫苗案件到山东青岛市天价虾事件,从大学生马加爵、药家鑫杀人案到复旦大学研究生林森浩投毒致室友黄洋死亡案,从马路上"组团式闯红灯"到城市交通中的不文明,从"萝卜招聘"到山寨成风,从随地吐痰到景区涂鸦等系列事实说明:在现代社会,有知识并不代表有法律知识,有思想并不代表有法律意识。

二、善于"明辨",提升学生法律情感

"明辨"的问题从何而来?

一是从书本教材中寻找"辨点"。如,在学习《政治生活》民主选举时,学生可能存在的一个疑点是:选举权、选举权利、民主选举等概念区别在哪里?这时,教师可结合《宪法》和《选举法》帮学生澄清:选举权是指一种权利,是指我国公民依法享有参加选举各级人大代表的各项活动的权利;选举权利是公民的基本政治权利之一,是指公民依法享有选举或者被选举为国家权力机关代表或某些国家机关领导人的权利;民主选举指的是一种选举方式,民主说明了这种选举的性质。

二是从政策文件中寻找"辨点"。如,近年来网络上经常会有人提这么一个问题:一方面,中国共产党是领导核心;另一方面,法治强调宪法法律至上,那么党的领导和法治之间到底是什么关系?到底是党大还是法大?针对这样一个问题,需要让学生清楚"党大还是法大"其实是一个伪命题。因为从逻辑上讲,党的本质是政治组织,而法的本质是行为规则,两者不存在谁比谁大的问题,如果不理清两者的概念就会落入话语陷阱。在我国,党的领导和社会主义法治在本质上是一致的,这是我们正确把握党和法治关系的关键。

三是从有关热点中寻找"辨点"。如,十二届全国人大常委会第十五次审

议通过了关于实行宪法宣誓制度的决定,即新任命的国家工作人员正式就职时须公开向宪法宣誓。但有部分学生认为这只不过是一种形式,并不能起到真正效果。为纠正这些学生心中的错误想法,可先引导学生学习孟德斯鸠的《论法的精神》。孟德斯鸠在这本书中说:"'誓言'在罗马人中有很大的力量,没有比'立誓'更能使他们遵守法律了。他们为了遵守誓言常是不畏一切困难的。"在西方不少国家,公职人员在就职仪式上都进行宪法宣誓。许多国家直接在宪法正文中规定了宣誓主体、程序、地点和誓词等具体内容,宣誓者或对着宪法,或手抵圣经,亲口诵读来自于宪法或法律规定的誓词。再引导学生关注我国《宪法》的地位,在此基础上,教师再引导道:我们向宪法宣誓为的是增强公职人员的宪法观念,推进宪法信仰建立,让宪法文化落地生根。因此,宣誓也是追求依宪治国内容和实质、建设法治国家的一种必要形式。

三、乐于"笃行",巩固学生法律理念

一是结合实际,开展法治方面研究性学习。生活中的小事,往往隐藏着法治的影子。比如使用假身份证、驾驶证,造谣传谣、诬告他人,国家考试中组织替考,制作、传播、私藏恐怖主义书籍,虐待老幼病残等行为以往可能被行政处罚,但依据最新刑法修正案则要被追究刑事责任。对这些行为进行研究可加深学生对法律知识的理解。同时,教师可利用寒暑假,布置一些法律方面研究性主题学习任务并引导学生深入社会,特别深入农村探究,发现存在的问题,增强学生学好法律的紧迫感。

二是结合教材,创造条件开展庭审旁听、模拟法庭活动。教材上面的法律知识往往较为抽象,但学生通过旁听庭审、收看庭审直播、举办模拟法庭等活动,在鲜活的情境中学习法律知识,于实践中体验法律权威,不仅能检验自己对法律知识掌握程度,激发学法的积极性,提高了鉴别是非的能力和应变能力,而且也接受了一次深刻的法制教育。

三是结合社会热点,聘请法律专家进行专题讲座。比如,"法律基础知识""校园法律知识"等讲座可以开拓学生视野,激发学生学法的兴趣。邀请政法干警进课堂,通过"案例探析""互动提问"等环节开展法律知识宣传更让课堂显得生动、活泼、富有感染性。

四是结合宣传周,组织知识竞赛。能努力做到将法治宣传系列化、主题

化,积极开展法治宣传周活动。在此期间,寻找贴近学生实际的、与学生切身利益相关的、学生感到疑惑的法律知识开展竞赛,可起到开阔视野,调动学生学法积极性作用。

古人云:小智善于治事,大智善于用人,睿智善于立法。高中思想政治课程正在进行大的调整,它是一门德育课程,不仅承担着对学生进行德育教育的任务,同时也承担着对学生进行法治教育的任务。以现有的四册必修教材为基准,选择合适的法律常识,以生动活泼的形式对学生进行法治教育,使学生掌握最基础的法律知识,形成现代的法治观念。青少年的法治教育是一项庞大的工程,切不可求快、大水漫灌,要从实际的常识教育入手,循序渐进。只有这样,才能达到教育之效。

19

教学中公共参与意识的渗透

公共参与是公民公共素养的外在表现,也是公民意识和公民对国家与社会责任感的重要表现。当前,部分公民乃至有些青年学生还存有"多一事不如少一事"的想法,忽视公共权利、漠视应当履行义务的也大有人在,这更加突出了思想政治学科核心素养之公共参与的公共素养的重要性和必要性。在思想政治课教学中加强对学生公共素养的培养和提高学生公共参与意识势在必行。

培养学生端正公共参与的态度。面对部分学生公共素养不高,公共参与意识淡薄,其根本原因就在于学生不了解公共参与意识和公共素养的价值。因此,思想政治课教学对于学生公共参与意识的培养就需要通过多种途径和渠道让学生明白提升公共素养的作用和意义。

在教学过程中,运用发生在学生身边,涉及千家万户而不是遥不可及的事例,让学生在通俗易懂的事例之中明白通过公共参与带来的实实在在的好处,给家庭以及自己的生活带来的诸多便利。如挨家挨户收水费是许多家庭痛苦的经历。我国很长一段时间都是十几户居民合用一块水表,每月的水费由居民轮流挨家挨户收取,再交到自来水公司。有的居民向居民委员会提出,收费是自来水公司应该做的事情,群众的义务就是交费,代收水费不合理。要解决代收水费的问题,就得取消总水表,每家重新安装一块水表。居民委员会通过各种渠道向上级反映此事,市政府决定进行一户一表改造。此后社区的居民终于摆脱了代收水费之苦。上述案例中,居民发挥了怎样的作用?这对我们的启示是什么?显然,问题解决过程中居民发挥的作用就是积极参与公共事务,显示较高的公共素养。这给我们的启示就是要积极参与公共事务,不能有"多一事不如少一事"的想法,应树立社会责任感。

在"民主选举"的教学过程中,我们尤其要重视我国公民的选举权和被选举权的教学内容。我们需要明确选举权和被选举权是选举国家权力机关的代表和被选为国家权力机关的代表,也就是说国家权力掌握在哪些人手里都是源于我们选举权的行使。出于公民的参与感和责任感,我们必须教育学生摒弃那种"选举与我无关""选谁都可以"的想法。

培养学生明晰公共参与的界限。公民公共参与的渠道和方式存在着很大的差异,对于我国公民来说,并不是所有的权力都可以直接行使。因此,我们需要对公民的公共参与度和尺寸有精准把握,否则就会导致无效参与,甚至给民主带来伤害。

在课堂教学中,我们可以引导学生将我国公民的公共参与分为直接行使和间接参与等形式。如民主管理是我国公民直接行使民主权利和管理基层公共事务和公益事业。因此,从基层民主管理的角度来看,公民在基层群众性自治组织中行使的权力都是直接的。如直接选举村委会或居委会的干部、直接参加村民大会或居民大会等,这也是我国社会主义民主最广泛的民主实践。

那么,是否就可以据此说明我国公民能够直接行使国家权力、管理国家和社会公共事务呢?显然是不可以的。这里需要对公民和人民进行科学的区分,在我国,公民包括人民和敌对分子两个方面。在我国,国家一切权力属于人民,人民是国家的主人与我国人民不能直接行使国家权力、管理国家和社会事务并不矛盾。因为我国的政体是人民代表大会制度,人民代表大会作为国家的权力机关代表人民统一行使国家权力。因此,我国公民行使选举权时,包括直接选举和间接选举两种形式。再如,我国公民在村委会或者居委会中可以直接行使决策权,但在国家和社会事务中只能是通过各种法律规定的方式依法参与民主决策,而无直接决策权。

培养学生规范公共参与的行为。公民的公共参与不应该是无序的混乱的,而应该是有序的。因此,公共参与和法治意识是分不开的。公民在参与公共事务时,不仅需要有正确的态度,明确自己参与的权限,还需要采取恰当的合法的方式。

在组织课堂教学过程中,可以选择发生在学生身边的事例,如"农产品贸易市场",设计的情境为扰民经营商贩与当地居民之间的矛盾。在本地区蔬菜批发市场,少数商贩占道经营,造成交通堵塞,严重影响了当地居民的出行,他们还将腐烂的蔬菜乱丢乱扔,导致居民区弥漫着难闻的气味。为此,一批居民需要维权,试图解决这个问题。采取的措施之一:给他们一个下马威。殴打商贩,践踏新鲜的蔬菜,甚至破坏商贩的交通工具,为此闹起很大的纠纷。措施之二:在居委会的牵头下,建立商贩和居民"道德评议会"参与市场管理,制定了合理的市场管理规则,使批发市场又恢复有序状态。可以向学生提出问题,对上述两项措施做出选择,并说明理由。无论学生选择措施一还是措施二,我们提出的对策都是要求遵守宪法、法律、规则、程序;依法行使权利,履行义务;正确处理权利与义务的关系。措施一中"以暴制暴"很有可能对学生的胃口,也有很多学生很赞成这种"以牙还牙"的方法,感觉很爽,很解气。但忽视了法律的约束,忽视了需要通过合法途径和合理渠道来解决问题。再结合措施二,通过正反比较,学生对有序的公共参与就会有一个正确的认识和理解。这样,我们就能够引导学生在面对不同群体之间的利益冲突时,揭示其现实根源,并提出管控冲突、解决矛盾的办法或方案。

我们还可以举这样一个事例:在日本无理企图改变钓鱼岛现状,中日钓鱼岛争端激化后,有一些激进的国人宣扬抵制日货,甚至冲击销售日产商品的商店,砸毁日系汽车等。显然,这些人试图通过非法的行为去维护我国合法的权益,这也会给国家利益带来危害。这里我们需要让学生明白,权利和自由都是相对的、具体的、在法律约束之下的,绝对没有超越法律之上的自由。我们需要引导学生能够针对人们当前关注的公共事务,说明公共机构所持的观点,识别、评价政府行使职能和权力的过程,并理解和支持国家的政策。我们能够比较公民在政治参与和社会参与中的角色行为,展现公共参与的理性行动能力,而我们不能在一个理直气壮的外衣下用非法的手段来维权。

思想政治课程本身就是一门"公共"课程,我们需要引导学生能够端正公共参与的态度,明晰公共参与的界限,规范公共参与的行为,使思想政治学科核心素养之公共参与落地。

20

如何让科学精神成为课堂的"主心骨"

当前学校各门学科教学的内容其实都是科学知识。很多人误认为只有自然科学才是真正的科学,因为社会科学主要强调人文修养,不应该被列入科学行列。显然,这个观点是片面的,是不科学的,人为撕裂了科学体系。不仅理化生地等自然科学是科学,语文政史等人文学科属于社会科学,也是科学,需要坚持科学精神与人文精神的统一。因此,科学精神应当贯穿课堂教学的始终,并成为课堂教学的"主心骨"。当前基于学科核心素养的课堂教学由于学科研究领域的差异,具体学科核心素养存在着千差万别,表现出丰富多彩的多样性,但学科之间再有差异,学科再有个性,也不可"任性",科学精神是所有学科的共性,是任何学科的课堂教学都必须遵守的根本原则。因此,在学科课堂教学过程中基于学科核心素养的教学与基于科学精神的教学并不矛盾,而是在对立中统一的关系。按照德才兼备的人才培养模式,提高学生的科学文化修养,培养学生的科学精神是非常必要的。那么,在课堂教学中应当如何培养学生的科学精神呢?这要求广大教师采取科学的教学方法实施有效教学,传播科学知识,尊重教育教学规律,这是在课堂教学中渗透科学精神以及培养学生科学修养的关键所在。

培养学生的思辨思维和理性精神。我们需要摒弃那种围绕大一统答案的结果教学法,应该将许多不确定的因素渗透于课堂教学之中,坚持过程分析重于结果分析,坚持定量分析高于定性分析的原则。我们可以将充满思辨思维的矛盾分析法引入我们的课堂教学,如在对立统一之下坚持一分为二的观点看问题,既可以一分为二,也可以合二为一,从而摆脱一是一、二是二的僵化的形而上学的思考方法。也可以在矛盾特殊性原理指导下坚持具体问题具体分析的原则,坚持一切以时间、地点、条件为转移,坚持主观与客观具体的历史的统一。如我们站在现代的立场换位思考以前时代的文学作品和历史事件时,不能偏离当时时代的局限性苛求甚至嘲笑古人前人,因为这样做就意味着我们对历史和社会历史条件的无知。同样,我们也会在"精神不是万能的,但没有精神是万万不能的"以及"财政收入越多越好"等类似的命题辨析中提升学生的思辨思维和理性精神。

培养学生的判断能力和选择能力。判断力和选择力是学生学习力中非常重要的能力,也是坚持对学生科学文化修养的培养的重要内容。但是,学生的判断力和选择力都不是先天就有的,都是经过后天长期的学习和培训才获得的。因此,我们需要在课堂教学中加强对学生判断力和选择力的培养。譬如当学生对一个深奥的问题不假思索给出正确的参考答案时,我们不妨对这个参考答案提出质疑,从而在学生的反应中判断是因为学生学会了才给出的答案,还是学生根本就不会而蒙对的答案。还有,我们还可以在学生记笔记时"奋笔疾书"的过程中"插播"一部分易错易混点,将"良莠不齐"的内容呈现给学生,观察学生的判断力和选择力。当我们向学生们公布问题参考答案时,也可以趁机掺入一点错误的答案,试探学生的判断能力和选择能力。当然,我们还可以将一些"疑难杂症"抛给学生,让学生们自主查资料,自主讨论,自主分析,从而在自主学习中快速成长起来。

培养学生的试错勇气和纠错决心。学生遭到教师批评的原因可能在于学生犯错误了。孔夫子在教学过程中尤其强调"不贰过",就是同样的错误不要犯第二次,不要连续在同一个坑里跌倒。人非圣贤,孰能无过?我们要打造具有科学精神的课堂,就需要正确对待学生的错误,不仅要允许学生犯错误,宽容学生的错误,甚至还需要创造条件让学生犯错误。如果学生的"旧病复发",我们的正确态度就是督促学生改正错误,但如果学生在"前无古人"的道路上摸着石头过河而产生错误,我们不仅要宽容对待,还应该与学生一起以科学负责的态度去分析错误,鼓励学生自主纠错,增强其纠错的决心。

培养学生的坚强意志和创新精神。吾爱吾师,但吾更爱真理;不唯上,不唯书,只为实。我们要超越前人,看得比前人更远些,就要敢于站在前人的肩膀之上。在组织课堂教学过程中，教师是主导者，但绝对不是独裁者，不能搞"一言堂"。在组织课堂教学过程中，不仅学生会犯错误，教师自己也会很稀罕地犯错误。虽然我们也会用"智者千虑，必有一失"来自我解嘲，但错误毕竟发生了，就看我们敢不敢承认错误，还事情一个真相。可能有的教师会感觉下不了台，想蒙混过关，甚至将错就错，这就表明教师自身科学精神的严重缺失。因此，教师就必须为学生做一个良好的示范作用，勇敢地承认自身的错误，并痛下决心去改正错误。同时，我们还需要培养学生坚强的意志改正错误，树立批判精神和质疑精神，在"无中生有"中去发明和创造，在曲折的道路中勇往直前。

当然，要让课堂充满着科学精神，首先在课堂上应该有一位热爱科学、能够尊重教育教学规律并充分运用科学的教育教学方法实施课堂教学的教师坚持科学地引领；其次，还需要教师以博大的爱心去包容学生的"童言无忌"，宽容学生的"犯上作乱"，兼容学生的"得意忘形"。让学生在"不懂"向"懂"的转化过程中产生更多的"不懂"，从而形成为科学和真理而顽强拼搏的精神，这是课堂教学中科学精神长盛不衰的内在动力。

21

如何在课堂教学中提升学科核心素养

作为立德树人的基础，核心素养毫无疑问已经触发了对传统课堂教学的一场重大变革，核心素养将取代传统的情感、态度、价值观等目标。前不久还是非常陌生的核心素养已经成为当前基础教育的一个炙手可热的词汇，激发起众多研究者探究的热情。在新课改的形势下，我们必须改变传统的教学观念，将核心素养置于课堂教学的"核心"位置，打造为核心素养而教的课堂。教师是课堂的主导，直接在备课的预设中"导演"了课堂教学。学生是学习的主体，必须尊重学生在学习中的主体地位。因此，教师必须提升自己的核心素养，关注学生的核心素养，设计有助于提升核心素养的问题，从而切实有效履行立德树人这个育人的使命，实现核心素养的"软着陆"，把对学生核心素养的培育真正落在实处。

一、提升教师的核心素养

一名合格的教师必须有高尚的道德修养，必须注意提升自己的德行和品性。同时，教师的专业发展与个人修养也存在着密切的关系，崇高的道德修养会促进教师自觉提升自己的专业修养，从而做到不误人子弟。教师要大力提升核心素养。俗话说，"名师出高徒""师父不明徒弟拙""强将手下无弱兵""教不严，师之惰"。这些传统箴言告诉我们，在学生学习中教师有不可忽视的作用。己欲立先立人，己欲达先达人。教师要发挥为人师表、身正为范的作用，以自身高尚的修养潜移默化地改变学生，其效果将是最为深远持久的。

因此，对于教师自身来说，必须认真学习和理解核心素养的内涵和要求，并比对核心素养的要求，提升自身的核心素养。我们不要忽视教师自身言行中透露出来的修养对学生产生的影响和示范作用。举一个简单的例子，譬如教师自己在上课期间外出接听手机，甚至忍不住抽烟，同时又对学生的课堂纪律提出严格要求，其要求所起的作用可想而知了。教师的这些不良习惯对学生产生恶劣的影响是相当严重的。教师需要时时锤炼自身的思想道德素养，用自身高尚的道德修养和人格魅力去影响学生，才能达成理想的教育效果，实现立德树人的目标。

二、瞄准学生的核心素养

学生的核心素养并非就是一片空白，在我们提升学生的核心素养之前，学生本身就拥有一定的核心素养。因此，要实现核心素养真正落地，我们需要对学生已经拥有的核心素养做一个全面的了解，明确学生核心素养的基础，把握学生在核心素养上的需求，这就是我们基于核心素养教学所立足的"班情"。譬如，我们需要了解学生在核心素养上的不足，把握学生的核心素养的需求，以便采取有的放矢的方式行之有效地培养学生的核心素养。我们不能不顾学生的实际水平，一味追求"高大上"，让学生睁大一双"无知"的眼睛，在高屋建瓴之中却遭遇来自曲高和寡的"恶搞"。这种违背认知规律的揠苗助长之举势必使核心素养如同断了线的风筝一般无法落地，无法真正地成为学生真实的核心素养。同样，我们也不能低估学生自身已经拥有的核心素养，提出在学生们看来近乎"白痴"的问题"侮辱"他们的智商，这不仅不利于学生核心素养的提升，可能还会伤害到学生的自尊。

三、融入课堂的核心素养

课堂本身也有自己的核心素养，不仅来自于教师与学生的修养，还来自于课堂的本身。有人将基于核心素养下的课堂教学简单地理解为分组讨论和探究活动，而忽视了课堂教学实质上的核心素养。如在分组讨论的形式下，谈论的主题有的是陈旧过时的话题，在学生看来这些话题无聊至极，其参与的积极性并不高，这样的讨论活动无法对学生的核心素养产生益处。再如，有些教师在组织课堂的探究活动中，对探究使用的情境素材缺乏理性思考,提出的问题缺乏思辨性,让学生在非此即彼的选择中煎熬,无法让学生在理性思维中使理性精神得到升华。在这些课堂中,授课教师总是力图要求学生去配合老师,学生甚至被迫去迎合老师的意思。这种"绑架"模式下的课堂教学,使学生已经失去了在课堂上的存在感,自主学习以及核心素养的提升成为一句空话。

可见,核心素养落地的第一责任人就是教师,既然教师"导演"了整个课堂教学,教师需要将核心素养与学科教学结合起来,使学科核心素养渗透于课堂教学的全过程。教师需要注意自身素养的提升,立足于学生现有的素养状况,创造核心素养培育的情境,使核心素养既能上天,也能落地。

22

如何挖掘思想政治课教材中的核心素养

学生的核心素养培育是实施学科教学的大方向,我们需要以核心素养去指导、引领、辐射学科知识教学,并在学科知识教学中充分彰显各个模块独特的育人功能,从而使政治课学科"教学"真正升级为"教育"。学生核心素养的培养也建立在政治学科教学的基础上,教师应挖掘政治学科教学中的独特育人价值,从而提高学生的能力和素质,提升其核心素养。

一、在经济学习中懂得秉持诚信

在《经济生活》中,我们要清晰地在生产、分配、交换、消费等经济概念中灵活把握、理解和运用知识,分析并解决问题。我们在应试准备过程中往往可能会忽视蕴含于其中的人文因素,忽视在学习应考中对自己诚信意识的培养。

社会主义市场经济应该是法制经济,更是诚信经济,在《经济生活》的教学过程中,教师必须借助教材相应的知识凸显诚信意识的重要性,并让学生在实际生活中体验诚信意识。如帮助学生树立正确的金钱观,让学生懂得君子爱财,取之有道,用之有度有益,抵制不劳而获思想的侵蚀,弘扬拾金不昧,一方有难八方支援的精神。引导学生树立正确的消费观,做一个理智的消费者,坚持求实心理主导的消费,抵制攀比、从众心理,切实保护生态环境,同时消费者也要维护生产经营者的利益,生产经营者切不可采取欺骗手段损害消费者的利益,破坏社会和谐。引导学生树立正确的就业观,让学生知道作为劳动者要遵守劳动纪律,履行劳动义务,维护劳动安全,维护企业利益等,引导学生树立纪律观念和集体观念,不为可一己之利导致集体利益受损。结合依法纳税是公民的基本义务,针对偷税骗税行为的危害性,帮助学生树立诚信意识和国民意识。结合某些企业违背诚信原则导致的种种社会危害,如触目惊心的食品安全问题,警示学生树立诚信意识是非常必要的。结合生活中诚信问题,如高考前学生都要签订诚信承诺书,一旦失信不仅会影响高考升学,同时档案中也会有失信经历记载,这将会影响学生一辈子。

二、在政治学习中学会承担责任

把握行为主体是《政治生活》学习的关键所在。如关键词"公民",我们可以运用第一单元的知识分析理解和解决问题。政府或者行政机关行为主体意指我们需要运用第二单元的知识分析和解答问题,包括政府的基本职能、宗旨原则、依法行政和接受监督等。当然,我们需要将政府机构与党的机构区分开来,市委是党的机构,市政府是行政机构;政府要依法行政,党要依法执政。人民代表大会的职权与人大代表的职权有联系,但也有区别,切不可混同。同样,对于主权国家这个行为主体我们可以依据教材正确认定。但我们切不可以应试功能取代德育功能,我们应当引导学生在应试学习中体味自己应当承担起来的重大责任。

在教学过程中,教师要善于对学生渗透宪法精神教育,引导学生培养国民意识,使其认识到国家兴亡匹夫有责,明确自身承担的重大责任。结合公民的政治权利和基本义务,公民参与政治生活应坚持的原则,公民要做到有序地政治参与以及公民要负责任地行使监督权等,让学生明白权利的享有以义务的履行为前提,民主的获得是以法律的约束为保障。教师可以结合日本政府实施钓鱼岛国有化后出现的国人游行示威、抵制日货等活动,个别地区还蔓延为"打砸抢"的恶行,警示学生政治参与也必须依法而为,践踏法律尊严而进行的所有"爱国"行动实质上是非理性情绪的发泄,反而授人以柄,给国家形象带来损害。此等行为不是爱国,而是祸国殃民,缺乏应有的责任意识。我们也可以结合政府的宗旨和原则、人大代表及人大的职责、党的性质和宗旨以及我国的民族宗教政策等,宣传学生对国家忠诚、对党的拥护、对国家的民族宗教政策的支持,强化学生对党和政府的重大责任。结合国家利益对国家的重要性,引导学生承担起对国家的责任,任何时候都要坚定地维护国家安全、荣誉和利益。在钓鱼岛问题和南海问题上都坚持与党中央、国务院保持一致,理性地承担起保卫祖国的责任。

三、在文化学习中能够自信自觉

文化生活教学需要从文化对社会发展和对人的影响、文化创新的途径、正确对待传统文化和外来文化、中华文化的博大精深和源远流长等特点、弘扬和培育中华民族精神、促进社会主义文化大发展大繁荣以及提高大众思想道德素质等角度整合知识,提升素养。其中蕴含着丰富的人文精神,充满着需要我们感悟的良知。

文化对人具有深远持久和潜移默化的影响,优秀的文化可以丰富人的精神世界,增强人们的精神力量,促进人的全面发展。因此,我们要在课堂教学中创造良好的文化氛围,组织学生参加积极的文化活动,并在文化活动中感悟良知。结合江苏教育频道因播报干露露母女三人低俗表演产生严重恶劣的影响,被国家广电总局停播整顿的事例,结合文化创新的知识,警示我们在文化创新中突出人的素养的提高,庸俗和低俗化不属于文化创新范畴。我们也可以结合中华文化和中华民族精神等应试知识的学习,引导学生培养团结统一、爱好和平、勤劳勇敢、自强不息的优秀品质和爱国主义的伟大情操。在处理科学文化素质与思想道德素质的关系时明确提高思想道德素质的重要性,突出科学文化素质和思想道德素质相互促进的关系,在社会主义文化建设中感悟做人的道德良知。

四、在哲学学习中励志实现价值

哲学教学有自己的特色,也具有个性化要求。如立足于本国国情或当地实际特点,就体现了物质决定意识原理要求坚持一切从实际出发;要从我做起、从现在做起主要体现了量变与质变辩证关系原理要求注意量的积累;面对诸多困难和问题要求我们坚持前进性与曲折性的统一,同时要正确对待矛盾;意义、作用等需要从价值观和价值实现的角度进行思考。因此,我们要加强对学生正确价值观的灌输,让学生从内心深处树立劳动和贡献光荣,树立为人民服务的思想。

哲学是充满智慧的学科，我们在引导学生学习哲学时，不仅要帮助学生获得哲学知识、提高应试能力，我们还需要让学生增长智慧，增加历练，树立正确的价值观，并在社会实践中实现自己的人生价值。如借助物质决定意识原理的学习，我们可以教育学生坚持一切从实际出发，实事求是，要立足于本身的实际，既不要妄自菲薄，也不可狂妄自大，眼高手低；既要脚踏实地，又要眼望星空。结合量变与质变辩证关系原理以及前进性与曲折性统一的道理，告诫学生要正确认识前进道路上的绊脚石，要充满信心，注意量的积累，在曲折的道路上勇往直前。矛盾普遍性与特殊性的辩证关系要求我们敢于尝试，勇于探索，帮助学生树立正确的失败观，坚信每一次失败就是向成功迈进一步。借助正确价值判断和价值选择的标准以及群众观，树立为人民服务的思想，坚持群众观点，走群众路线，在艰难困苦中不断走向成功。

　　核心素养和立德树人教育的大形势、大背景，对教师自身的素质也提出了更高的要求，要求政治教师必须将核心素养和立德树人纳入个人专业发展的轨道。我们需要将人文精神和修养贯穿于我们政治课的教学，渗透于我们应试知识和应试能力的培养之中。

23

从一次优秀课展评看道德与法治课成绩与进步

新课改推进十多年来,初中思想品德(道德与法治)课的广大一线教师和教研员一直在努力,也一直在进步,教师的教学方式、学生的学习方式和评价方式都在不断地发生变革。尤其是基于核心素养的新一轮教育教学改革启动实施以来,对于如何使我们的课堂教学更好地体现核心素养的要求、如何更好地体现《道德与法治》新教材的教育教学理念,我们也一直在进行深入而持续的积极探索,并取得了较大的成绩与进步。现以2017年5月22至24日,在江苏省镇江市实验学校举行的"长三角法治教育"优秀课展评为例加以分析。

一、将价值引领与实践导行放在首要位置,实现从"学科教学"向"学科教育"转变

立德树人是教育的根本任务,价值引领与实践导行是初中道德与法治课的最核心的理念,也是基于核心素养的教育改革的本质追求。正如江苏省中小学教研室政治教研员顾润生教授在活动总结时所说,法治教育的最大价值不在于法律知识的教育,而是价值观的引领。

难能可贵的是,这也成为这次参赛教师的普遍价值取向。在他们的课堂教学中都能够寓价值引领和实践导行于知识教学之中,潜移默化地进行科学的世界观、人生观和价值观的教育,培养学生正确的价值认同、强烈的法治意识、科学的理性精神和坚决的公共参与意识,实现思想政治课教学目标的入耳、入脑、践行。

如浙江省金华市孝顺初级中学的于淑丹老师在八年级"善用法律　健康成长"的教学中,通过"微观点"这个环节开展讨论,引导学生要勇于维权也要善于维权,要见义勇为也要见义勇智为,要"不做看客"也要科学智慧;通过"微行动"这个环节,教给学生在面对各种危险状况时的各种处置方法。安徽省蚌埠市第二十六中学的赵辉老师在七年级"法律保障生活"的教学中,通过各种素材和活动,激发学生对规则的情感认同和对法律的敬畏之心。浙江省义乌市稠州中学教育集团的蒋文灿老师在七年级"法律为我们护航"的教学中,创造性地设置"探寻护航之源"这个环节,深入挖掘中华优秀传统文化中的家风、家训和家规在调节人际关系、维护社会稳定中的独特价值,表现出较高的人文素养。

二、实现从"知识本位"的教学向"真实情境下的问题解决"的教学转变

活动式、探究式是新课改所倡导的教学方式和学习方式,也契合初中道德与法治课的特点。而活动和探究离不开一定的情境、问题和案例的选择和设置。有了一定的情境、案例和问题的设置,学生的自主学习、探究学习、体验感悟式的学习就有了一定的载体。从特殊到普遍、再由普遍到特殊的知识呈现方式,符合学生的认知规律和学习规律,有利于激发学生的学习兴趣和求知欲望,能有效地实现具体和抽象、理论与实践、感性和理性的有机结合,实现从书本知识向真实情境下问题解决的有效迁移,这也是基于核心素养教学的本质特征。基于核心素养的教学从最本质上讲就是真实情境下的问题解决,强调让学生在真实的问题情境下,将所学知识迁移到新情境中去解决实际问题,这时知识就转变为素养。

在初中B组的课堂教学中,不仅情境案例式教学成为一种常态,而且不少老师还试图改变过去那种随意的、零碎的、杂乱的、无序的情境设计,通过"主题情境探究"这样一种以主题为中心、情境为载体、问题为桥梁、探究为途径的集约式教学,教育者将情境预设成与教学内容相关的一个主题系列,通过一系列将情境与教学内容紧密联系的问题设计,引导学生在现象和本质的统一中进行探究,从而使教学的主题性、整体性、逻辑性更强,并实现情境的由小到大、由远到近、由国家社会到自身的有机连接。

如安徽省马鞍山市二中实验学校的夏芳老师在七年级"生活需要法律"的教学中，引入"法律老人"这个主题漫画式的人物，通过中央电视台"法律公益广告"引入"法律为你我护航"这个社会情境，接着又引导学生分享：在生活中也遇到过"法律老人"吗？他是怎样帮助你的？如果没有法律，我们的生活会怎样？这样的情境设计不仅具有主题情境探究的特征，而且实现了情境的由小到大、由远到近、由国家社会到自身的有机连接。浙江省金华市孝顺初级中学的于淑丹老师在八年级"善用法律 健康成长"的教学中，将整个教学内容融入"微话题""微观点""微行动""微感悟"四个有机连接的教学环节中，体现了主题情境探究教学的特征和一定的整体设计之美，努力追求教学情境设置的从"多"到"一"、从"零碎"到"主题"、从"肤浅"到"深刻"、从"大、远"向"小、近"的转变。

三、向"深度的自主学习"的转变

以学生的学习为核心，视学生的主动学习、创造性学习、享受学习为教学的最高境界，这既是教育的本质回归，更是教学的根本。很多选手的课堂教学，通过提供一种有效的"支架"，如情境、问题、活动、分享等，引发学生对有价值问题的思索与破解，激发学生进行自我教育，不仅把学生领上道，更重要的是引领学生自己悟道，这种道实际上是学生在学习过程中所形成的思考、探究、发现、创新的能力。这种基于"学生立场"的课堂教学，由"驭人"走向"育人"、由"教师立场、知识立场"走向"学生立场"。更难能可贵的是，不少参赛教师认识到在现在的学生自主学习中，存在很多形式化、浅层化的弊端，学生的自主学习并没有进入深度学习的阶段，试图探究一种有深度的自主学习的路径。

如安徽省蚌埠市第二十六中学的赵辉老师在七年级"法律保障生活"的教学中，在激发学生进行有深度的自主学习方面进行了积极探索。他制作了法律资料卡，供学生在学习过程中进行有机的选择运用，培养学生阅读、选择、提取、运用有效信息的能力；编制导学案，引导学生自主梳理教材，尤其是在导学案中设置了"列举相关案例"和"谈谈我的理解"这样的栏目，引导学生进行变式学习。而变式学习是深度学习的一种重要特征，通过引导学生举一反三，列出正反例（如标准正例、标准反例、非标准正例、非标准反例）来说明学科知识的本质。

24

从一次优秀课展评看道德与法治课期待与展望

叶澜教授曾经说过,一堂好课也应该是一堂有待完善的课。好课之美有时也在于缺憾之美。完美也许是一种苛求,但追求完美的精神不可或缺。虽然我们的道德与法治课一直在努力,一直在进步,虽然这次的长三角地区法治教育优秀课展评活动涌现出不少优秀的课例,但从总体上看,还是比较平淡,缺少那种整体设计精湛、个性特色鲜明、感性与理性共融的优秀课例,缺少那种体现核心素养的改革要求、具有改革创新精神,使人眼前一亮、终生难忘的优秀课例。这种缺憾也给人带来对未来的道德与法治课教学的展望与期盼。

一、积淀与反思

1. 一堂课的广度、深度和高度,是与授课教师自身的积淀密切相关的,正所谓厚积才能薄发

在这次法治教育优秀课展评中,参赛教师暴露出来的很多问题都与教师自身的积淀不够有关。新课程改革强调学生的自主学习,强调学生的合作探究,这并不意味着教师作用的弱化,而是对教师的学科素养和教育教学能力提出了更高的要求。我们面临的是一个开放的世界和信息爆炸的时代,学生拥有的已经不只是"一碗水",作为教师,拥有"一桶水"也已经远远不够。只有增厚积淀,培养出源头活水,才能适应新时代学生发展的需要。要培养源头活水,就要深入研究教材和课程标准,通过精读与泛读相结合的广泛阅读

提升自己知识素养的广度和深度,还要充分占有、广泛挖掘和分析提取有效素材,把握时代发展的脉搏,拓宽观察社会的视野,深刻理解国家的路线方针政策。

例如,在教材把握上,以"生活需要法律"为例,授课教师普遍在对第二板块"法治的脚步"的处理上,没有抓住"需要"二字来展开。无论是从原始社会用习惯来约束自己的行为到阶级社会用法律来统治国家,还是法律产生以后由人治走向法治,都是人们的生活方式、国家的治理方式现代化的重要标志,是社会进步、政治清明、社会公平、民心稳定和国家长治久安的必由之路。课堂教学应围绕这一条主线来展开,而不是侧重于某些法律条文的介绍、某种现象的描述、某些名人名言的解释等,有教学无主题,有现象无本质。教师在进行教学设计前,缺乏对教材的深入分析、对课程标准的准确解读、对新旧教材的区别和教材编写意图的准确把握。

2. 一堂课的高度与深度还与教师对现有教材、教学方式和学习方式的深度反思密切相关,正所谓反思出精品

当前,在初中道德与法治课的教学中,惯性思维的力量还无处不在。例如,我们总是习惯于教师主导问题的提出,而不善于引导学生提出高质量的问题;我们总是擅长于设置模拟化的情境,而不善于在社会生活中存在的大量真实的情境中筛选适合的教学情境;我们总是愿意选择那种所谓"高大上"的情境,而不愿意回归学生生活;我们总是不能跳出唯教材、唯标准答案的圈子,去创造性地使用教材,对教材进行删增、整合、拓展、延伸,从"基于标准答案"走向"通过标准答案",设计一定的具有开放性的问题,当学生不能说出自己所需要的答案时,教师或粗暴地打断或直接自己和盘托出;我们总是习惯于设置那种非此即彼的思辨,而不善于创设一种具有真实两难性质的思辨;我们总是不能跳出本框、本学科的知识视野,去尝试基于学科内和学科间的课程整合,培养学生的综合性思维能力……教学改革需要反思性的精神和批判性的思维,我们应该正确处理好批判与继承的关系。

二、情境与问题

1. 教学即情境,高质量的情境引发高质量的教学

核心素养离不开知识,但单纯的知识不等于素养。只有将知识与技

能用于解决复杂问题和处理不可预测情境所形成的能力和道德才是核心素养。基于核心素养的教学强调让学生在真实情境里,通过自主学习、协作学习和研究性学习,主动进行意义建构。如果用一句话来概括基于核心素养的教学的基本特征,那就是真实情境下的问题解决,强调知识的迁移和运用。学生要在一定的真实情境中形成概念;又将在前一个情境中学习的内容迁移应用于新的情境中,即情境—知识—情境。这样所形成的知识是可迁移的,包括学科知识的内容和为何、何时、怎样用这些知识来解决问题。

在本次长三角地区法治教育优秀课展评活动中,情境教学成了教学的主要形式。但情境设置的类型比较单一,不能涵盖包括生活情境、社会情境、政策情境、现实情境、观念情境等广泛多元的情境;情境设置的层次比较清晰,结构比较完整,缺少那种真实的、复杂的、不确定的、两难的、开放性的情境。从培养学生的核心素养的角度看,那种越清晰、结构越完整的情境对学生素养的培养和提升作用越小。

2. 教学即问题,高质量的问题引发高质量的思维

"教学过程是一种提出问题、解决问题的持续不断的过程"(布鲁纳)、"问题是学生的生命"(斋藤喜博)、"问题对于知识的本质具有优先性,问题的决定是通向知识之路"(伽达默尔)、"发明千千万,关键在一问"(陶行知)、"做学问,需学问;只学答,非学问"(李政道)。这些中外教育家、科学家的至理名言都告诉我们基于核心素养的教学应该是基于问题的探究性教学,教学的中心是问题的发现、提出和解决。而问题教学的核心指向是"问题解决、批判性思维、开放性视野和创新能力"等国际公认的 21 世纪的高阶思维能力;问题教学的最高境界是引导、鼓励学生提出高质量的问题。从本次长三角地区法治教育优秀课展评看,不可否认的是教师的问题意识增强了,问题教学成为常态,但问题的质量不高,缺乏那种牵一发动全身的指向高阶思维能力的"大问题、主问题、核心问题",尤其是教师主导问题的状况并没有得到根本性解决。问题教学需要"2.0 的升级版",即问题从单一走向综合,从封闭走向开放,从"一对一"走向"一对多",从知识的记忆巩固走向问题探究,从"唯标准答案"走向"基于答案"的适度开放性。

三、思辨与议题

1. 围绕议题,展现活动型教学的设计思路

高中新课标专家组的朱明光先生(人民教育出版社)和朱志平先生(常州教育科学研究院)分别于《思想政治课教学》杂志2016年第4期和第5期发表了题为"关于活动型思想政治课程的思考"和"基于核心素养的思想政治活动型学科课程"的文章,两篇文章都鲜明地指出了基于核心素养的思想政治学科课程的定位——活动型课程。

活动型学科课程的设计,要为学生提供更多的主动体验探究的过程、经历社会实践的机会;活动的设计要以结构化、系统化的形式来承载学科教学内容,从而实现教学内容活动化、活动内容系列化。而要实现活动型课程的教学设计,关键在于选择适当的议题。议题是学科内容的载体,是价值引领的载体,也是学生探究活动、思考问题和表达观点的载体和路径。围绕教学内容设计相应的活动,选择相应的议题,并对活动和议题进行结构化的设计,将是基于核心素养的思想政治学科教学的重要特点。虽然,这是针对高中思想政治学科提出的课程理念,但对初中道德与法治学科的教学同样具有直接的指导和借鉴意义。

例如,在七年级"生活需要法律"第二板块"法治的脚步"的教学过程中,如何讲清楚为什么人类社会需要从习惯走向法治、从人治走向法治,可设置"法治是人类社会发展进步的重要标志"的议题,并设置以下的结构化问题供学生讨论:原始社会通过习惯来调节人际关系有何缺陷?通过法律来治理国家有何必要性和重要性?举例说明人治的危害性。从人治走向法治有何重要意义?请举例说明。

2. 强化思辨,实现积极价值引领的实施路径

价值引领和实践导行是初中道德与法治课的核心理念和根本价值追求,也是基于核心素养的课堂教学的核心理念和根本价值追求。而在教学过程中如何进行价值引领,实施的路径至关重要。当前,我们正处于知识经济和信息化时代,各种思想文化相互影响、相互渗透,网络和各种自媒体都成为学生获取知识和信息的重要渠道,学生接受各种知识的渠道呈现明显多元的特征。而且,21世纪的初中学生虽然其价值观、世界观、人生观正处于逐步形成

的阶段,但与以前时代的学生相比,其思想的独立性、选择性、多变性、自主性和批判性明显增强。针对这一时代的特点和学生的特点,我们要通过开放的辨析式的学习过程,理性地面对不同观点,让学生经历一个自主辨析、体验、感悟的过程,自主做出判断,实现价值引领的真正入脑、入耳、入心和践行。为此,要通过确定恰当的辩题来引领学生进行辨析式的学习。

例如,我们正生活在互联网时代,现在的初中学生绝大多数已经成为网民,网络正影响着广大的初中学生的学习和生活。很多未成年人违法犯罪也都与网络有着千丝万缕的联系。在这次长三角地区法治教育优秀课展评活动中,也有不少参赛老师选择网络这个话题,并从未成年人与成年人上网的区别上,对学生进行正确的利用网络的教育。如以"互联网时代未成年人上网的理性选择"为题,引导学生进行辨析式学习:请结合自己的生活谈谈互联网给我们的生活带来了哪些利与弊。我们应该如何对待这些利弊?结合你所了解的一个实例,说明我们应如何利用互联网。

第三章

深度教学与主题情境探究式教学

25

研究"深度教学"要从研究"深度学习"开始

以核心素养为指向的新的一轮课程改革即将启幕,在全国范围内基于核心素养的教育教学改革研究正如荼如火地展开。但如何将基于核心素养的教育教学改革落到实处呢?课程、评价、教师素养培养、学习方式和教学方式的变革是不可或缺的五根支柱。其中,课程是灵魂,评价是关键,教师素养培养是保障,学习方式和教学方式的变革是中心环节。

那么,基于核心素养的教学有哪些特征?现在的教学方式哪些是符合核心素养培养指向的,哪些又是阻碍学生的核心素养的发展的?什么样的教学方式才是基于核心素养的教学?答案也许是丰富多彩的,但有一点是共同的,那就是只有将学生引向"深度学习"的教学,才是基于核心素养的"深度教学"。因此,研究"深度教学"首先要从研究"深度学习"开始。

一、当前教学改进的各种努力及其局限

当前,针对教学实践问题的各种改进措施,如学习方式转变(从接受学习向探究学习转变等)、教学组织形式转变(从班级授课向分层教学、走班制转变等),其目的都是指向学生的,也都产生了积极的效果,如学生的学习更加主动、积极了,甚至有了一定的个别化倾向。但这些改革的措施却几乎都是形式的、表面的,未能指向教学的根本。要从本质上推进教学改革,必须从研究"深度学习"开始,从"深度学习"走向"深度教学"。

二、"深度学习"的特征

"深度学习"相对于"浅层学习"具有如下特征。

情境和问题:"深度学习"指向真实情境下的问题解决。正如美国教育家佩利格里诺和希尔顿所说:"'深度学习'是个人将在一个情境中学习的内容迁移应用于新情境的过程,其形成的知识是可迁移的,包括学科内容的知识和为何、何时、怎样用这些知识来解决问题。其他类型的学习可能让人回忆起事实、概念和程序,而'深度学习'则让人将学到的知识迁移到解决新问题中来。"核心素养离不开知识,但单纯的知识不等于素养。只有将知识与技能用于解决复杂问题和处理不可预测情境所形成的能力和道德才是核心素养。

迁移与应用:能够将所学内容迁移到新情境中;能够综合应用所学知识去解决生活中的现实问题。

高级内容及高阶思维:"深度学习"的内容是人类历史文化的精华。相对于学生的现有水平而言,是有挑战性的高级内容。在相当高的程度上,内容的高度决定着学习的深度。适应知识经济、终身学习、信息社会和全球化时代的需要,"深度学习"应指向"问题解决、批判性思维、开放性视野和创新能力"等被国际公认的21世纪的高阶思维能力。

本质与变式:能够抓住教学内容的关键特征,全面把握学科知识的本质联系;能够举一反三,除能够应付一定的题目变式外,还能列出正反例(如标准正例、非标准正例、反例)来说明学科知识的本质。

回授与调节:针对学生在经过第一轮学习后暴露出来的知识、能力方面的薄弱环节,教师所进行的回授、反馈、矫正等行为,对学生的学习而言,更具有"深度学习"的性质。

联想与结构:能够根据当前的学习活动去调动、激活以往的知识经验;能以融会贯通的方式对学习内容进行组织,建构出自己的知识结构。

自主与体验:全身心(思维、情感、态度、感知觉)投入挑战性的学习活动中,体验挑战成功的成就感;探索、发现、经历知识的形成过程,体会学科的思想方法;与他人(教师、同学)展开积极的合作与沟通,体会合作在学习中的价值与意义,体会学习内容的价值、学习活动的意义以及个人在学习活动中的成长。

整合与思辨：未来社会的不确定性和复杂性使得解决社会问题、创造社会价值都更为复杂，需调度多角度、多学科的知识和多方面的能力。因此，学科内的整合性学习和跨学科的主题学习就成为21世纪以来教育改革的重要趋势；无论是学习还是教学，有思辨才有深度，要深度必须要有思辨。就学习而言，假设、推断、思辨、想象、联想比知识更重要。

价值与评价：能够对所学的内容、周遭的事物做出独立评判，形成评判事物的价值标准。

三、"深度学习"的内涵

从"深度学习"的上述特征我们可以得出：所谓"深度学习"是指将知识与技能在真实情境中用于解决问题，以发展批判性思维、创新能力、合作精神、交往能力以及学会学习等认知策略。

"深度学习"的过程是学生在教师引领下，围绕着具有挑战性的学习主题，全身心积极参与、体验成功、获得发展的有意义的学习过程。在这个过程中，学生掌握学科的核心知识，理解学习的过程，把握学科的本质及思想方法，形成积极的内在学习动机，形成积极的情感、态度、正确的价值观，成为既具独立性、批判性、创造性，又有合作精神、基础扎实的优秀的学习者，成为善良、公正、有担当、有责任感的未来社会历史实践的主人。

只有从"深度学习"的特征、内涵入手，去研究如何提高教学的深度，从本质上、根本上改进学生的学习方式和教师的教学方式，才能适应核心素养的改革指向，落实"立德树人"的根本要求，体现课程改革的时代性和国际视野，使学生能够具有适应全球化时代的发展要求，具备适应终身发展和社会发展需要的必备品格和关键能力。

26

"深度教学"与"非认知学习"

　　学习是一个认知过程,同时也伴随着情感过程。调动情感因素可以有效地提高认知过程的积极性和认知加工水平等。把情感驱动贯穿于整个学习过程之中,有利于使学习过程从被动接受转变为主动学习、升华情感的过程。

　　与传统的片面强调知识技能的"认知型学习"相比,"深度学习"把"非认知学习"放到突出的位置。所谓"非认知学习",是指对"非认知技能"的学习。"非认知技能"包括人际技能(如复杂交往、社会技能、团队工作、文化敏感性、处理差异等)、个人技能(如自我管理、时间管理、自主性、适应性、执行力等)。"非认知学习"属于社会-情感性学习,它与各种认知性学习紧密相连,但性质不同。种种研究表明,对许多学生而言,"非认知技能"与学术性技能相比,更预示着长久成功。

　　自 1997 年以来,经济合作与发展组织(OECD)、联合国教科文组织(UNESCO)、欧盟(EU)等国际组织以及美国、英国、法国、德国、芬兰、日本、新加坡等国家积极开发其核心素养框架。其中,所有框架都提到的核心素养共有四个:合作(collaboration)、交往(communication)、信息通信技术素养(ICT literacy)、社会和文化技能和公民素养(social and /or cultural skills, citizenship)。这足以说明"非认知技能"在 21 世纪公民核心素养中的重要地位。而价值观又居于"非认知技能"的核心地位。

一、价值观是"非认知技能"的核心，也是21世纪核心素养的核心

如果将21世纪核心素养比喻为一个人成长的发动机，那么价值观就是这台发动机的核心引擎，它不仅为人的发展提供最初的原动力，而且也是其核心素养发展方向的重要保障。

纵观当今世界主要国际组织和西方主要发达国家的核心素养框架，无不把价值观放在核心位置。如美国的公民教育，法国的哲学教育，新加坡的以尊重、负责、正直、关爱、坚毅不屈、和谐为主要内容的价值观教育等。我国教育部印发的《关于全面深化课程改革　落实立德树人根本任务的意见》也指出要把个人修养、社会关爱、家国情怀放在各学段学生发展核心素养体系的突出位置。林崇德教授领衔研究的《中国学生发展核心素养》框架（教育部专家讨论稿）9大素养中公民道德、国家认同等都是指向价值观的。

由此，笔者就想起一个关于德国为什么拥有强大的现代竞争力的话题。19世纪，普法战争胜利后，普鲁士元帅毛奇自豪地说："德意志民族的崛起，在小学老师的讲台上就决定了。"中世纪时，德意志还是一个酗酒、缺乏节制的民族。到了16世纪，德国学校和其他社会机构齐心协力，用了近300年的时间，合力打造出一个完整的价值体系，一点一滴形成了勤奋、秩序、守时、严谨的"德意志美德"，让德国拥有了强大的现代竞争力。

二、政治学科应以"一点四面"为重点，强化立德树人的功能

政治学科作为一种德育课程更应该把握立德树人的根本任务，找准学科价值引领的渗透点，以此作为基于核心素养教学改革的重要一环来抓，从而实现从"学科教学"向"学科教育"的转变。为此，要以社会主义核心价值观教育为核心，加强法治教育、中华优秀传统文化教育、创新精神和实践能力的教育。

如开展社会主义核心价值观的教育时，政治学科可通过社会生活中反映社会主义核心价值理念的典型事迹教育感染学生，提高他们的价值判断和价值选择能力，坚定中国特色社会主义理想信念；通过反映人与自然、可持续发展等诸多议题，引导学生关注我国现代化建设以及全球化发展中的重大问题，增强学生的爱国主义情感和全球化视野。

又如开展法治教育时，政治学科可选取贴近学生生活的立法、司法、执法、守法等法律实践活动素材，结合中学教学实际和重要法律基础知识，加深学生对宪法和法律知识、我国法制建设成就、公民权利和义务等方面内容的理解，提高学生在现实生活中运用所掌握的法律知识的能力，引导学生形成守法光荣、违法可耻的思想认识，树立宪法意识和法治理念，做到懂法、守法、护法，做好投身到法制建设实践的积极准备。

再如加强中华优秀传统文化教育，要通过引导学生对中华民族历史传承中的爱国主义、民族精神等人文精神的理解，培养学生运用中华优秀传统文化内容进行思考、体悟的能力。中华优秀传统文化以及在此基础上升华的中华民族精神能够激发中华民族的自豪感和自信心，具有强大的凝聚力和向心力，能够激发全体人民为实现中华民族的伟大复兴而奋斗。

我们可以结合经济生活教材，让学生在经济学习中了解改革开放以来我国取得的巨大经济成就，为中国快速成长为世界第二大经济体而自豪，激发我们伟大的爱国热情。我们还可以结合政治生活教材，通过比较我国与西方国家政治体制以及人权保障现状，尤其通过中美比较，用残酷的事实说话，消除学生对西方政治制度优越于我们政治制度的误解，从而坚定中国共产党领导和走社会主义道路的决心。结合马克思主义哲学的价值观、人生观教育，让学生做出正确的价值判断和价值选择，树立社会主义荣辱观和社会主义核心价值体系，树立为人民服务的思想和维护最广大人民根本利益的决心。因此，我们需要充分利用教材、演绎教材，在引申和拓展中发挥教材教学在坚持立德树人的教育中的积极作用，以其强大的育人功能提升学生的核心素养。

27

"深度教学"是基于真实问题情境的教学

核心素养离不开知识,但单纯的知识不等于素养。只有将知识与技能用于解决复杂问题和处理不可预测情境所形成的能力和道德才是核心素养。"深度学习"强调让学生在真实情境里,通过自主学习、协作学习和研究性学习,主动进行意义建构。这样当学生在未来走向社会时,就具备了在面对复杂的情境时,将所学知识迁移为解决实际问题的能力,而不会变成一个"知识上的巨人、解决问题的矮子"。正如美国教育家佩利格里诺和希尔顿所说:"'深度学习'是个人将在一个情境中学习的内容迁移应用于新情境的过程,其形成的知识是可迁移的,包括学科内容的知识和为何、何时、怎样用这些知识来解决问题。其他类型的学习可能让人回忆起事实、概念和程序,而'深度学习'则让人将学到的知识迁移到解决新问题中来。"

由此,笔者不禁想起几年前中央电视台的一档节目。那档节目邀请了中美两国即将进入大学的高中高才生参加。其中,美国的12名高中生都是当年美国总统奖的获得者,国内高中生也是被北京大学、清华大学、香港大学等著名大学录取的优秀学生。在其中的一个环节上,两国学生的对比令人震撼。当时,节目组要求两国学生制订对非洲贫困儿童的援助计划。

首先由中国学生阐述。他们从中国悠久的历史入手,从歌颂丝绸之路、郑和下西洋,到吟咏茶马古道,然后有人弹古筝,有人弹钢琴,有人吹箫,三个女生合唱,一人一句,一会又是一个人深情地背诵,然后是大合唱。最后对非洲的援助计划轻描淡写地一笔带过。

美国高中生的方案,则是综合运用所学的地理、历史、数学、政治、经济、人文等知识,从非洲目前的实际情况出发,有些也许是我们都想不到的非洲社会生活的方方面面,如从食物、教育、饮用水、艾滋病、避孕等一些看起来很细小的实际问题入手,每一项,做什么,准备怎么做,甚至具体到每项的预算,而那些预算竟然精确到几元几分。每个人分工明确,又融成一个整体,整个计划拿来就可以进入实施阶段。

事后有报刊评论说:"当中国学生该展现出理想和精神的崇高的时候,他们要追逐金钱和权力;当中国学生该立足实际、脚踏实地解决问题的时候,他们又吟诗弄赋,在实际问题的外围不着边际地轻轻飘浮。"其实,将板子打在参加节目的中国学生的身上是不公平的。因为,中美两国高中高才生在这一环节上的差异,是中美两国学生的学习方式和教师的教学方式的具体体现和反映。我国的基础教育更多的是一种从知识到知识的教育过程,而美国的基础教育更多的是在真实情境里的问题解决过程。中国基础教育这样的学习方式和教学方式,固然具有知识厚实、基础扎实的优点,但也造成了中国学生在复杂性、开放性、实践性的真实情境中,解决问题的能力欠缺的弱点。这样的学习和教学方式不利于培养21世纪最核心的能力之———迁移能力,即将学到的知识迁移到解决新问题中。为此,政治课教学应该大力倡导这样的教学方式:让学生在真实、复杂甚至是两难的情境中,通过自主学习、协作学习,主动进行意义建构。这种真实情境可以是一种新生的事物,如VR(虚拟现实)、网购、私人定制、互联网+、工业4.0、快闪等;可以是一种时政热点,如五大发展理念、新型城镇化建设、供给侧改革、大众企业、精准扶贫、美丽中国、全面二孩、营改增、一带一路等;可以是一种生活热点,如养老金并轨、医保标准提高、延迟退休、猪肉价格的上涨、海绵城市建设、"城市看海"、"十面霾伏"、城市拆迁难题等;可以是一种观念情境,如老人跌倒该不该扶、人生幸福感、生与死、战争与和平、得与失等;甚至可以是一种模拟情境,如模拟听证会、模拟产品推介会、模拟外交部发言人答问等。以城市的拆迁为例,这是一个真实两难的情境,城市的发展离不开合理科学的拆迁,但城市拆迁中侵犯公民合法权益、缺乏科学的规划、政府越位等问题也屡见不鲜。在《政治生活》的教学中,以城市拆迁问题为主题情境开展教学,可以很好地培养学生的国家认同、理性精神和法治意识等思想政治课的核心素养。如可以用一幅反映城市拆迁中"钉子户"问题的图片为背景,设置"你如何认识和评价图片所示的城市拆迁问题"这样的开放性问题开展教学,让学生在真实的、两难的、开放性的情境中学习运用知识去解决实际问题。学生回答这一问题需要综合运用《政治生活》中公民和政府的一系列知识点,如政府的性质和职能、依法行政、公民与政府的关系、国家利益与个人利益的关系、权利与义务的关系等。学生可以从政府的角度来评价:政府正确行使国家职能,坚持依法行政,尊重公民的正当的合法的权益,值得点赞。学生也可以从公民的角度来评价:维护个人的合法权益应以维护国家利益为前提。公路建设作为公共利益,在拆迁得到合理的补偿时,个人利益应该服从国家利益。在处理个人利益与国家利益的关系时,既要反对借维护国家利益之名行侵犯公民个人合法利益之实的做法,也要反对漫天要价、把个人利益置于国家利益之上、只享受权利而不履行义务的错误倾向。这样的真实情境不仅培养了学生的知识迁移能力,而且将法治意识、理性精神等政治学科的核心素养培养于潜移默化之中。

28

"深度教学"是基于高质量问题的教学

学习始于问题,思维也始于问题,基于核心素养的"深度学习"和"深度教学"当然也离不开高质量的问题。

一、"深度教学"应该是基于问题的探究性教学

"教学过程是一种提出问题、解决问题的持续不断的过程"(布鲁纳)、"问题是学生的生命"(斋藤喜博)、"问题对于知识的本质具有优先性,问题的决定是通向知识之路"(伽达默尔)、"发明千千万,关键在一问"(陶行知)、"做学问,需学问;只学答,非学问"(李政道)。这些中外教育家、科学家的至理名言不禁使笔者想起若干年前看过的一则报道,题目就叫"他们为什么不鼓掌"。说的是美国的一个教育代表团到上海希望听一节中国特色的科学教育的公开课,下课时听课的中国同行禁不住掌声雷动,而听课的美国同行却面无表情。事后美国同行的评价至今仍发人深省:这堂课老师问问题,学生回答问题。学生没有带着一个问题进课堂,也没有带着一个问题出课堂。既然老师的问题学生都能回答,这堂课为什么还要上?这些都告诉我们,基于核心素养的"深度教学"应该是基于问题的探究性教学,教学的中心是问题的发现、提出和解决。而问题教学的核心指向是"问题解决、批判性思维、开放性视野和创新能力"等国际公认的 21 世纪的高阶思维能力;问题教学的最高境界是引导、鼓励学生提出高质量的问题。

二、政治课的问题教学需要"2.0 的升级版"

新课改实施以来,不可否认的是教师的问题意识增强了,问题教学成了常态,但问题的质量不高,缺乏那种牵一发动全身的指向高阶思维能力的"大问题、主问题、核心问题",尤其是教师主导问题的状况并没有得到根本性解决。问题教学需要"2.0 的升级版",即问题从单一走向综合,从封闭走向开放,从"一对一"走向"一对多",从知识的记忆巩固走向问题探究,从"唯标准答案"走向"基于答案"的适度开放性,从教师主导问题走向鼓励学生提出高质量的问题等。下面从四个方面举例加以说明。

1. 从单一走向综合、从封闭走向开放

例如,苏州某中学在开展"师生共建高质量的问题库"的课题研究过程中,有一位高三政治老师在"经济发展新常态"的专题复习课中,就提出了这样一个跨模块、跨单元甚至跨学科的综合性、开放性、探究性的问题:东北这样一个经济基础雄厚、自然资源丰富、大型国企众多、著名高校林立、国家政策扶持的地区,曾经的"共和国长子"为什么会发展到今天全国垫底的地步?回答这个问题需要运用经济、政治、文化、哲学四个模块,涉及政府职能的转变、市场与政府的关系、所有制体制的改革、经济的转型与升级、文化的作用与影响、解放思想与观念的创新等一系列知识点,在"东北转型发展"这样一个复杂的真实的情境中,学生需要调动多方面知识来分析问题和解决问题。这样的问题就是一个基于核心素养培养的高质量的问题。

2. 从浅层思维走向高阶思维、从"唯标准答案"走向"基于答案"的适度开放性

适应知识经济、终身学习、信息社会和全球化时代的需要,"问题解决、批判性思维、开放性视野和创新能力"被国际公认为 21 世纪的高阶思维能力。"掌握知识或具备某种职业资格并不能使人面对未来复杂的工作要求,必须有灵活运用的能力,这就是问题解决;在海量信息时代,问题将比以往更开放,有更多的起点(个性化的视角)、更多的路径选择(可选的方法)、更多的终点(多种可能的结论),因此开放性视野和批判性思维将比以往任何时候都凸显出它们的重要性;面对不断变化的世界,面对创新在民族振兴、国家竞争力中的决定性作用,还必须具备创新和变革的能力。"其中,批判性思维几乎成

为发达国家共同关注的焦点。美国正在各州推行的"共同核心标准",其重要内容就是加强批判性思维的培养。美国《纽约时报》明确指出:"共同核心标准的实质就是批判性思维和深度分析的能力。"

如当前许多教师仍然在课堂教学中热衷于知识立意,单纯的知识和经验充斥课堂教学全过程,其结果是学生知其然却不知其所以然,更不会提出有价值的问题。如有的学生提出资本主义制度比社会主义制度优越,有些教师却认为幼稚可笑,不值一提,甚至不屑进行辩解;还有教师更是从应试角度威胁学生,认为这种提法会导致失分,影响升学前途。这反而会让学生更加认为自己的认识是正确的。产生这种现象的根本原因就在于教师没有认识到学生产生如此错误思想苗头的根源,也没有从根本上认识这种思想可能产生的严重危害性,教师没能从根本上解决学生的思想认识问题。

3. 从"一对一"走向"一对多",提出能够针对知识点的主问题

就事论事是一些教师授课的另一大弊端。似乎我们的课堂教学就是为某个问题而来的,这堂课的任务就是解决这个问题,教师们也不愿意"节外生枝",更不想被人们视为"不务正业",这就直接导致很多教师在施教方面错失良机,失去了良好的立德树人的机会。因此,我们认为教师在授课过程中要坚持一题多用、一题多解,从而促进学生思维的发散和道德理解的提升。

譬如从政治生活角度揭示我国的国家性质和本质,揭示政府的宗旨和原则,使我们明确了人民和人民根本利益的重要性。但我们不要仅仅满足于对政治角度的理解,还可以从哲学角度让学生认识到人民群众的伟大,以及我们应该对人民群众持有的态度。如人民群众是历史的创造者,要求我们树立正确观点,走群众路线。在价值判断和价值选择上也需要站在最广大人民群众根本利益的立场上,在人生价值的实现上需要个人与社会的统一。这样我们就实现了"一对一"向"一对多"的转化,加深了对人民群众的理解。

4. 从教师主导问题走向鼓励学生提出高质量的问题

"白痴"问题是当前教师在课堂提问中比较突出的问题。所谓"白痴"问题就是在教材中有现成的答案,学生不假思索就可以解答出来的问题。"白痴"问题考查的不是学生的理解力和素养,而是学生死记硬背的记忆能力。这种提问方式对学生产生了很大的误导,很多学生就误认为政治学科只要背一背就能考好。退一万步讲,即使学生背一背就能考好,但学生的道德素质

与核心素养是"背"不出来的。因此,教师在课堂提问时需要精心准备,向学生提出具有启发性、有一定含金量的问题。进而教师要放弃在课堂问题上的主导权,鼓励学生提出问题。

如教师可以在课堂教学中"示弱",让学生在独立思考中脱颖而出;教师在课堂教学中还可以下意识地犯错误,让学生在教师的"错误"中打开思路,启迪自我。可见,课堂教学中教师仅仅提出有价值的问题还不够,教师需要放弃课堂的"领导权",引导学生提出有价值的问题。如此,我们才可以说实现了教学目标,达到了良好的教学效果。

学问学问,有学必有问。我们不要被教学进度和教学任务迷住双眼,教师不但自己应该提出启发性问题,且需要引导学生提出含金量高的问题,提升学生学习效果,提高学生的思维力和学习力。

29

"深度教学"是基于思辨的教学

无论是学习还是教学,有思辨才有深度,要深度必须要有思辨。就学习而言,假设、推断、思辨、想象、联想比知识更重要。通过思辨引导学生热爱科学、勇于探究、追求真理、积极实践,关注科学与社会的关系,思考人类的幸福;通过思辨引导学生根据具体问题,独立思考、自主判断,比较和辨析不同观点,符合逻辑、规范地进行表达和阐释,找到新发现,得出新规律,提出新结论。可以说,思辨是促进学生理性精神、批判性思维和创新能力提升的催化剂和助推器。

一、思辨凸显哲学魅力

政治课教学尤其是哲学教学之魅力就在于思辨。政治课教学相对于其他学科教学具有开展思辨教学的天然优势。记得笔者在参加 2013 年江苏省高中政治青年教师基本功大赛评委工作时,南京的一位青年教师在设计"实践是认识的基础"一框的教学方案时,就将思辨教学贯穿于教学过程的始终,令人耳目一新。她围绕教学内容设计了三个教学情境,每个教学情境都渗透出思辨特征。如教学情境一:"秀才不出门,全知天下事"与"秀才不出门,难知天下事"是否矛盾?教学情境二:"兴趣是最好的老师"与"实践是认识发展的动力"你赞同哪个观点?教学情境三:历史上检验真理的标准存在着"用多数人的认识来检验""用权威理论来检验"和"用实践来检验"的争论,你的观点是什么?说说你的理由。但这节课的思辨设计也有其不足之处,那就是思辨问题的设计在对学生的批判性思维、开放性思维、理性精神和创新能力的培养上还不够。

二、思辨滋生理性精神

在思想政治课思辨设计教学中,辩论是培养学生理性精神的重要途径。但目前大多数的辩论设计都是模仿"大专辩论"的模式,采取那种非此即彼的辩题设计,如"网络的利与弊""金钱是天使还是魔鬼"等,缺乏那种真实的甚至是两难的思辨问题的设计。如同样是正确对待金钱问题,如设计"金钱与道德能否两全"的辩题,就比"金钱是天使还是魔鬼"的思辨色彩更强,也更有利于培养学生的正确的价值认同。在真实的两难的思辨问题的设计中,苏州工业园区东沙湖学校的杨利俊老师在参加江苏省高中政治优质课评比时,就有一个精彩的辩题设计:他在讲授"新时代的劳动者"一框时,以2013年南京亚青会上大学生志愿者被媒体称为"亚青搬水帝"的李铁峰为背景。李铁峰的亚青会大学生志愿者主要工作是搬水,由于每天要搬两三百箱水,因此被媒体称为"亚青搬水帝"。李铁峰大学的专业是生物工程,而他的职业梦想却是干销售工作。但在上中央电视台的"职来职往"节目时,却被专家评价为缺乏起码的销售知识和技能被认定为不适合销售职业。对此,杨老师设计的辩题是:李铁峰是否应该继续他的销售梦想?由于这个辩题是基于真实的人物情境,基于真实的甚至是两难的思辨设计,学生立即分成赞成派、不赞成派和中间派展开了激烈的辩论。赞成派认为,李铁峰能够冲破销售工作低人一等的传统观念,体现了新时代的职业平等观。一个人从事什么样的职业,知识和技能固然重要,但兴趣更是成功之母。虽然他目前在销售知识和技巧上还有明显不足,但随着时间的推移和日积月累,这些问题都可以解决。反对者认为,一个人从事什么样的职业,不能光凭兴趣和梦想,还需要一定的职业知识和技能做支撑。每个人的职业选择要从自身的实际出发。实践已经证明李铁峰缺乏起码的销售知识和技能,一味坚持无异于盲目蛮干。这样的坚持不是一种美德,而是一种固执己见、不思改变的表现。中间派认为,李铁峰可以一面从事销售工作,一面进行销售专业知识和技能的学习,如果经过一段时间的努力,李铁峰的销售业绩有所改观,就可以继续他的销售梦想。如果销售业绩仍然没有改观,就应该坚定不移地转行。毕竟失败不一定能够带来成功。可以说,精彩的辩题设计成就了学生精彩的辩论表现。

  法国十六世纪文艺复兴时期的著名教育家蒙旦有一个至今仍有影响力的教育观点,即提倡读书要"思辨"。他认为教学"不是要学生知道多少知识,而是使学生成为更好更多地判断知识的人"。他这个观点与我们今天推进素质教育、开展以核心素养为指向的新一轮课程改革是多么惊人的相似。培养创新精神与实践能力不仅是素质教育的核心,而且是21世纪公民最重要的核心素养之一。就政治学科而言,思辨也是培养学生理性精神的重要手段。可见,思辨是思维和理性精神的"孵化器",失去了思辨,思想政治课也就失去了应有的生机与活力,也就失去了存在的必要和存在的价值。

30

"深度教学"是基于整合的教学

未来社会的不确定性和复杂性使得解决社会问题、创造社会价值都更为复杂,需调动多角度、多学科的知识和多方面的能力。从学科内而言,强调知识要从概念到关系到建构;从学科间而言,倡导围绕一定的主题进行跨学科的主题学习。因此,基于学科内和学科间的课程整合,就成为21世纪以来教育改革的重要趋势。

"深度学习"倡导"三维学习"的理念,即从有限学习转向本质性学习,从事实到概念,到关系,到建构;从部分学习转向综合性学习,从知道到理解,到应用,到综合;从特殊学习转向通用性学习,从学习的有限迁移到中等程度的迁移,再到全面的迁移。这就要求不仅对学科内的知识进行整合,学科间也要围绕特定的主题,将相近的学科知识重新编排,形成学科融合式的课程模块,并以这样的课程模块为载体实现跨学科教学。

一、政治学科内的整合性教学

政治教师要解放思想,敢于先行先试,尝试学科内、学段间、学科间的不同形式的整合。通过课内整合,由"散装"转向"整体设计"、从"一节课"转向"一类课"、从"点状"转向"结构状"。思想政治课学科内整合性教学还可以通过一些新的途径进行尝试,如基于核心概念进行整合性教学,基于生活主题进行主题探究性教学,基于相近相关知识点进行归类性教学等。例如,江苏省著名政治特级教师贡可发老师在《思想政治课深度教学新探》一文中提出的"单元整体教学"就是一个学科内的整合性教学的重要方法。贡老师认为,"单元整体教学是以模块单元的文本内容为依托,在整体教材活动内容、练习内容等可链接、可拓展、可延伸的课程资源上,进行通盘设计与教学的一种教学范式。单元整体教学通过'整体感知、部分体验、整体感悟'等方式,能有效地克服以单一课时为单位进行课堂设计与教学所带来的整体性、针对性、相关性和综合性缺乏,教学目标达成度低,学生知识结构不完整的弊端"。

在开展整合性教学的过程中,不同的知识要采取不同的整合策略。"有学者将知识分为陈述性知识和程序性知识两大类。陈述性知识的整合学习的目标在于让学生领悟,聚焦认知,在信息的关联中形成深入理解;程序性知识教学追求的是学会如何做,其整合教学要为学生熟练行动和产生体验搭台,引导学生进入具体实践,产生理性的价值感受和意向。"

二、政治与其他学科间的跨学科的主题性教学

北京师范大学国际比较研究院副院长腾郡认为:"真实情境和非常规思维、高阶智商的认知和开发、跨学科主题学习是 21 世纪人才的三大核心技能。"为什么西方教育局从 20 世纪 60 年代就开始推动学科间的融合和重构?为什么由科学、数学、技术等整合而成的 STEM 课程被美国政府当作国家战略高度重视,从幼儿园一直推广到大学?为什么大家公认领先世界的芬兰教育宣布要开展旨在混科学习的教学改革?这一切都指向一个目标:核心素养。这是因为未来社会的复杂性和不确定性使得解决社会问题和实现社会价值更为复杂,需要调动多方面的知识、能力和方法才能解决,仅仅依赖某一个学科的精雕细琢已很难实现。因此,开展跨学科的主题学习,不仅能够培养学生跨学科解决复杂情境问题的能力,而且也是培养学生可迁移技能的重要平台。

以芬兰为例,跨学科的主题融合式教学(芬兰称"现象教学")并非将传统学科打破,数学、历史、美术、音乐、绘画等传统科目在今后的教学中仍然照常开设,将要融合的主要是语言、地理、科学和经济等科目。依照芬兰国家课程规定,"现象教学"的具体开展,一般是从小学到初中每个年级,在保留传统学科教学的基础上,同时在学年之中专门安排一个或多个学习阶段,每个学习阶段一般为几周,在特定的学习阶段内集中开展学科融合式的"现象教学"。

如基于"欧盟"这一主题所编排的课程模块,将同时涉及地理、历史、社会文化、语言、政治和经济制度等跨学科的知识。

　　主题式学习即事先确定一些主题,然后围绕特定的主题,将相近的学科知识重新编排,形成学科融合式的课程模块,并以这样的课程模块为载体实现跨学科教学。例如,苏州作为经济发达的人口大市,随着外来人口的急剧增长,城市的垃圾量成倍增加,传统的垃圾填埋方式已难以为继,必将逐步被垃圾焚烧这样一个处理与利用相结合的方式替代。现实生活中人们并不反对修建垃圾焚烧厂,但反对将垃圾焚烧厂建在自己居住的小区附近,这就是所谓的"邻避效应"。苏州市某中学的高中政治组以此为真实的情境,开展跨学科的主题性的项目学习,要求学生制定一个"苏州垃圾焚烧'邻避效应'的解决方案"。学生完成整个项目需涉及政治、地理、生物、化学、信息、英语等多个学科的知识,需经历一个真实的探究过程。各学科老师参与其中,担任助推者和指导者的角色,发挥自己的学科特长,提供学科化的帮助和选择。如政治学科从政府职能、公民与政府的关系、国家利益和个人利益的关系、权利和义务的关系、财政的作用等角度为"邻避效应"提出解决方案;地理学科侧重于从地理要素的角度谈垃圾焚烧厂的科学选址;生物、化学学科则侧重分析垃圾焚烧所产生的污染对人体及环境的危害以及处理的方法等;信息技术学科侧重于用现代信息技术手段来处理研究方案;英语学科则侧重于文献研究,从文献资料上更好地借鉴国外处理此类问题的成功经验。最后完成的作业也不再是那一张张工整的作业纸和考试卷,而是一份份的问题解决方案。

31

主题情境探究式:一种新的教学引领方式

主题情境探究式是一种以主题为中心,情境为载体,探究为途径的集约式探究,它是指教育者将情境预设成与教学内容相关的一个主题系列,引导学生在现象和本质的统一中进行探究,从而达成知识能力价值观目标的课堂教学模式。

主题情境探究式闪耀着新课程观的光芒。新课程观认为课程是教师和学生共同探求新知识的过程。每位学生带着自己的经验背景和独特感受来到课堂进行交流,并在交流中实现知识的建构。主题情境探究式通过教育者结合社会热点或学生生活的见闻预设的情境主题,引导学生循序渐进地探究社会生活,把学生的生活经验化作了探究知识的桥梁,让学生在亲近生活中感悟真谛,让师生在"田野性"教学中体会乐趣。

主题情境探究式弥补了"碎片化"探究的缺陷。高中思想政治课教材,不管是必修本还是选修本,都由章节框构成。教材的章节框构建的系统形成了一个个主题,每个主题内的知识点之间的内在联系要求与之相对应的现象也能呈现内在的联系。粗放的"碎片化"探究难于达成现象和知识系统化之间的有机统一。主题情境探究式将知识的主题性和情境的主题性有机地结合起来,这对于培养学生综合分析能力和多角度发散性思考和解决问题的能力十分有益。

主题情境探究式渗透了研究性学习的方法。研究性学习作为一种学习方式,是《国家中长期教育改革和发展规划纲要(2010—2020年)》中所倡导的,它可以也应当渗透在学科之中,以体现学习过程的研究方式和学习品质,以此来完善和优化学生的学习行为。主题情境探究式通过一个主题,引导学生从不同角度思考问题、探索实践,从实践到理论获得相关的知识、技能,以培养学生的发散性思维能力和多角度主题研究的情感、态度和价值观。

主题情境探究式应该具有以下的基本特征。

情境的主题性。情境的主题性是主题情境探究式的显著特征,是教学系统论的要求,也是教材内在逻辑性和学生思维逻辑性的要求,从一定意义上反映了当下高考改革中同题多角度探究的走向。主题性情境需要精心的预设,预设的成功取决于教师在分析基础上对教材宏观把握的程度、教师对社会和生活的关注程度和教师将理论和现实连接起来的"通感"度。

主题的探究性。《普通高中思想政治课程标准》认为,高中政治教学要结合相关内容,鼓励学生独立思考、合作探究,为学生提供足够的选择空间和交流机会,使其能够从各自的特长和关切出发,主动经历观察、操作、讨论、质疑、探究的过程,富有个性地发表自己的见解,以利于培养求真务实的态度和创新精神。主题的探究性是主题情境探究式课的灵魂,是新课程理念的要求,也是理论联系实际教学原则在操作层面上的具体做法之一。主题式探究要求教师通过预设主题引导探究,建立探究的氛围,把握探究的深度,评价探究的成败,让学生通过自主学习和合作学习的途径,在周围世界和生活实际的参照中探究现行教材,解决实际问题。与此同时,学生作为探究式课堂教学的主人,根据教师提供的条件,在探究中思考问题,敞开思路,交流心得,总结经验。教师和学生分别以引导者和主体的身份参与探究,感受探究过程和结果带来的愉悦和智慧,提升探究能力。

探究的时代性。《普通高中思想政治课程标准》指出,思想政治课教学必须着眼于当代社会发展和高中学生成长的需要,增强思想政治教育的时代感、针对性、实效性和主动性。探究的时代性是主题情境探究式的生命,是社会发展对中学政治课的要求,也是动员学生真实地参与课堂探究的必须。探究的时代性至少包括以下三个方面:情境内容的时代性。作为预设情境的资料不仅要反映诸如奥运会、世博会等社会和国家的重大时事,而且还要反映当代中学生所关切的平常生活。这就要求中学政治教师不仅要关注社会的现状及其走势,还需要关注身边同学们的生活现象。探究方式的时代性。尽管教师根据对书本的理解逐个设置问题引导学生回答也是一种探究的方式，但具有时代特征的探究方式更能迎合当代学生的兴趣特点。教师可以借鉴大众媒体中那些人们喜闻乐见的节目形式，结合教学自身的特点，继承创新，形成人气指数较高的探究方式。比如，模拟推介会、模拟听证会、创意设计、学生仲裁、自由论坛、网络发帖和跟帖等。课堂语言的时代性。教学语言的高妙之处在于引起受教育者内心的矛盾冲突或情感共鸣，年轻和富有时代感的语言更能激发年轻心灵的探究兴趣。因此，作为年轻中学生领路人的中学教育工作者必须时刻留心时代跳动的脉搏，更多地运用学生乐于接受的教学语言引导学生去享受探究知识真谛的乐趣。

32

主题情境探究式教学的三条主线

随着新课程实践的不断深化,思想政治课教学产生了许多课堂探究的模式,形成了诸多富有个性的教学理路。从笔者的教学实践来看,其中着眼于"情境"的探究式课堂教学模式能够在更有效的程度上适合中学生情感倾向、心智水平和认知特点。检视自身的教学实践,笔者认为,情境探究式教学在操作层面上具有三条主线,即主题情境线、主体互动线和主干梳理线。教师,作为课堂探究的引领者不仅需要串"点"成"线",而且需要巧妙处理三线之间的关系,使之处于动态关联之中,达成相互映照之势,建立起课堂探究的宏观架构。

一、主题情境线

主题情境线:师生合作探究的载体。实践证明,引发学生对学习对象产生兴趣的基本方法是创设一种与学习对象相关的情境。实际上,一种精当的情境设置就相当于认知心理学上的"先行组织者",它能作用于学生的多种感官,吸引学生的注意力,使他们由散漫的自发的状态转换到受控状态,进而迅速进入认知状态。

面向社会生活,分析社会生活,形成积极启示是处在信息社会中的中学生应有的素养。思想政治课需要将社会生活信息融入教材知识中,让学生在鲜活的时代信息中掌握知识。而高中政治教师必须要能够搜集、筛选这些信息形成主题,并与相应的书本知识有机链接,给学生提供富有时代性、生活性和情趣性的探究载体。成"线"的情境载体则更能符合教材的逻辑结构,培养学生较为完整的系统思维。从笔者的实践来看,情境载体可分为热点情境载体、生活情境载体和模拟情境载体等类型。

热点情境载体是将社会热点作为探究载体,引领学生在探索社会热点中学会思考,理解教材知识。热点情境往往以其鲜活的时效性激发起学生的探究兴趣,以其和国家社会的关联性而增强学生的时代素养和社会生活素养,以其事件的具体性而柔化教材的刚性原理。生活情境往往以学生身边的生活情节为背景,让学生在感受生活现象中理解书本原理。生活情境线常常能因为其生活性和与学生的亲近性而激发起学生真实参与的积极性。模拟情境是通过场景模拟再现生活情境的方式,让学生在身临其境,在知识的迁移和运用中去理解和掌握知识。模拟情境载体能够充分地激发学生的"主角"意识,从而使教师能更好地组织起课堂的双边活动。

二、主体互动线

主体互动线:师生合作探究的舞台。现代教学理论指出:教学过程的实质是交往,是师生交往、积极互动、共同发展的过程。主体互动是新课程视野下主体发展性课堂教学的显著特征,它对于学生主体地位的确立、主体能力的培养和主体价值的提升具有重要的作用。主体互动线,就是让主体的互动形成一个贯穿于课堂始终的系列,使学生在持续的互动中层层深入探究。在笔者的教学中,主体互动线的设置包括课堂问答性互动、场景仿真性互动和课题研究性互动等方式。

课堂问答性互动是较为常用的课堂互动方式,它是由教师以情境为载体预设一定的问题,通过课堂上师生互动或生生互动进行探究的一种互动方式。场景仿真性互动是通过模拟现实社会中某些意义场景来实现课堂互动的一种方式。场景仿真性互动有助于培养学生的理解能力、表达能力、实践能力,但在实施过程中需要学生课前的相应准备。课题研究性互动是一种研究性学习在政治教学中的应用,社会调查法和网络收集法是较常使用的互动方法,在掌握知识的过程中有效地提高了学生课题研究的能力。

三、主干梳理线

主干梳理线：师生合作探究的归旨。知识梳理是课堂教学的基本方法，也是教学探究的落脚点。知识梳理线是将教学内容作为一个相对完整的系统对主干知识进行的提纲挈领的归纳。它是衡量教师把握教材程度的重要砝码，是教师展示课堂艺术的重要途径。在笔者的教学实践中，教师主导性梳理、学生自主性梳理和师生合作性梳理是较为常用的三种知识梳理的方法。

教师主导性梳理是教师在课堂探究过程中通过黑板或媒体渐进式地将知识框架演示出来的方法。这种方法在当下中学政治教学中广泛应用，其优点是操控性强，容易对教材的知识结构进行艺术性的展示。学生自主性梳理能够充分地发挥学生的主体作用，提高阅读分析能力，它常常和课题研究性互动相结合。在这种梳理方法中，教师的指导作用通过点评的途径予以体现。师生合作性梳理是先由教师完成一部分知识的梳理，再由学生将重点知识进行填空的一种梳理方式，这种方式适用于媒体展示和学案教学中。

在教学实践中，三条主线是在相互关联中立体展开的，三条主线的关联度和教师对三条主线相互关系的处理是课堂成败的决定因素。探究载体的情境性，学生参与的真实性，课堂探究的意义和三线之间的切合性是教师在课前预设中必须要重点考虑的因素。

33

创建思想政治课"主题情境探究"新范式

当前思想政治课必须撕下"马列老太太"的标签，摘掉假大空的帽子，通过预设主题情境的新范式，在思想政治课堂中引进春风，催生绿芽，使思想政治课焕发旺盛的生命力。

一、盘点思想政治课情境教学的表象

传统思想政治课基本上可以归类为两种模式，要么凭空说教，填鸭式地"满堂灌"；要么虽然预设情境，但缺乏主流方向，内容虽然丰富，但也只是不同因素杂乱无章地烩在一起，缺乏应有的主题情境，不利于学生核心素养的形成。

1. 情境选择脱离学生实际

可能有些教学情境，看似新颖有趣，但只是形式上的华丽和热闹，实质上与教学需要和学生实际背向而驰，这些教学情境的渗透不仅无助于挽救我们的思想政治课教学，反而是一种破坏。

2. 情境分析缺失学生参与

在传统思想政治课教学中，教师在设立场景时，只注重情境选择的新颖性，忽视了学生兴趣爱好的实际。在情境设置后，不注重培养学生的兴趣，忽视了学生从情境中挖掘新知识、培养能力和提升素质的重要性。

3. 情境立意偏离学习目标

如许多复杂的探究设置几近白痴，学生完全不需要思考就可以得出结论。此情此景,虽然我们的思想政治课教学也设立了情境,但由于偏离了学生的学习目标,不但对学生的学习没有帮助,反而贻害无穷。

4. 情境问题无须专业技能

情境中引发的问题应该像挂在树上的桃子,不是学生抬手就可以摘到,也不是怎么跳也摘不到。如果情境设置中提出的问题是抬手就可以摘到的桃子,拥有现成答案或者根本不用思考通过本能就可以得出答案,那么学生也就失去了思考的动力。

二、思想政治课主题式情境教学的新探索

主题情境探究式教学又称"一例贯之"法,是一种以主题为中心,情境为载体,探究为途径的集约式探究,它是指教育者将情境预设成与教学内容相关的一个主题系列,引导学生在现象和本质的统一中进行探究,从而达成知识能力价值观目标的课堂教学模式。

1. 切入主题情境,激发活性思维

主题性情境需要精心的预设,预设的成功与否取决于教师在分析基础上对教材宏观把握的程度、教师对社会和生活的关注程度和教师将理论和现实连接起来的"通感"度。例如在"文化创新的途径"这一课中,结合教学目标、教学内容和学情特征,笔者将"如何发展中国动画"设置为本课的主题,然后以中国动画发展到现在所暴露出来的三个问题将学生引入情境:从"源""流""向"三个层面探讨发展我国动画产业的途径。探讨过程中,笔者依次选取了90年代红极一时的动画《大闹天宫》台前幕后的素材,好莱坞巨制《功夫熊猫》和网络动漫《入学考试》的视频,将学生带入一个动画的主题情境后,引导学生得出文化要想发展就必须要创新这一概念。

2. 融入主题情境,促进自主探究

教师和学生分别以引导者和主体的身份参与探究,感受探究过程和结果带来的愉悦和智慧,提升探究能力。如在"文化创新的途径"这一课中,笔者针对该课特点围绕"如何发展中国动画"的主题设置了几个探究活动:从《大闹天宫》的台前幕后我们可以看出文化创新的根本途径是什么?在进行文化创新时我们应该如何对待传统文化?从文化创新角度看,为什么迪士尼能获得成功?在与其他民族文化进行交流、借鉴、融合的过程中,要注意什么问题?

3. 嵌入主题情境,加强师生交流

教师在设置问题时要围绕创设的主题情境,要与教学内容紧密相关,要能通过问题引发学生的思考。另外在解决问题时,应该注重引导学生和其他人进行交流,一起合作。例如在教学"文化创新的途径"这一课时,在学生观看《功夫熊猫》部分视频后,笔者让学生结合刚观看完的视频资料来进行小组讨论,分析该影片成功的原因,并让各小组分享自己所体会到的知识,之后进行指导,来引导学生得出"对传统文化,既要继承,又要发展,在继承的基础上发展,在发展中继承"这一结论。教师要注重把握学生的兴趣点,并促进学生将兴趣维持下去。

三、思想政治课主题式情境教学应注意的问题

1. 主题式情境教学应立足于学生自身

这里学生的自身包括客观实际和主观需要。因此,一定要注意学生的实际状况和年龄特征。就目前而言,高中生的信息来源渠道广、知识面宽、求知欲强。因而,教师在选择情境材料时就要根据学生的生理、心理发展的实际状况、学生的认知水平和学生的个性特点,材料不仅要有吸引力和新鲜感,还要有思想性和教育性,使学生可以自由表达自己的思想、认识和情感,提出自己的见解,充分展示自己的个性特征,最大限度地发挥学生的创新能力。

2. 主题式情境教学应考虑到学习效果

主题创设情境的最终目的就是实现课堂教学效果的最大化。因此,主题情境创设首先要为良好的课堂效果服务,在课堂上创造出一种民主和谐的课堂教学环境,帮助学生理解和掌握知识,使学生带着所学到的知识走出课本、走出课堂,通过自己的多方实践来加深对课文知识的理解,并用所学到的知识去认识问题、解决问题,达到学以致用的目的。

34

开启思想政治课情境教学的新局面

思想政治课情境教学模式要走出误区，体现价值，就必须严格遵守正确的原则，采取正确的措施，实施有效的教学。笔者曾经在无锡市第一中学学校开放日借班上课，课题是"股票、债券和保险"，全面渗透了情境教学理念，取得了良好的教学效果。下面结合课堂教学实际谈谈思想政治课实施情境教学应坚持的几项原则。

一、情境设计要激发学生的想象力

好奇心和想象力是情境模式下思想政治课教学的活力所在。千篇一律的答案和思维定式的理解是非常可怕的。据说从孩子上幼儿园开始，他们的好奇心和想象力就遭受了我们知识的禁锢和标准答案的百般蹂躏。随着学生年级越高，学习的知识越多，他们的想象力和好奇心呈反比例直线下降的趋势。等学生进入高中学习后，他们的头脑往往被僵化和一些顽固不化的观念占领。因此，我们需要有学生发出不一样的声音。在课堂教学中，我们让学生"统一认识"，"用一个声音说话"，这是非常不妙的，甚至是非常危险、非常可怕的。因此，我们需要让学生重温幼儿时期的好奇心和想象力，提出不一样的，甚至是错误的、荒唐的答案，而不是整齐划一的答案。即使答案是错误的、荒唐的，我们也可以进行修正，使之向合理的方向转变。

在讲解"股票、债券和保险"的内容时，笔者采取了漫画形式的情境材料切入，这引起了学生很大的好奇和争议。他们在争议中相互批评修正，最终形成了比较合理的认识和解读。笔者引入的是一幅画有三匹马的漫画。第一匹马代表通货膨胀,它在说:"看!我很牛吧!"第二匹马代表银行利息,它正在气急败坏地嘶喊:"快!给我追上他!我的财产都缩水了!"第三匹马代表的是股票、债券和保险,它在说:"需要我帮忙吗?骑着我就可以追上他啦!"笔者先告诉学生每一匹马代表什么,但没有透露每一匹马的台词,而是问学生:"猜猜看,这三匹马分别在说什么?"学生们的兴致一下子就被调动起来了。在这个情境探究中,学生都化身为"配音演员",一个个兴致十足地为三匹马想着台词,其中不乏因为意见相左而争吵的。在回答问题时,也不乏知识掌握不牢而闹出笑话的。在笔者的引导下,学生回归教材,明白了当收入跑不赢物价的时候,财产就要缩水,就要选择收益更高的投资方式。这里既复习了通货膨胀、存款储蓄等知识,也精准地过渡到"股票、债券和保险"的学习内容,获得事半功倍之效。

二、情境设计要激发学生的思辨力

思辨能力是中学生核心素养中一项非常重要的素质,考查学生辨别分析和辩证思维能力,有利于促进学生对知识的整合和再创造。学生可以在"仁者见仁智者见智"之中各取所需,在教师的引导下又能够相互借鉴,从而形成对一个问题的全面的、完整的认识,避免以偏概全和望文生义现象的出现。激发学生的思辨力就不要限定学生思维的空间,也不要拟定标准答案,允许学生有一点叛逆,也可以有一点嚣张。因此,思想政治课使用的情境素材可以有一定的争议性,让学生有辩论的机会,也可以创造出教师"舌战群儒"的时机。如果教师在思想政治课情境教学模式中使用的情境素材都坐实了,那么这种素材的使用只会给课堂带来一潭死水,不会产生"一石激起千层浪"的良好效果。

表3-1是笔者在无锡市第一中学公开课结束后经过反思重新拟定的表格。原来预设的表格只有三列,即让学生对专家的意见提出依据。但在笔者呈现出这个情境材料时随意地问了一下全班学生是否相信专家的意见,谁知捅了"马蜂窝",全班51位同学中只有两位同学赞同,其余四十九位同学不赞同,还有同学在下面调侃:"专家,专家,专门欺骗大家!"这引起全班同学一片哄堂大笑。看来原来"模具"式的填表是行不通了,有必要让学生在"引经据

典"之中各抒己见。笔者放手发动两位赞同者与四十九位反对者辩论,在辩论的过程中突然感觉到对方的观点也很有道理。最终笔者在概括中提出我们必须有思辨意识和辩证思维,需要全面地认识,否则我们的思维就会出现片面化。

表3-1 学生对专家意见的态度调查表

投资方式	专家意见	赞成的依据	反对的理由
储蓄存款	基础		
股票	谨慎		
国债	重点		
商业保险	保障		

三、情境设计要激发学生的思考力

思维是世界上最美丽的花朵,思考力是一个人思考问题、分析问题和解决问题的能力。在思想政治课情境化教学活动中,我们必须激发出学生独立思考的能力。传统思想政治课教学中,教师不仅完成自己的教学工作,还要完成学生的学习工作,向学生提供"标准答案",学生在学习中的任务就是将标准答案抄下来,并且背下来。还有教师向学生兜售解题方法和解题模板,这些解题方法和模板基本上都是"放之四海而皆准"的,屡试不爽。这样,学生就对教师产生了严重的依赖,滋生了学生的懒惰情绪,逐渐丧失了思考能力。情境下的思想政治课教学必须全面恢复和提升学生的思考能力,让学生们有所思,有所获。

笔者再次提供了两幅漫画作为情境材料,这两幅漫画分别讲的是"地下钱庄"和"非法集资"。笔者向学生提出的问题是:地下钱庄和非法集资的做法为什么是错误的?这对于我们的投资理财有何警示?学生在这个问题思考中有三点收获:其一,违背了法律,没有树立正确的金钱观,没有做到"君子爱财,取之有道"。其二,上述做法扰乱了社会主义市场经济秩序,不利于社会和谐发展。其三,投资理财要遵守法律、法规和政策,违法的事情不能做。这样,我们的思考力将我们的认识上升到价值观和核心素养的高度。

在情境教学中还存在着主题情境教学与非主题情境教学之分,而且主题情境教学越来越成为公开课和展示课的新宠儿。主题式情境教学固然可以对一个现实的问题进行全面、完整、深入的探究,并在问题的探究中对教材知识进行"活"的解读和把握。但这种素材可遇不可求,而且同一个素材可能对有的内容特别适合,但对有的内容有些牵强附会。因此,主题化情境设置虽好,但不要勉强,也不要生搬硬套,否则就闹出"画虎不成反类犬"的笑话。非主题化情境探究虽然在知识体系的构建上有所不足,但其灵活贴切,更加具有针对性,其效果也不同凡响。只有最适合的才是最好的。

35

让问题成为主题式案例教学的"多重纽带"

在主题式案例教学中,如果说科学选编案例是前提,那么恰当科学地设计问题就成了重中之重,是主题式案例教学的关键环节,不可或缺,不容忽视。在主题式案例教学中,问题应成为思想政治课主题式案例教学的"多重纽带"。

一、问题成为师生和生生互动的纽带

1. 变单一提问为师生互问

在主题式案例教学中,思想政治课教师在课前与学生一起通过预习后共同设计有针对性和启发性的问题,课堂上通过师生互动,共同商量和解决问题。教师主动转变角色,成为首席的学习者,学生的合作者。不仅教师可以提问学生,学生也可以随时向教师发问,平起平坐,没有高低尊卑,而是亦师亦友。

2. 变独立思考为互助合作

随着课程改革的不断深入发展,合作学习已经成为一种趋势和潮流。尤其是轮到公开课时,合作学习和讨论成为大餐,你方唱罢,我登场,热闹非凡。在主题式案例教学中,问题应成为学生团队学习和思考的主旋律,成为生生互学的纽带,将全班学生的心凝聚起来,带着问题一起学习、一起讨论、一起探索未知的领域。

二、问题成为理论和实际联系的纽带

1. 问题应贴近学生生活

在主题式案例教学中,思想政治课教师在设计问题时尽可能把问题的切入口放在与学生的生活相联系的情境中。教学"发展人民民主专政"时,有教师根据学生的实际情况设计了"关注两会"的主题式案例,其中有这样一个案例:选举人大代表。一天,正在读初三的小强放学回家,看到家里有几张红色的选民证,但就是找不到属于自己的那张。于是,他奇怪地问爸爸:连爷爷奶奶都有选民证,家里怎么唯独我没有呢?小强认为:在我国,既然公民是国家主人,那么就应该让每个公民都去直接参与和讨论国家大事。你觉得小强的观点正确吗?为什么?请你帮助小强作一解释。

2. 问题应走向社会生活

在主题式案例教学中,思想政治课教师在设计问题时,应尽可能主动融入社会生活,走向社会生活,并紧密联系社会生活的热点,科技发展的最新成果等,以激发学生探究的兴趣和好感。如在学习"消费者的合法权益受法律保护"时,有教师采用了"奶粉消费纠纷案"主题式案例。

三、问题成为教材和案例结合的纽带

1. 问题应源于教材

"题在书外,理在书内",在主题式案例教学中,思想政治课教师在设计问题时要认真解读课标,研究教材,把握好教学重点、难点、学生易错点、学生困惑点,要通过科学设计问题,以切实解决实际问题,达成教学目标。

2. 问题应融入案例

在主题式案例教学中,思想政治课教师在设计问题时,必须将问题融入案例背景中,找到知识点和案例的最佳结合点,问题应既联系教材,又联系案例,从而让学生在案例情境中思考问题、解决问题。

四、问题成为知识和能力转化的纽带

1. 问题应具有探究性

知识不能成为唯一,问题也不是目的,而是通过问题引导学生探究,启发学生思考，获取知识；继而通过问题培养学生的综合能力和素养。在主题式案例教学中，思想政治课教师在设计问题时切忌只是习惯性地设计一些没有含金量和价值的识记型问题，而要借助主题式案例，让学生在案例情境中，带着问题自主思考、合作探究，在探究中开发学生智力，培养学生能力，提升学生素养。那种平铺直叙、直问直答的死问题难以激发学生的探究欲望，更不可能培养学生探究学习的良好品质和习惯。

2. 问题应具有发散性

在主题式案例教学中，思想政治课教师应设计开放性的问题和答案，鼓励学生多角度、全方位思考问题，而不能将学生思维框死、凝固，问题答案不能死搬教材，只要学生言之有理，言之有物，自圆其说即可。教师要鼓励学生标新立异，鼓励学生求异思维，不应"一个萝卜一个坑"，一一对应。不唯书、不唯师、不唯一，只唯真理。

五、问题成为横向和纵向串联的纽带

1. 问题应横向连板块

主题式案例教学往往由多个具有同一主题的子案例构成，教师心目中应明白每一个子案例需要解决教材中某个板块的知识目标、能力要求、德育教育目标等。在主题式案例教学中，从横向看，思想政治课教师要清楚每个子案例的功能和价值，围绕该子案例需要解决哪些问题，这些问题应紧密联系该板块的知识要素，涵盖所有教学目标。这样的问题可以将教材中零散的知识要素形成面，成为体，使学生做到形散而神不散。

2. 问题应纵向成主线

问题应是引线，问题应是导线，问题应是红线。在主题式案例教学中，尽管一个主题式案例有多个子案例，但始终不能改变和动摇问题是主线这一地位。教师通过科学巧妙地设置问题，将本堂课要达成的知识与技能，过程与方法，情感、态度、价值观三维目标逐层进行串联，学生的思维随着主题式案例情境的发展变化，问题逐步深入。学生顺藤摸瓜，将本课教学内容有机串联，层层推进，步步深入。问题如纲，纲举目张；问题如线，一以贯之。

36

道德与法治课主题式案例教学"三问"

一、什么是道德与法治课主题式案例教学？

在主题式案例教学中，师生的全部教学活动都围绕某一主题式案例开展，师生置身于某一情境中，以某一整体的、主题式案例为载体，以问题为纽带，随着案例情境的逐步深入、发展、变化，相应生成问题，即时解决问题。

二、为什么在道德与法治课上要采用主题式案例教学？

1. 克服案例繁多杂乱带来的弊端

主题式案例少而精。道德与法治课主题式案例教学的显著优势就在于"一例到底"，只有一个案例贯穿全课，学生的思维一直随着教学情境，随着故事的发展而波折，学生不会处于"剪不断，理还乱"的窘境。

主题式案例精而清。主题式案例教学将教材中零散杂乱的知识构建成体系，帮助学生将课本内容与现实生活充分结合，学生一目了然，清清楚楚。一个案例解决了一堂课要解决的所有问题。

2. 克服教育知行不一带来的弊端

以例知理。学生借助案例，在案例的辅助下，在问题的引领下，自主学习教材，通过同伴互助、合作、探究，自主解决问题，在解决问题中明白道理，掌握原理，顺理成章。

以例明德。案例中优秀人物的示范引领,让学生在阅读故事中情感得到升华,世界观、人生观、价值观得到历练,道德水平得到提高,思想境界得以提升。

以例导行。学生通过分析案例,解决问题,在分析和解决问题的过程中懂得了哪些应该做,哪些不应该做,哪些是被鼓励的,哪些是被反对的,哪些是禁止的,哪些是提倡的,从而规范自己的言行,提高行为的科学性、合理性、有效性。

三、怎样在道德与法治课上有效实施主题式案例教学?

1. 核心——整体案例

(1) 课堂必须有案例情境

道德与法治课主题式案例教学,要求教师在课前必须围绕学习目标创设案例情境,引导学生在案例中轻松掌握教学内容,明白道理。这样的教学避免了传统道德与法治课堂教学中教师口若悬河、滔滔不绝地灌输道理,学生却似听非听、似懂非懂的弊端。

(2) 案例必须有完整主题

道德与法治课主题式案例教学必须有一个"一例到底",包含完整主题的案例来统领整堂课的教学。这样的教学克服了传统道德与法治课堂教学中案例太多,头绪太杂,形散且神散的弊端。整堂课围绕着一个有明确主题的案例开展教学,教师循循善诱,有条不紊。

2. 前提——精选案例

(1) 案例要有典型性

思想品德教师在选择和编写案例时必须紧扣教材内容,精心选择具有典型性和代表性的案例;否则,一旦案例比较生僻或者缺乏普遍性,学生就会有生疏感和陌生感,学习兴趣大打折扣。

(2) 案例要有真实性

教师在选择和编写案例时必须取材于现实生活实际,而不能脱离实际,要具有真实性和说服力。

(3) 案例要有教育性

教师所选择的案例内容必须有明确的主题、人物和情节,蕴含一定的人生哲理、道德理念、法律法规等，具有明确的思想道德教育意义，对学生有很大的启发性。

(4) 案例要有悬念性

思想品德教师在选择和编写案例时，要能激发学生探究的愿望和热情，要通过设置"关子"，让学生迫切想要了解下文、知道谜底，从而用心探究。否则，如果平铺直叙就不能激发学生追根问底、探求知识的勇气和欲望。

3. 关键——科学设问

(1) 问题要紧扣教材内容

思想品德教师在课前要根据案例和教材内容，设置能体现教学重点、难点的问题，让学生带着问题去探索课本理论知识，尝试运用理论知识去解决案例问题；或让学生在生动形象的教学情境中去感悟和探究，学会发现问题、提出问题，并寻找初步解决问题的方法。

(2) 问题要贴近学生实际

思想品德教师在设置问题时一定要充分考虑所设计的问题必须符合学生的认知水平和思维能力，贴近学生的生活实际和已有经验；否则，设计的问题脱离了学生生活实际和已有经验，就会让学生有摸不着头脑的感觉，造成理论和实践的脱节。

(3) 问题要紧扣三维目标

思想品德教师在设计问题时必须根据课程改革的要求，紧扣三维目标设计有针对性的问题。根据思想品德学科德育功能的特点，教师千万不要把目标只局限在知识教育，而忽视学生能力的发展，以及学生情感、态度和价值观的培养。

(4) 问题要紧密联系案例

有的教师在设计问题时压根就不考虑案例实际，案例一套，问题又一套，把主题式案例权当摆设，搞形式主义。主题式案例教学要求思想品德教师在设计问题时，要随着案例中情节的发展、故事的变化与时俱进地设计问题，循循善诱。不能出现案例归案例，问题归问题，油水分离。

4. 形式——合作探究

(1) 生生合作探究

学生在合作探究中互相启迪，从中得到启发教育或产生新的知识，达到以例知理、以理释例、以例明德、以例导行的目的,在实行智育教育的同时实施德育,促进学生全面发展。

(2) 师生合作探究

教师主动融入学生中间,与学生平起平坐,不分高低,不再发号施令。对于学生通过合作还是不能解决的问题、产生的新疑问,教师适时加以启发、点拨、引导。师生之间、生生之间你言我语,群策群力,其乐融融。

37

探究式教学讲究"情·真·意·切"

与传统的教学方法相比,探究式学习更加注重学生的需要,关注学生的参与,考虑学生的多元发展。新课程理念所倡导的探究需要讲求"动之以情、服之以真、达之以意、切之以心"。

一、动之以情

探究载体有情境。在建构主义学习环境下,教学应该通过设计真实的、具有挑战性的、开放的学习环境与问题情境,以激发、驱动并支撑学生进行探索、思考与解决问题。新颖有趣的情境设置是激发学生主动参与,提高学生探究兴趣的重要因素。作为探究载体的情境可分为热点情境、生活情境和模拟情境等类型。

探究引导有情感。有效的探究不仅需要情境载体,而且需要情感催动。师爱既是积极的情感,又是一种教育的力量和手段,也是学生普遍的需求和渴望。如果教师自身情感倾注不足,表情麻木、有气无力,则学生很容易出现事不关己、无动于衷的现象;如果教师倾注真挚饱满的情感则会感染学生,使其踊跃参与、积极探究。每每学生受到教师热忱的关怀和呵护时,就会得到良好的情感体验,而且还会学会正确处理生活中的各种情感,并逐渐懂得如何用高尚的道德情感去对待别人。

二、服之以真

探究互动要真实。新课程中的课堂互动倡导让学生在尝试中发现问题，在自主与合作中解决问题，在讨论中运用所学的知识，在交流中形成统一的观点，在运用中获得成功的体验。"互动作秀"和互动形式主义都难以让学生真实地参与探究，也无法生成富有生命的课堂环境，难以实现师生情感、知识、能力的和谐生长。笔者认为，要实现互动归真就必须要考虑预设的生本性和实时的生成性。生本互动的预设应该着眼于学，着力于引，着落于真。为追求热闹和全员参与而事先暗定"潜规则"的做法必然会产生互动失真；离开中学生的兴趣特点、心智水平而进行的"高空"探究只会导致学生停留在嘴上的敷衍。实时生成是新课程标准提倡的一个重要概念，是动态生成理论在教学中的应用。师生双方在课堂上互动对话，实践创造，随机生成教学资源，教师及时捕捉课堂上突发性的教学因素，利用课堂上随机生成的资源展开再教学，从而让学生舒展独特的灵性，让教学邂逅"不可预约的美丽"。

探究参与要真心。新课程呼唤的课堂探究应该是让学生真心参与的探究。只有学生真心参与的探究才是富有魅力的探究，这样的思想政治课堂才是富有生命气息的课堂，才是学生健康成长的课堂，才是我们孜孜以求的课堂。教师要使学生真心地参与探究，就必须在教学实践的基础上充分发挥智慧，精心策划教学预设给学生以充分的想象空间，适度拓展学习视野给学生以深化探究的途径，敏锐捕捉动态问题提供学生生成"亮点"的机会。

三、达之以意

探究指向有意味。探究指向是指探究活动所蕴指的方向。意味深长的探究指向往往能给人以持久深远的积极影响。我们无法奢求每次探究都能撼动学生的心灵，但我们必须思考如何让更多的探究触及学生的灵魂，唯此，思想政治课的育人功能才能充分发挥。增强思想政治探究的意味，需要教师做个有心人，有心于学生的心灵成长，有心于平时的知识积累，有心于自身的生活经验。有的学校在德育教育中组织学生赴革命老区体验生活的做法同样是一种深富意义的现实探究活动。

探究方式有意匠。意匠简单地说是指设计的精心构思。由于一堂课是一个相对完整的体系,教师作为一个课堂设计者需要处理好各种课堂要素之间的关系;由于一堂课的探究往往是一个系列,教师作为一个课堂的引导者需要处理好各个发展环节之间的关系;由于课堂探究要涉及探究载体、探究主体和探究对象之间的关系,教师又需要处理好各个层面之间的关系。这就需要教师对各要素、各环节、各层次之间关系进行有意匠的设计。一位教师在"民主监督:守望公共家园"中进行了如下纵横设计,泾渭分明,匠心独运。

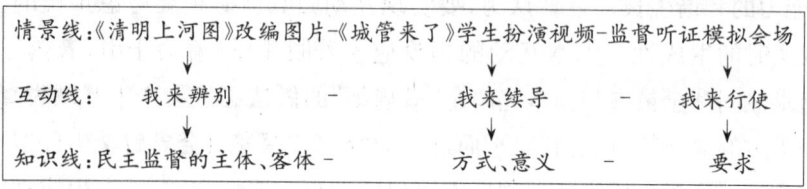

四、切之以心

探究语言要亲切。探究语言是师生双方在探究过程中传递信息和交流思想感情的载体。亲切、感人的教学语言对学生的心灵具有滋润作用,能使学生保持舒畅的心境、饱满的热情、积极的状态,从而增加课堂探究的内驱力。"感人心者,莫先乎情。"教学中,如果教师能够细心寻找不同学生的"闪光点",从而给予表扬和鼓励,则能极大地维护好学生的自尊心,激发他们的上进心;如果教师对学生的错误过多地批评、指责,甚至讽刺、挖苦,则会使学生失掉学习的信心,由厌恶老师导致厌恶学科。教师可以适当使用如下鼓励性话语:"你答得很好""你并不比别人差""我相信你是能够回答的"……

探究评价要适切。好课贵在"适",关注和把握学生的"需要"与"状态"进行适切的评价,能对学生的探究活动起到引导、调控、激励与促进作用。课堂上,该表扬时,热情真诚,贴心贴肺;不该表扬时,延迟表态,守口如瓶;课堂气氛相对沉闷时,教师的表扬可以频一些,基调可以高一些;学生情绪浮躁时,教师的表扬可少一些,基调可低一些。不评价会导致学生的茫然,滥表扬会导致学生的浮躁,只有恰到好处的评价才能使教师的引导处于被认可状态,从而达成探究的目标。

38

主题式案例教学:让道德与法治课"多快好省"

道德与法治课主题式案例教学让学生有了更多的参与机会,课堂有了更快的反馈速度、更好的目标达成、更省的资源投入,从而实现了道德与法治课的"多快好省"。

一、学生参与——多

1. 学生参与自学的机会多

主题式案例教学中,教师将主题式案例呈现给学生,让学生自己边阅读案例,边结合案例中设计的问题开展自主学习和解读教材,理解教材的核心观点。这样的教学真正将学习的主动权下放给学生,学生获得了自主发展、自主学习的权利和机会,扭转了传统道德与法治课堂上教师主宰课堂、学生成"看客"的弊端。

2. 学生参与合作的机会多

主题式案例教学中,教师把案例和问题交给学生后,有计划、有目的地组织学生开展合作解决问题,学生也可以随时向教师求教,师生合作,教学相长。

3. 学生参与探究的机会多

学生可以带着问题或自主探究,发现问题,寻找答案;或相互研讨,共同解决,你一言我一语,思想与思想交融,观点与观点碰撞。学生探究的意识被激发,学习习惯得到改善,能力得到极大提高。

二、反馈频率——快

满堂灌、填鸭式、一讲到底的课堂上,学生没有了反馈和训练的机会。而主题式案例教学,可以做到以生为本,精讲多动,及时反馈,当堂达标。教师在精讲中腾出时间让学生及时训练,及时矫正,及时弥补,不留"隔夜"问题。

1. 课堂训练及时

主题式案例教学,每一个环节中都有教师设置好的问题让学生思考,学生思维能力得到及时训练;教师也可以腾出不少时间让学生当堂回顾和训练,及时消化和巩固知识。

2. 课堂校对及时

主题式案例教学中,教师将问题贯穿在案例中,每一步都会有教师精心设计的问题,教师会及时校对学生对问题的理解,校对学生对教材的把握情况,校对学生对练习的掌握情况。这样的教学,由于及时训练,及时校对,学生没有了抄袭的时间和空间,也没有了抄袭的动机和念头,练习的有效性得到大大的提高。

3. 课堂弥补及时

主题式案例教学,由于教师及时进行反馈,可以及时了解学生掌握知识的情况,发现学生存在问题可以及时解决,及时弥补。而且教师也可以进行反思,寻找学生存在问题的原因,以便再教时采取更好的对策,使自己的教学水平日趋提升。

三、目标达成——好

知识与技能,过程与方法,情感、态度、价值观是道德与法治课堂教学的三维目标,不可或缺。目标是行动的指南,道德与法治课堂教学必须有明确的目标,否则课堂教学就会随意无序。在道德与法治课主题式案例教学中,教师紧紧围绕三维目标开展教学,为达成三维目标而努力,所有的教学活动都为了达成课前预设的目标。

1. 知识与技能——扎实

主题式案例教学,由于课前先确定学习目标,让学生先明确本课需要掌握的知识和形成的技能,然后整堂课的教学全部围绕目标开展,以某一整体案例贯穿教学,课堂结尾还有目标达成情况的反馈和补救,不达目标绝不罢休,因此这样的课堂教学定位合理,目标明确,学生对知识的掌握肯定扎实。

2. 过程与方法——强化

主题式案例教学中,教师更多地发挥学生的主体作用,放手发动学生,让学生围绕着设计的问题开展自主学习、合作学习和探究学习,教师搭台,学生唱戏,教师更注重了学生获取知识的过程。这样的教学中,学生真正掌握了知识获取的方法,学生的能力大大长进,学生也不再是以前的"来伸手,来张口",在学习中获得了终身发展的门票。

3. 情感、态度、价值观——有效

道德与法治课是德育教育的主阵地,加强对学生进行思想道德教育是思想品德教师的一项极其重要的任务。传统的灌输教学,不管教师如何苦口婆心地说教,但学生还是无动于衷,教师说归说,学生听归听,做归做,一只耳朵进,一只耳朵出,德育教育的效果很差。而主题式案例教学使学生在一个具有完整主题的案例情境中学会道理,润物无声,真正让学生以例知理、以例明德、以例导行,德育教育效果得到了凸显。

四、资源投入——省

尽管减负的呼声一浪高过一浪,但平心而论,学生的学业负担却并没有减轻,教师也是"压力山大"。如何走出应试教育的死胡同,让师生轻装上阵,轻负担、高效率?主题式案例教学可以有效地解决这一问题,帮助师生在投入有限的时间和精力中获取最大的效益和价值。

1. 节省学生课后作业时间

在主题式案例教学中,由于学生在课堂上已得到了充分的训练和反馈,教师不再需要重新布置作业,学生不需要再利用课后时间去完成作业,客观上减轻了学生的学习压力,高效的课堂让学生课后没有了作业的压力和负担。

2. 节省教师课后辅导精力

主题式案例教学,由于教师在课堂上及时与学生校对练习情况,对于学生普遍存在的错误已经重新分析,对于个别接受能力差的学生也已经个别指导,学生在课堂上已经做到人人过关,堂堂清,周周清,月月清。因此,教师就不再需要课后进行辅导,从而使自己有时间开展课后的备课和教学反思,为后续教学提供了充足的时间和精力。

3. 节省学校教学资源投入

主题式案例教学,由于课堂上当堂达标,这样教师就不再需要重新发讲义或者让学生在课后做练习册,减少了学生重复练习,减轻了家长的经济负担,也节省了学校有限的教学资源。

39

如何通过问题设置来提高探究实效

随着课改的不断深入发展,课堂上通过设置探究问题来引导学生开展探究活动已经成为当前政治课教学中常见的现象。但受种种因素影响,一些教师在设置探究问题时也出现了一些误区,导致探究活动的实际效果不如人意。这就要求我们广大政治教师积极思考并探索走出误区的方法,不断优化探究问题设置,切实提高课堂探究的实效性,助推课改持续发展。

一、题材选择应注重趣味性

好问题,题材引。一个好问题的设置,离不开好的背景题材,题材的选择在探究问题设置过程中起着非常重要的作用。但在日常教学活动中,一些教师在探究题材选择上或平淡无奇、寡然无味,或平铺直叙、波澜不惊,这又如何能吸引学生注意力、激发学生探究学习的欲望呢?苏霍姆林斯基说过:"所有智力方面的工作都要依赖于兴趣。"因而,我们应该选择那些源于生活、趣味十足的题材,只有这样的题材才能一下子抓住学生的注意力,激发学生的兴趣,点燃学生参与的热情,才能使课堂一下子"热"起来、"动"起来,使学生积极主动地参与到探究学习的活动中。如在讲授《经济生活》中"保护环境,绿色消费"这一理性消费原则时,正遇上苏州地区出现了严重的雾霾天气,于是笔者选择了网上流传的词《沁园春·霾》为题材:"苏州风光,千里雾封,万里尘飘。望运河内外,浓雾莽莽,高架上下,雾霾滔滔。车舞长龙,黑烟直冒,欲上沪宁把车飙。需晴日，盼大风吹过，北风狂扫。空气如此糟糕，引无数学生不出操，比南京北京，这里稍好；都市风景，全戴口罩。一代天骄，灵岩天平，只见山顶不见腰；俱往矣，想要活命者，赶紧外逃。"该词巧妙地改编了毛泽东的《沁园春·雪》，又结合了学生的生活实际，幽默风趣，从而为探究活动的开展营造了一种浓厚且不失诙谐的氛围，故而激发了学生主动参与、积极思考的兴趣和欲望。

二、情境设问应强调生活性

《普通高中思想政治课程标准（实验）》强调："要立足于学生现实的生活经验，着眼于学生的发展需求，把理论观点的阐述寓于社会生活的主题之中，构建学科知识与生活现象、理论逻辑与生活逻辑有机结合的课程模块……围绕学生关注的社会生活问题组织教学，全面落实课程目标。"为此，我们必须把社会现实问题与学生的生活经验联系起来设置情境问题，才能增添学生对政治学习的新鲜感和亲近感，改变政治课枯燥、抽象和刻板的形象，激发学生参与课堂探究活动的热情与意愿。"生活即教育"，故强调情境问题设置的生活性能"使学生很容易'入戏'，很容易被'激活'，很容易被'感化'，教学目标的达成也就水到渠成了"。如笔者以上文题材《沁园春·霾》为情境设计探究问题："治理雾霾，人人有责，请你谈谈生活中我们应如何践行'保护环境，绿色消费'的原则。"学生依据自己的生活经验，经讨论探究后提出很多建议，如：坚持绿色出行，五公里以内骑行绿色自行车，五公里以外乘坐公交车；养成随手关闭电源的习惯，教室、家里不开"长明灯"；冬天坚持不开空调，夏天若开空调则将温度设为26度以上；尽量少添置新衣新物，草稿纸循环使用等。由于这一情境设问立足学生生活，因而拉近了课程与学生、理论与生活的距离，课堂气氛活跃，学生参与探究的积极性非常高。

三、难度设计应把握梯度性

在日常课堂教学实践中，学生有时候似乎对我们精心设计的探究问题很不"感冒"：要么是探究活动还没开始，学生便已异口同声说出问题的答案；要么是面对设问一脸茫然，"低头沉思"（实质是不会，担心答不出而尴尬），出现冷场；要么是"热闹"探究讨论，但离题万里。笔者认为，课堂探究活动能否有效开展,还应把握探究问题的梯度,即要由浅入深,由易到难,逐步升级,让学生像爬楼梯一样,一步一个台阶,最终到达思维的顶层。学生未经探究便已说出结论是因为问题设计得过于简单,一脸茫然及离题万里则往往是因为设计的问题过难或脱离学生的生活实际,这两种情况都会影响学生参与探究的积极性。所以一定要依据学生的认知能力和生活经验,合理设计探究问题,既不让学生唾手可得,得来全不费工夫,又不让学生无话可说,踏破铁鞋无觅处。如一位教师在讲授《生活与哲学》中"价值与价值观的概念"时,引入近年来涌现出来的感动中国的"最美人物",然后设计了这样几个问题:① 请分享你所知道的"最美人物"。② 请你说说是什么把你深深感动。③ 结合上述材料谈谈你对人生价值的认识。学生首先根据自己的了解分享了很多"最美人物"的故事,如最美妈妈、最美教师、最美司机、最美医生等;然后通过探究讨论,概括出了"最美人物"的共同特征,如责任、奉献等,阐明是被这些"最美人物"的精神深深打动;最后水到渠成得出了人生的真正价值是什么、评价人生价值的标准是什么等结论。由浅入深而又深浅适度,由易到难而又难易适中,环环相扣,层层推进,步步释疑,充分体现了梯度性要求。

四、主体参与应关注真实性

笔者注意到,在日常教学活动中,一些教师开展探究活动时会设计这样的问题:"如果你是某市市长、如果你是某企业董事长或总经理、如果你是……"这一方面反映出随着课改的深入发展,广大政治教师在设计探究问题时日益重视发挥学生的"主体"作用,凸显学生的"主体"地位。但另一方面,从学生的回答看,很少有学生真正能够用"市长"或"董事长、总经理"的眼光和语言去解决问题,他们针对此类"哗众取宠的'领导型'"问题的回答往往有两种倾向:一是堆砌教材理论,即直接罗列教材观点,缺乏自身的真正思考;二是"权力至上",即认为所担任"角色"(如市长)的权力无所不能,解决问题只需命令即可。出现上述现象的主要原因是一些教师在设计探究题时没有充分考虑学生的现实感受、生活经验与知识储备,只是简单地引导学生担任远离其实际生活的权力角色参与课堂探究,从而使得学生成为"探究材料的观察者、思考者和分析者",而非真实的参与者。因此,我们应该想方设法、巧妙转换,切实提高学生参与的真实性。如一位教师在讲《经济生活》中"国家的宏观调控"时引入"近年来昆山地区经常出现大面积雾霾天气"这一情境材料,然后让学生讨论:作为普通公民,请你从国家宏观调控的角度就如何解决雾霾天气提出建议。学生就此开展探究讨论并提出了很多有益建议。

总之,课堂探究问题的创设可以而且应该多种多样,只有这样才能激发学生的学习兴趣,调动学生的探究热情,培养学生的创新思维和实践能力,从而真正提高思想政治课课堂教学的实效性。

40

"半结构化"教学情境的设计

所谓"半结构化"情境是相对于"结构化"情境而言的。"结构化"情境是指情境材料和设问指向都是完整的,情境材料与答案组织具有清晰的对应关系,问题的答案来自于教材明确的表述;而在"半结构化"情境中,情境的呈现方式、设问方式及答案组织具有某种不完整性,教学情境更具生成性、开放性和不确定性,从而能更好地激发学生的积极性和创造性。

一、课例回放

1. 课堂导入:情境叙述的"半结构化"

情境叙述"半结构化"是指情境故事的叙述过程会发生中断,由听众(学生)来顺着故事的脉络扮演其中的角色,从而引导学生的主体参与。

本课教材有一则"许衡拒梨"的故事,但该故事具有完整的结构化情节,事情的来龙去脉都已交代清楚,充其量只能作为例证或不适合再探究,如果硬要探究,则很有可能会导致伪探究。例如有位教师首先呈现"许衡拒梨"的故事,然后请学生做如下探究:① 谈谈你对"梨虽无主,我心有主"的理解。② 在口渴难忍的情况下,许衡为什么会做出上述选择?学生回答:① 因为许衡有自己的价值判断和价值选择。② 因为许衡有正确的价值判断和价值选择。学生将本课的标题读了一下,但教师也不能说他回答错误,而这样的探究是无效的。

如何才能改变这样一种状态？笔者教学时引入了一则"水手打赌"的故事。这是多年前笔者在小人书上看到的一个故事，书名和主要情节都已淡忘了，但是其中的一个片段却至今难以忘怀。在一场海难之后，一个身强力壮的水手和一个少年乘着一条小船在海上漂流，他们迷失了方向且已筋疲力尽，两人唯一能做的只有等待。但是天气越来越冷，几乎让人难以忍受。于是水手取下手指上的一枚戒指对少年说："我们来打个赌吧。我将戒指放在我的一只手中，你来猜是在左手还是在右手。猜中的话，我的衣服给你穿；猜错的话，则反过来。"少年惊恐地摇摇头。水手说："这样做至少能让一个人有更多时间去等待获救。我之所以要和你打赌，只是因为不想强迫你而已。"于是少年只好点头答应。故事至此，笔者对学生说："请一位男同学扮演少年，来猜猜看。"笔者拿起一段粉笔当戒指，并将其在左右手上反复交换，结果那位男同学猜错了。笔者问："现在你是否该履行约定了？"那位男同学摇头说："不。"众同学一片哗然。待同学们认同了愿赌服输这个规则后，笔者又继续讲故事。水手将戒指放在了一只手上，问少年："你猜，戒指在左手还是右手？"少年犹豫了一下说："在右手。"水手伸出右手，是空的，原来戒指在他的左手。少年的脸色霎时变得苍白，流露出一种绝望的神情。水手停顿了一下，说："算你赢吧，我的衣服给你穿。"又漂流了几天，他们遇到了一艘大船，少年得救了，但是水手却冻僵了。于是笔者提问："在这个故事里，水手为什么会改变主意？"……通过"半结构化"的故事情境可以引导学生对故事人物进行角色扮演，在虚拟和现实之间相互切换，有利于增加故事的生成性和趣味性。在本故事中，如果水手按照打赌约定行事，其实从道德层面是无可厚非的，因为毕竟打赌时双方的机会是公平的。水手之所以做出牺牲自己的决定（价值选择），是因为他对弱者有恻隐之心（价值判断），进而得出"价值判断是价值选择的基础"的结论。并且"水手打赌"处于相对封闭的空间，而"许衡拒梨"有外在的监督，前者更能体现出判断道德水平关键指标的"慎独"原则。

2. 知识构建：体系呈现的"半结构化"

体系呈现的"半结构化"是指知识体系的呈现在关键环节会出现留白，从而激发学生去尝试自行完整建构知识体系。现在不少教辅资料中都有知识体系结构图，但是学生看到的往往是静态的结果，而借助多媒体手段可以动态地展现知识的内在关系。例如笔者首先呈现图 1,告诉学生它叫"马克思主义哲学树",然后请学生结合树形来分析每根树枝所代表的意思。马克思主义哲学分成两大部分,而辩证唯物主义又可以分成三个部分。这些知识都是学生已知的,动态的文字呈现如图 2,而历史唯物主义部分又可以分成"寻觅社会的真谛"和"人生价值的实现"两大部分(图 3),两者知识之间有何内在关系,这是需要学生弄清楚的。

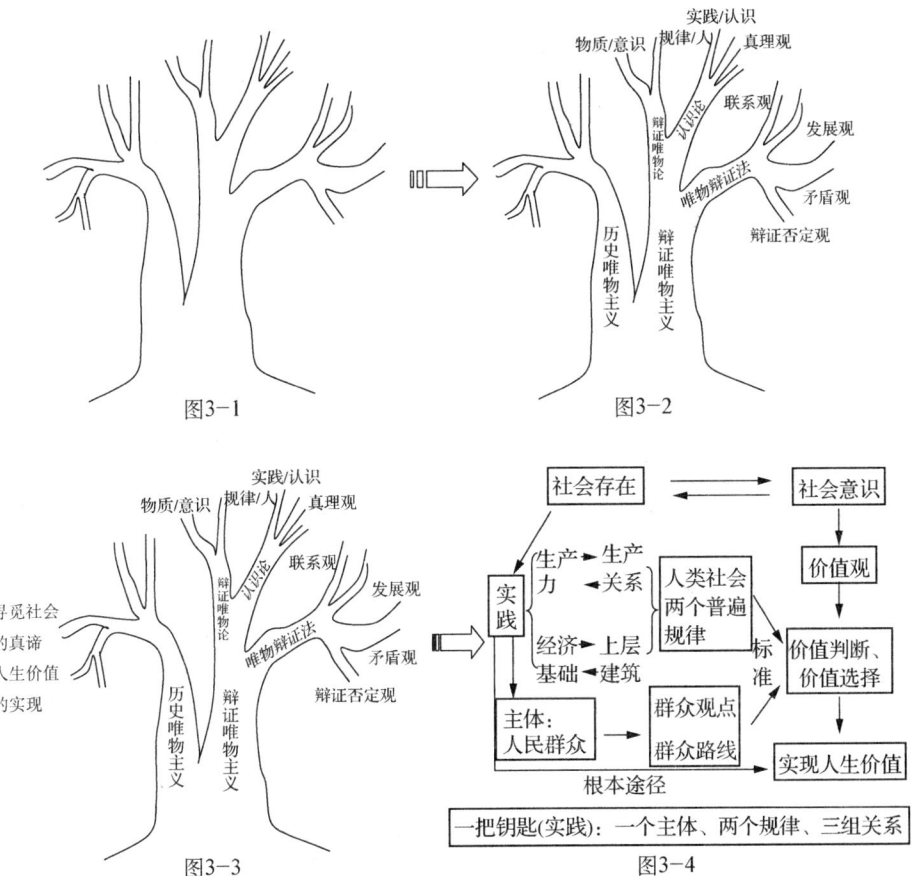

图3-1

图3-2

图3-3

图3-4

通过基于学科逻辑的推演可知:因为人类社会发展是有规律的,所以我们要按规律办事,进行价值判断和价值选择同样要自觉遵循社会发展的客观规律;因为人民群众是实践的主体和历史的创造者,所以我们要坚持群众观点和群众路线,进行价值判断和价值选择同样要坚持自觉站在人民群众的立场上。"寻觅社会的真谛"和"人生价值的实现"两者之间内在关系如图4所示。

3. 巩固反馈：答案组织的"半结构化"

答案组织的"半结构化"是指答案组织与书本知识相关，但又超越于书本，避免答案是书本知识点的简单堆砌。为了检测如何树立正确价值判断和价值选择的知识，笔者设计了"常书记的选择"系列问题情境，现呈现其中一例。

"老阿婆难题"：地处江南常熟县城一隅的蒋巷村，1700多亩地因地势低洼，不是水灾就是虫灾。该村的常德盛书记经调查发现，"解决该村贫穷根源的关键在兴修水利和抬高土地"。然而，20世纪60年代，平坟墩就意味挖祖坟，可谓大逆不道。为此，常书记曾被一位误解的老阿婆推倒在冰冷的河中。探究：如果你就是常书记，你将怎样做通这位老阿婆的思想工作？

如果按照常规设计本课的问题情境，无论材料如何新颖变化，答案不外乎是围绕"坚持两个自觉"展开，学生也习惯了照搬书本术语的思维方式。但是这个问题却是要将"两个自觉"回归到最实用的操作方法，让学生体会到"秀才遇到兵，有理说不清"的感觉，从而激发学生之间相互切磋的欲望。

等待学生结合书本知识努力作答之后，笔者呈现出真实版常书记苦口婆心的解释："如果仍然是这处一块坟地，那边一个泥塘，怎么能够把田地平整好呢？（集体利益高于个体的利益）再说，各家的坟墩被搬掉后，我们集中建公墓，让他们也过上好日子。这样，不是更好吗？（兼顾老阿婆的思想特点，尊重、理解他人的正当利益）"最终，100多个散布在田中的坟墩，终于在村民的理解支持下顺利搬走了。

第四章 教学评价与教学反思

41

基于核心素养的课堂教学强调什么

深入推进基于核心素养的课堂教学改革,促进学生的学习方式和教师的教学方式的变革,不仅有赖于教育行政部门的宏观层面的学业质量评价改革,也有赖于微观层面的课堂教学评价体系的改革,当然更依赖于中考、高考的考试评价改革。而从微观层面来说,就是要清楚什么样的课是基于核心素养的好课,什么样的情境是基于核心素养的优秀情境,什么样的问题是基于核心素养培养的高质量问题……上一轮课改一个很突出的问题,就是宏观的理论讲得过多,而微观的操作一直没有得到很好的解决,教师知道了为什么,但不知道怎么做。基于这样的认识,评价的重点要放在微观层面的课堂教学评价上,放在影响课堂教学质量的各个教学环节的评价上。

一、评价基于核心素养的好课的主要指向点

基于核心素养的好课与传统的好课相比,既有共同点,也有不同点。一线教师最需要搞清楚的是它们的区别在哪里。为此,苏州市教科院组织各学科教研员在深入学习的基础上,初步研制出基于核心素养的好课的评价指标体系。最主要是要实现"五大转变",体现"六个特别重视"。"五大转变"是:从讲授为中心转向真正以学习者为中心、从知识本位教学转向情境问题化教学、从"基于标准答案"的教学转向"通过标准答案"的教学、从知识的记忆性的教学转向迁移运用性的教学、从基于单科的教学转向单科与其他学科相结合的教学。"六个特别重视"是:特别重视"三维目标"的整合和提升(尤其是

价值引领和非认知因素）、特别重视真实情境下的问题解决、特别重视高阶思维能力的培养、特别重视知识的重组和综合、特别重视项目和活动的设计、特别重视学生学习探究的过程和试错之路。

二、基于核心素养的微观性的评价

例如什么样的情境是基于核心素养的优秀情境，什么样的问题是基于核心素养培养的高质量问题，这些问题是基于核心素养教学的关键问题。因为，基于核心素养的教学如果用一句话来概括，那就是基于真实情境下的问题解决。

1. 问题评价

以问题设置为例，首先我们要肯定，随着课改的实施和推进，教师的问题化意识增强了，问题教学成了常态。但现阶段的问题教学也存在着单一、封闭、"一对一"（一个问题针对一个知识点；一个问题针对一个学生）、侧重于知识的记忆巩固、"基于标准答案"、浅层思维、教师主导问题等弊端，问题教学需要"2.0的升级版"：从单一走向综合（整合、问题链、问题矩阵）、从封闭走向开放、从"一对一"走向"一对多"、从知识的记忆巩固走向真实情境的问题解决、从"基于标准答案"走向"通过标准答案"、从浅层思维走向高阶思维、从教师主导问题走向学生提出问题。这样的讨论和反思，既让一线教师明确了存在的问题，更清晰了努力的方向，大大增强了可操作性。

为了更好地从定量分析的角度对教师所提出的问题进行统计分析、诊断矫正，改变过去过多地依赖定性分析的弊端，可以在课堂教学引入古德和布罗菲的问题分类法进行课堂观察，把教师在课堂教学中提出的问题分为七类：① 学生引发的问题：学生在公开场合向老师提出的问题；② 朗诵或背诵性的问题：让学生朗诵或背诵课文、公式、概念等；③ 纪律问题：老师把提问作为一种进行课堂秩序管理而给予学生回答问题的机会；④ 过程问题：具有明确的答案，但需学生对问题和结果进行分析、解释，阐明问题解决的过程；⑤ 结果问题或选择性问题：要求学生直接给出结果或在几个待选答案中进行选择的问题；⑥ 见解问题：具有较强开放性和研究性的问题；⑦ 表演问题：让学生进行示范性或带有表扬、奖励性质的问题。通过对教师所提问题的类型进行归类分析，我们发现教师所提的问题绝大多数是属于朗诵或背诵性的问题、纪律问题、结果问题或选择表演性问题等浅层思维的问题,而学生引发的问题、过程问题、见解问题等高阶思维的问题比重较低。对于课堂中教师所提问题的归类分析结果,一线教师往往可接受程度比较高,反思改进的主动性和积极性也比较高。进一步的跟踪性的课堂观察显示,教师在问题的设置中,浅层思维的问题的比重在降低,而高阶思维的问题的比重在增加。

2. 情境设置评价

核心素养离不开知识,但单纯的知识不等于素养。只有将知识与技能用于解决复杂问题和处理不可预测情境所形成的能力和道德才是核心素养。基于核心素养的教学强调让学生在真实情境里,通过自主学习、协作学习和研究性学习,主动进行意义建构。如果用一句话来概括基于核心素养的教学的基本特征,那就是真实情境下的问题解决,强调知识的迁移和运用。学生要在一定的真实情境中形成概念;又将在前一个情境中学习的内容迁移应用于新的情境中,即情境—知识—情境。这样所形成的知识是可迁移的,包括学科内容的知识和为何、何时、怎样用这些知识来解决问题。

当前,情境教学成了教学的主要形式。但情境设置的类型比较单一,不能涵盖包括生活情境、社会情境、政策情境、现实情境、观念情境等广泛多元的情境;情境设置的层次比较清晰,结构比较完整,缺少那种真实的、复杂的、不确定的、两难的、开放性的情境。从培养学生的核心素养的角度看,那种越清晰、结构越完整的情境,对学生素养的培养和提升,作用越小。

42

构筑"为核心素养而教"的素养工程

置于深化课程改革、落实立德树人目标之基础地位的核心素养,无疑是当前基础教育界最受关注的热词。同样,为核心素养而教,也必将成为基础教育学段教育教学最为重要的价值选择与行为取向。而要真正践行"为核心素养而教",必然对教师素养有着更高要求。教师们唯有精心构筑"为核心素养而教"的素养工程,方能切实有效履行立德树人的职责使命,把对学生核心素养的培育真正落在实处。

一、德性素养:素养工程之根基

彰显学科教学育人价值需要有德性素养的教师。要变过去的"知识导向"为"素养导向",用核心素养去指导、引领、辐射各学科的课程教学,真正彰显出学科教学的育人价值,使之自觉为学生的终身发展服务,从而实现"知识核心时代"向"核心素养时代"的转变。在这个转变过程中,作为参与者的学科教师发挥的作用不可或缺,而教师自身的德性素养又是实现学科教育功能的根本所在。

实现教师自身专业成长必须以德性素养为基础。从教师专业发展的角度看,教师的专业成长,首先必须是德性成长。如果抽去了德性的"技术理性本位"的所谓专业发展,只能是畸形的发展,其对学生的影响害莫大焉。从道与术的关系而言,教师的德性素养就是教师专业素养中最为根本之大"道",其余素养则基本居于"术"的层面。因此在教师所有必备素养中,德性素养必然居于统领地位,决定着教师专业成长性质和方向。

二、学科素养:素养工程之内核

借助学科教学发挥教育功能是教师开展教育活动的必然选择。唯有依赖各学科独特的育人功能的发挥以及各学科本质魅力的发掘,方能真正达成培育学生核心素养的目标。显然,教师的学科素养对培育学生核心素养至关重要,是教师教育程序中最为基本的操作系统,是教师素养工程的内核。

培育学生核心素养要求教师自身具备学科核心素养。教师的学科素养首先就是教师的学科专业素养,教师学科专业素养是教师教育教学能力的重要基础,是教师实现专业化发展的核心主干,也是对教师进行专业化培训的重要内容。教师的学科素养当然还应该包括与培育学生核心素养内容相一致的素养内容。比如中学政治学科,学科核心素养大致集中在"政治认同、理性精神、法治意识和公共参与"等几个方面,这是政治学科对学生进行核心素养培育的具体内容。

三、创新素养:素养工程之关键

实践创新是学生发展核心素养的综合表现之一,也是各学科教师培育学生核心素养的一项共性内容。在教师素养工程中,创新素养无疑是十分重要的关键项,从某种意义上说,教师如果不具备基于实践的创新素养,教师的所谓专业成长就是一句空话,教师对学生创新素养的培育同样也只能流于形式。

创新为教师专业发展提供不竭动力。提升创新能力是教师专业成长的客观需要,也是教师实现专业素养提升的自觉选择,因为创新基于实践,实践永无止境,创新也就永无止境,实践基础上的创新是教师专业发展的源泉动力。创新是什么?创新意味着发展,没有创新,谈何专业发展;创新需要与时俱进,如果教师在专业素养上不能与时代发展共进,不能与不断发展的教育实践共进,那就必然被时代发展淘汰,被教育改革的大潮淹没。当前,教育领域的综合改革正在不断向纵深推进,培育学生核心素养成为教学改革的关键内容,教师唯有顺势而为,不断创新,才能为自己的专业成长开辟动力之源。

培育核心素养需要具备创新素养的教师。当下对学生核心素养的培育,就是素质教育的深化与延续,是素质教育再出发的起点。从这个意义上说,创新素养理应也是培育学生核心素养的应有之义。既然创新素养是当前发展学生核心素养的一项重要内容,教师创新素养状况与学生创新素养之间是正相关的,那么培育学生创新素养自然就离不开教师自身的创新素养。

四、技术素养:素养工程之保障

当前,教育信息化智能化正在不断推进,现代教育技术对教育的影响程度越来越大,教师的现代教育技术素养的重要性日益突出。在"为核心素养而教"的今天,技术素养在教师的素养工程中处于支撑地位,能为培育学生核心素养提供有力保障。

"互联网+教育"新生态呼唤教师技术素养的提升。当前大多数教师只是掌握了较低层次的诸如 PPT 教学的一些基本技能,在课堂教学中,借助于互联网的教学少之又少。但是,"互联网+"时代的社会氛围的催生力量加上国家层面"互联网+"行动计划的行政推动,使得"互联网+教育"必将成为教育的新常态,教师们唯有努力提升基于互联网技术的技能素养,才能适应正在变化发展着的教育形势。

教师技术素养的提升助推学生核心素养目标的达成。培育学生核心素养是当前教育教学的最为重要的目标,但目标的达成必须借助于一定的教育平台与教育手段。基于互联网的现代教育技术为教育构建了巨大的资源库即教育云平台,教育云平台上的海量的讯息资源一方面为教师组织教育提供了便捷服务,但也对教师根据学生需求筛选与处理信息的能力提出了要求。

以上四个方面的素养尽管无法涵盖教师素养的全部内容,但这些素养无疑是当前教师践行"为核心素养而教"所必备的。这四个方面的素养犹如构筑教师素养大厦的四根支柱,支撑并引领着教师的专业成长。

43

政治学科核心素养的评价要素及实践操作

高中思想政治课作为普通高中国家课程中的基础课程，在"立德树人"教育实践中，以其独特的学科核心素养，凸显了其不可替代的学科价值。然而，在以核心素养统领下的课程改革实践中，如何有效地对学科素养进行多维度、多层次的评价，如何对传统教学评价辩证否定、批判继承、创新发展，这对于课程改革的顶层设计、课堂实践的路径选择有着十分重要的意义。本文以核心素养评价为角度，对评价的要素呈现、结构分析、实践尝试进行简要阐述。

一、核心素养评价要素：多元多态

相对于传统学科评价而言，核心素养的评价载体、形态应该要更加丰富。这是由核心素养的内涵和价值所决定的，学科核心素养的内涵不仅包含了传统意义上知识性、技能性，还凸显了心理性、价值性、情感性；学科核心素养不仅蕴含着本学科、本课程的特有核心素养要求，更重要的是蕴含着核心素养共性特质，并力图通过学科素养的有效评价实现一般核心素养的落地；学科核心素养评价不再停留在选拔人、甄别人的工具价值，而应丰富为培育人、成就人的意义价值。

评价主体多元。以核心素养为视角和目的的教育评价，不仅是评价学生的基础知识和基本原理的掌握程度，也不仅是考核主干知识的再现程度和主要问题的解决程度，还应该评价在教学活动中，师生的情感的发展度、价值的成长度，评价学生在离开特定的教育情境后，教学活动对其素养养成、人格发展、能力提升的影响度,对其离开学校走上社会、职场后实际行为表现的影响力。

手段选择多样。核心素养相对传统知识再现、能力运用评价而言,更加具有内隐性、稳定性、持久性和跨学科、跨文化等特点。因此,学科核心素养评价在传统考试基础上,应该积极借鉴心理测量、问卷调查等方式。

结果呈现多态。除了传统的考试成绩呈现之外,评价结果还应该有学生自我体验描述性的文本,学生对自己感兴趣的某个专题或者某个问题的研究,学生在小组学习中自己以及同伴对自己学习过程性的评价和终极性的成果,老师、家长和社区对学生在课堂外、离校后和社会上的表现记录。学科核心素养评价除了传统的文本呈现外,还应该以电子数据来呈现,以适应大数据和移动互联网时代要求。

二、核心素养评价实践:多管齐下

学科核心素养水平评价的实践途径应该是多形式、多管道和多方法的。一般可以分为如下几种。

1. 学业质量评价法

学业质量评价法,是比较传统的核心素养水平评价的方法,主要特征就是以学生个体在特定的时空中,用笔纸为工具,综合运用所习得的学科知识、观点、原理,解决命题者设置的特定的问题,从而来评价学生的学科知识、学科能力和学科素养发展程度。这样的评价手段是目前教育生态中主流的、常见的,而且可以细分为不同水平的评价,有水平性的学业质量考试,也有选拔性的高校招生统一考试,有学校组织的,也有教育行政部门组织的,还有若干所高校联合组织的。

基于核心素养评价的学业质量评价,要处理好共同立场和差异答案的关系,共同立场就是思想政治课从核心素养出发,来有效区分不同学生的不同类别、不同水平的素养;差异答案就是要允许和鼓励学生在特定情境中用不同的知识、技能、方法和思维来提出问题、解决问题。

2. 课堂教学议题法

核心素养统领下的课题教学不仅要将学科核心知识作为其评价目标,更重要的要将学生体验探究的过程作为评价目标,需要实现课程内容活动化,课题活动目的化,评价过程议题化。也就是说,在日常课堂教学中,通过设计相关"议题",以议题为抓手、为切入点、为载体,精心设计教学流程,科学定位学生表现,实现活动内容设计化,从而不仅评价学生的核心知识、基本原理和基本问题的解决,还评价学生的团队协作、信息素养、情感体验、学习态度和价值观念。议题确定应该包含课程具体内容和基本价值取向,同时具有整合性、开放性、思辨性和引领性,体现了教学难点和重点的统一。在教学评价实践中,师生以差别式、表现式、描述式等多种手段、方法来实现对学生参与课堂教学过程有效的记录、再现和评价。

3. 社会活动实践法

在课程标准修订中,思想政治课必修课程一共6个学分,其中包括了三分之一的社会活动。这是本次课程标准修订的亮点,也预示着思想政治课课堂价值上由知识型向活动型转变,时空上由课堂内向课堂外拓展。相对于课堂内的"议题式"教学,课堂外的"活动式"教学则具有更加广阔的平台、更加丰富的资源和更加真实的情境,可以通过社会调查、专题访谈、职业体验、志愿服务等活动,来有效评价学生的核心素养的水平与层次。

课堂外的活动,一般以小组合作的形式开展,一方面可以让学生外出活动的安全性有较大的提升,同时学生在小组活动中的表现也是核心素养水平评价的有效评价之一。同时,活动选择应基于学生的生活体验与需求,让学生自主地选择、设计相关活动,真正地贴近学生生活,另外,活动设计也要立足本地资源,以乡土资源的开发和整合为核心素养水平评价带来更多接地气的素材。

44

培育核心素养必须处理好的几对关系

教育部 2014 年 3 月印发的《关于全面深化课程改革落实立德树人根本任务的意见》中首次提出了"核心素养"概念,而且将其置于深化课程改革、落实立德树人目标的基础地位。显然,培育核心素养已经成为后课改时代课程改革及教育教学的核心内容,正在修订的各学科课程标准以及基于新课标而编写的学科教材也都将培育核心素养作为最为重要的价值选择,同样,为培育学生核心素养而教也必将成为基础教育领域组织教育教学以及开展教学评价的一个十分重要的行为取向。

一、要处理好共性核心素养与学科核心素养的关系

确保学科核心素养内容的准确定位,就必须处理好其与一般意义上的共性核心素养之间的关系。从这个意义上说,当前必须要有关于基础教育阶段各个学段需要对学生进行培养的核心素养的共性内容。但如果各个学科抛开一般意义上的共性核心素养而自行确定学科核心素养,那么就各学段而言,所谓的学科核心素养也将不能真正成为其核心,如此,所谓的培育核心素养也就必然成为一句空话。只有确保各学段的各学科核心素养是该学段共性核心素养的具体化、学科化,这样的学科核心素养才真正具有核心意义,如此,培育学生核心素养的目标才有可能得以实现。因此,我们不仅要把握共同的、一般的核心素养,还应当研究和把握学科本身的核心素养,更要处理好两者的关系。

二、要处理好课程标准与教材教学及考试评价的关系

课程标准是国家课程的基本纲领性文件,是国家对基础教育课程的基本规范和质量要求。国家课程标准是教材编写、教学、评估和考试命题的依据,是评价管理和评价课程的基础。培育学生的核心素养是本轮课程标准修订的最为核心的内容,如果新修订的课程标准仍然无法确定其权威,甚至沦为一纸空文,那么所谓的对学生核心素养的培育自然就是空话,为培育学生核心素养而教也只能是空喊的一句口号而已。因此,正确处理好新修订后的以培育核心素养目标的课程标准与教材教学及考试评价的关系自然成为教学过程中能否真正落实核心素养培育的关键一环。因此,要想恢复课标的权威,真正贯彻课标基于培育核心素养的导向,就必须废除考纲即考试说明,用课程标准作为学生素养测评以及包括会考、高考在内的学业水平测试的唯一依据。

三、要处理好素养水平测量与学业质量评价的关系

我们必须在处理好素养水平测量与学业质量评价关系的基础上,找到达成素养水平测量与学业质量评价相统一的评价维度,即必须切实制定出基于素养水平的学业质量标准体系,从而做到两者的真正有机统一,还必须有赖于高考制度和招生制度改革的不断推进。只有在我国的人才选拔方式上不仅对学生的学业水平有严格要求,而且对其素养水平尤其是核心素养水平也有严格要求的时候,实际教学过程中对学生素养水平的重视程度才会真正不亚于对学生的学业质量水平的重视程度,才有可能实现两者之间的相辅相成与相得益彰。

四、要处理好学科知识教学与核心素养培育的关系

知识教学无疑是学科教学的一项重要内容。我们必须处理好学科知识教学与核心素养培育的关系。一方面,我们的学科知识教学应该以对学生的核心素养培育为向导,用核心素养去指导、引领、辐射学科知识教学的设计、展开与评价,以充分彰显各学科知识教学的独特的育人功能,把我们的学科"教学"真正升华为具有学科特色、体现学科本质魅力的学科"教育";另一方

面,学生核心素养的真正达成也要依托各学科知识教学中的独特育人价值的发挥和实现,要仰仗于学科知识本质魅力的发掘与彰显。只有乘上异彩纷呈的以核心素养为导向的各学科知识教学之筏,才能顺利抵达学生核心素养真正达成的理想彼岸。

  教育的根本任务就是立德树人,而培育学生的核心素养是实现立德树人目标任务的重要路径和有力抓手。作为后课改时代的关键点,培育学生核心素养无疑将是我们以后教育教学的导向所在。而要真正做到为培育学生的核心素养而教,除了要处理好以上若干关系外,还需要我们基础教育领域里的广大教育工作者切实转变与更新陈旧落后的教育教学观念,需要我们真正行动起来,从我做起,从现在做起,从改变日常课堂教学的点滴做起。尽管在培育学生核心素养的道路上会有一些一时似乎难以逾越的障碍鸿沟,但只要我们改革与前行的方向是正确的,就一定能智慧地找到解决问题的好办法,我们既定的培育学生核心素养的理想目标也就一定能成为现实。

45

核心素养：还道德与法治课应有的"绿水青山"

"新常态"预示着中国的发展已迈入了深度转型升级阶段，"工业4.0""2025"成为时代话题；"核心素养"这一热词则预示着新一轮教育改革的到来，我们更应以推进"核心素养"进课堂为重点，自觉实施全方位的生态教育改革。

一、有维度——拓展学科张力

道德与法治课应有生活广度、情感深度、价值高度、人文厚度、思维准度，在近几年的教学观摩过程中，笔者愈发认识到道德与法治课应追求灵动、拒绝僵化，在多维度的空间里拓展学科的张力。如笔者在听常熟一位教师组织的"法律保护公民的隐私"一课中，课前教师预设"是真的吗？"实验互动环节：老师一直很困惑，我的三星手机拍照声音去不掉，谁愿意来操作下，试试看能否关掉声音。感兴趣的同学上讲台进行了体验，最终现场验证：三星手机的拍照声音确实没法去掉。教师引导学生思考这是为什么，然后播放视频《韩国政府：禁止使用无声拍照软件》，从而导入新课，感知保护公民隐私的话题。教师又预设了"父母偷看孩子的日记"的讨论环节，教师试图让学生来理解父母对子女的关爱之心，但从教学的实际看，效果并不好，学生不领情。课堂上，法理之中有其合理性，法理之外又有了情感的成分，散发着浓浓的人情味。

二、重导行——不忘学科初心

我们应该懂得,学生的个人修养、社会关爱、家国情怀,需要在真实而积极的学习情境中习得,良好的心理品质需要在积极的状态下得到发展,而法治意识、社会责任感等素养的形成,更需要注重自主发展、合作参与、创新实践。

当下,道德与法治课迫切需要进行一场"供给侧改革",教育主管部门应破除藩篱,从顶层设计打通"最后一公里",向落后的教育评价制度说"不",尽快建立起学生核心素养动态评价制度。对我们道德与法治教师而言,要向不作为的道德与法治课说"不",坚决摒弃仅仅以书面考试成绩衡量学生思想品德水平的知行脱节的错误做法,我们的道德与法治课应注重导行,注重开展主题观摩与公民实践活动,注重对学生道德作业的多元评价。

三、求本真——真实开发资源

在许多道德与法治优质课上,教师开发了许多资源,如美术元素、音乐元素、竞技元素、游戏元素等,有的教师还善于开发学生的特长资源,如在观摩全国顶级课堂时,浙江的刘彩萍老师在法律知识教学中使用了"扑克牌"游戏,很好地开发了学生的学习资源,能够用权利与义务的知识进行自主学习,而且开发了学生语言表达的潜能、分析案例的能力,令人拍手称奇。朱翠华老师在讲"做文明的使者"一课时,课前播放的音乐 MV 中,融入二十四桥等扬州元素,这些真实的本土资源在教学中能使学生产生很强烈的认同,学生自然有许多的感触可以表达,这样有助于教师获得学生真实的互动,得以继续发掘真实的德育资源,学以致用,发展学生的认知与行动能力。

陶行知先生曾说过:"千教万教教人求真,千学万学学做真人。"我们道德与法治课教师应努力以"真人"的形象引领学生朝着"真人"的方向去不断完善与发展,才能开发出本真的德育资源,如家长的经历、教师的故事、影视资料、名人轶事等,也有助于让我们的课程在学生心中留下真实的烙印。

四、铸灵魂——重视价值引领

道德与法治课的使命在于价值观的引领,真实的思想流露才能打动学生,进而启发学生思考,引发共鸣。从事道德与法治课教学,我们的每一位老师首先要自问:我秉持的是何种价值？然后才能进入下一个问题:打算如何引领？教育是一项指向人心灵的事业,这句话不仅是对被教育者来说的,也是对教育者本身而言的,如果我们自己不相信美德的力量,不愿意身体力行,那么我们也别指望将这样的种子赠予学生,便会在孩子们的心田顺利发芽。

  道德与法治课是育人导行的学科,是塑造人的灵魂的学科,因此,我们的每一节道德与法治课应有"魂魄",在预设新课之前,应明确"本课可以实施怎样的价值观引领？社会主义核心价值观二十四个字在本课可以体现在哪些方面？……"道德与法治课应重视道德情操的塑造,重视人生态度的点拨,引领学生在他们的能力范围内合理地落实践行社会主义核心价值观。

  洛克在《教育漫话》中认为:"教育的主要任务乃是塑造一个人的精神或人格。"我们当前所追求生态的道德与法治课就是在追问教育的本意,当下某些道德与法治课忘记了教育的根本目的是明白生活的意义,而走入了功利化的误区,这是错误和危险的。"绿水青山"在哪里？其实,答案在我们的内心、我们的教育信仰,请以人的教育为使命,带着我们的行囊上路,不忘初心,踏实行走！

46

视界融合:一种新的评价话语

不同的教育价值观衍生了不同的学习质量评价标准,从而做出不同的价值判断。在新课程的旗帜下,教育的培养目标已由单纯获取知识,转为在获得知识的同时获得能力并提高素质,人的情感、态度、体验与价值取向也日渐上升为重要的教育目标。充分考虑定量分析与定性分析的互补性,需要积极探索科学与人文的融合方式,大胆对思想政治课学习质量评价进行一些改革尝试。

一、"双赢"命题测试法:具有人文精神的科学评价

科学、定量的评价具有精确、客观的优势,因此,我们不能废除考试。考试本身并没有错,问题的关键是考什么样的内容,以什么样的形式来测试,才能使学习质量评价更贴近学生的心理特征,促使学生的全面发展。这就涉及考试命题的改革问题。为此,笔者在考试命题时,在科学定量测试中融入人文思想,使科学精神与人文精神在学习质量评价中实现"双赢",即"双赢"命题测试法。

具体做法是:① 试题总量扩容,让学生选择作答。以往的试卷一般要求学生完成所有的考题,偶有一两道附加题,也只是尖子生的专利,大部分学生无法选择能最大限度地反映自己学习状况的试题。为此,笔者在命题时尽可能多地给学生创设选择的机会。比如,在命制选择题时,一般出 30 题,让学生任选 20 题完成。而简答题、分析说明题则给学生更大的选择机会,一般是两

道题中任选一题完成。这种做法不仅体现命题的艺术性,更体现了对学生的尊重与爱护。给学生选择试题的机会,实际是给了学生选择成功的机会。② 试题类型以主观型开放题为主,让学生充分发挥主观能动性。在命题时,笔者严格控制客观题的题量,设置大量的开放式考题。例如,在"坚持集体主义价值观"的考查中,笔者设置了这样的试题:"在当前的社会形势下,结合市场经济、以德治国方略等现实问题,请你谈谈青年学生为什么要坚持集体主义价值观。你又是怎样坚持集体主义价值观的?"又如,在学完"我国的外交政策"后,笔者出了这样的开放式试题:"请列举出你所知道的国内外发生的重大事件,并以此说明我国外交政策的基本点。"这样的命题方法,既较好地体现了学生的自主性、答案的开放性,又可以让学生从多角度去思考、去发挥,有利于考查学生的知识结构与运用知识解决问题的能力。③ 试卷的选材上,材料充分体现时代性和生活气息。思想政治课试卷命题的最大特点就是必须迎着时代热点上,因此笔者在命题材料的选择上一般不用过时的材料,不用远离学生生活和身心实际的材料,都选择近期发生的国内外重大时事或学生身边的事件。这些鲜活的材料进入试卷,不仅会引发学生强烈的兴趣,还会缓解学生紧张的考试心理,缩短试卷与学生之间的距离,让学生倍感亲切。④ 卷面的呈现形式上,改变以往试卷从头至尾都是"白纸黑字"的单调呈现方式,在试题旁设置一些能形象注解题意的图像(如卡通画、动画等),尽可能多地将一些风趣幽默且富有哲理的漫画请进试卷。这不仅美化了试卷,使试卷不再以严肃、刻板的面孔出现,更重要的是有效地抓住了学生的心理特征,迎合了学生猎奇的心理,激发了学生考试的兴趣与信心。

二、自我陈述(展示)法:具有科学精神的人文评价

思想政治课作为社会科学的学科特点决定了我们必须思考用人文的方法来评估学生的学习质量,而单纯人文评价的不精确性又驱使我们努力探索用科学技术的方法来完善。正是在这样的理念下,笔者尝试着用自我陈述(展示)的方法来进行思想政治学习质量的评价。

这里所说的自我陈述法,是指在一定时间(一节课、几节课、一个单元、一个学期或更长)的教学之后让学生用自己口头表达或书面呈现的方式陈述自己学到了什么的测评方法。自我陈述可以采取班级口头交流的方式进行,加

强学生之间的沟通和互动;也可采取课程日志的方式,让学生用书面的方式来表达自己的所思所感,提高自己的修养。例如,在学完《经济生活》的"影响价格的因素"后,要求学生用自己的思维方式来书面描绘所学的知识体系,分析和解决自己所关心的相关现实问题(如商品房价格上涨、方便面大幅涨价、人民币币值不断升值等);或者要求学生就上述问题做即兴的或有备的口头演说,以了解其思维的敏捷性和流畅性,以及语言能力。自我展示则是让学生自己积累、选择最能代表自己水平、思想、个性的"作品"进行展示的一种非量化评价方法。这里的"作品"可以是能代表自己水平的平时作业,可以是自己带着问题走出教室,到家庭和社会进行力所能及的访问、考察活动后最终形成的书面报告(包括小论文、调查报告等)。特别是研究性学习的研习成果,更是自我展示的重要内容。

  需要说明的是,在目前学习质量评价仍然囿于"应试"框架而难以超越的情况下,上述评价的具体方法还只能被看作学习质量评价的"另类"方法。但正是这些"另类"方法的成功实践,促使笔者做了关于科学与人文知识融通于学习质量评价的理性思考。

47

反思型教学：政治教师专业发展的助推器

教学反思是教师以自己的教学活动为思考对象，对自己在教学中所做出的行为及产生的结果进行审视和分析、总结的过程。实施反思型教学，有助于推动政治教师的专业发展。

一、课前审思，教学分析和预设能力的培养

教师需要对政治学科特点把脉。思想政治课具有较强的抽象性和逻辑性，因此学生反应不够积极，学习兴趣不浓厚，师生互动难以充分。尽管课堂上有很多材料和实例，但由于教学方法单一，难以让学生透过活动的现象看到本质，无法真正认识真谛。为此，在授课前就反复思考如何解决这些问题。如果仍然使用传统教学方式的话，课堂肯定得不到理想的效果。翻阅最新的《新课程改革的教学设计思路》，其中一条原则——"结合学生自身特点选择教学的设计"为新课的设计提供了思路。预设时就以所教班级男生居多，又都热衷打篮球的这个特点，通过分析他们非常熟悉的篮球比赛这一活动，并通过设问的形式层层引出相关知识。让学生进入模拟情境，促进问题的生成和学生对知识的理解，充分调动他们的积极性和好奇心。事实证明，贴近学生生活的教学设计和思路在课堂上引发了学生的浓厚兴趣，加深了学生的知识记忆、情感认同，教学效果显著。因此，设计和思考贴近学生生活实际、符合学生认知规律、赋予学生学习主动的课堂教学设计，能够让教师科学地重构自身的教学理念和方法，有利于提高教师的教学预见和预设能力。这种能

力是教师教学能力的基础和前提,在教师成长过程中具有重要的作用。

二、课中察思,教学驾驭和应变能力的磨炼

学生是活跃的生命体,课堂教学的开展过程常常伴随着偶发性、多变性、不确定性,很可能一个小事件、小插曲就会打乱教师课前的教学设计方案和步骤。教师应该关注这些影响和改变我们教学设计思路、步骤的因素、细节,随时进行课中反思,及时、合理地调整教学思路和方案,明确自己的引导方向,使课堂充满生命的活力,使学生在学习本身中找到学习的动力。因此,课堂教学中要把握学生的学习状态、关注瞬间的变化细节、捕捉动态的教学灵感,适时挖掘和拓展课堂资源,使课堂教学中的知识生成和解决达到最佳效果。教师在这里就必须担当起一个转移、引导、承接的角色。当然,因为学生参与度高,课堂中也出现不少"偶发"状况,学生的思维和认识可能会偏离原先的教学设计和进程。创新课堂教学过程中,教师的应对准备显得尤为重要。如果教师被学生的思路牵着走,教师会显得被动甚至没有说服力。一旦学生在认知过程中出现钻牛角尖的现象,还会带动其他学生对所学知识产生怀疑甚至抵触,不利于教学活动的顺利进行和教学任务的完成。

可见,课中察思就是及时、主动地在教学行动中进行观察和反思。首先是要观察学生的学习过程和状态,根据学生的掌握情况适时调整教学方法;其次是要注重即时思考,捕捉教学灵感,应急处理课堂突发事件,合理引导学生思维,使课堂教学达到最佳效果。如此也提高了教师的教学调控和应变能力。

三、课后省思,教学总结和创新能力的提升

教师课后省思可以从以下方面进行全面而深入的思考和总结:一、省思课前及课堂教学中的长处,并及时发现存在的不足和亟待改进的方面,找出问题背后真正的原因及解决方法;二、课后再继续省思研究教材和学生,优化教学方法和手段,及时改善教学困境,善于捕捉教学灵感,提高教学总结和评价能力;三、要善于从零散化的教学经验中提炼出自身对教育的理解与感悟,实现经验的系统化、理论化高度,有效促进专业发展。

课后省思是对课前预设、课堂过程进行整体和局部的检验和总结,可以

从已然结果重新演绎过程,在推演中获得的启示更为准确和有效。这种习惯也体现了教师对工作的热爱和忠于职守,更说明教师已经从常规的、固化的、熟练化的工作进入了探索和创造期,已经具备了探究和创新的品质。

通过这种课前、课中、课后教学的反思,笔者对"如何通过设计和把握课堂教学,有效实现教学目标,提升教师专业能力"上有了更深刻的认识,在此总结如下三点。

其一,从这堂课的课前设计、课堂教学、课后反馈的整体情况而言,笔者在基于"问题解决"和课堂合理性的基础上,坚持以生为本、以学定教、以学评教,对传统单一的教学方法进行创新突破,大胆主动地采用诸如合作探究、启发讨论、互动游戏、情境模拟、案例分析等新课改倡导的多种教学方法,为学生创造了轻松和谐的学习情境,真正使学生以主体身份参与到学习中来,从而增强了学生学习的兴趣,活跃了课堂气氛,提高了学与教的效率。

其二,教师要对课堂教学的设计、实施、结果(如学生课中求知欲、师生互动、生生互动、达成度等)适时进行自我诊断和修正。同时,还要通过自身的反思,引导带动学生进行反思,从而使个体行为变成师生群体的行为,实现对教学活动的双向审视和反思效果的最大化。教师特别要优化二次及多次备课,对课堂低效、无效的原因认真记录和剖析,创新教学方法,使教学反思和教学经验得以升华。

其三,有人说,思想政治课没有老教师。思想政治课的时代性决定了它是一门常教常新的课程。政治教师要善于通过反思构建自己对教学的理解,并逐步形成自己特有的风格。曾子说:"吾日三省吾身。"要把教学反思在理智、情感和习惯的基础上内化为个人的自觉行为,并成为自身人格的一部分。这样,才能使我们的课堂教学成为目标明确、理念先进的实践行为,也才能使我们成为始终前行在教学路上的成功的实践者和研究者,在成就学生的同时成就自己。

教学反思是一种手段,反思后则奋进。教学反思更应是一种习惯,发现问题则深思,存在问题就整改,找到经验就提炼,获得感悟就升华。教学反思,可以让教师领略到前所未有的风景,获得独一无二的感受和成功。

48

政治课需要什么样的课堂教学逻辑

一位教师在《文化生活》中"文化创新的途径"一框的公开教学中大致安排了这样的六大环节。

环节一：思考

《小爸爸》等反映"80后"进入"育儿期"生活状态的电视剧在各大卫视上映。多数"80后"认为，电视剧之所以热播，是因为作品呈现的都是身边发生的事。剧中表现出的戏剧冲突，正是来源于生活中的矛盾和冲突。剥开时尚华丽、明星云集等吸睛要素之外，剧中的情节或多或少地不断在现实生活中重复上演。

思考：从材料中我们可以看出，文化创新的根本途径是什么？

环节二：探究

在中国传统文化中，"孝"历来被看作最基本、最重要的德行之一。孔子认为，"孝悌也者，其为仁之本欤"。意思是说，孝顺长辈、尊敬兄长是能够爱别人的前提和根本。但封建社会片面强调子女对父母的孝，甚至变成"愚孝"，成为束缚人的思想和行为的枷锁。今天我们所倡导的孝敬父母，是在人格平等的前提下，子女对父母履行法律和道德的义务与责任，是现代家庭中调节上下辈关系不可缺少的行为规范。

探究：从"孝"文化的发展中说明我们应该如何处理继承与创新的关系。

环节三：讨论

湖南卫视引进了韩国的节目《爸爸去哪儿》，一夜之间大热，不少因为次日还要上班上课而错过首播的观众,纷纷留言希望看重播。

思考:节目对韩国模式的成功借鉴,对我们在文化创新上有何启示?

讨论:文化交流中"以我为主"与"海纳百川"是否矛盾?为什么?

环节四:探究怎样铸造中华文化的新辉煌

环节五:课堂小结

环节六:以选择题为主的课堂巩固练习

马克思主义认识论告诉我们,人的认识总是随着实践的发展,由"特殊"到"普遍"再到"特殊",呈螺旋式上升向前的。在"特殊""个别""具体"中总结出"普遍""一般""抽象"的推理形式、思维方法是归纳;从"普遍""一般""抽象"中发现"特殊""个别""具体"的推理形式、思维方法是演绎。归纳法和演绎法都是培养创造性思维的重要方法,如果说归纳是一种求同思维,那么相反,演绎则是求异思维。归纳和演绎是认识过程中的两个既互相对立,又互相依存的思维方法,离开演绎的归纳或离开归纳的演绎,都是不可取的。思想政治课课堂教学的过程也应该将归纳与演绎辩证地统一起来,只有合乎逻辑,才能保证思想政治课教学在如下几个方面的效果。

1. 克服一味地知识传授,实现三维目标的有机统一

从教材的知识层面看,"文化创新的途径"主要阐述了"文化创新的根本途径——立足于社会实践""文化创新的重要途径——继承传统,推陈出新;面向世界,博采众长""反对两种错误倾向——守旧主义、封闭主义;民族虚无主义和历史虚无主义"。教师创设具体情境,帮助学生归纳、理解这几句话无可厚非,但就此止步,并在这一环节上花费大量气力是有失偏颇的,应该说,对这三个方面知识的理解于学生而言不是难点。思想政治课每一节课都应是知识、能力和情感态度价值观三维目标的有机统一。本框题的教学目标不只是通过实例归纳和理解三点知识,更主要的应该在于培养学生尝试对自己感兴趣的传统文化,如建筑、服饰、戏曲、中医药、书法等进行风格或形式的创新,在于提高学生对知识的运用能力、创新能力,帮助学生在尝试中增强对中华文化的认同与热爱。而要真正实现这样的目标,就必须引导学生将原理运用到现实生活之中,回到对具体事物的探究之中。

2. 避免学生游离于课堂,促使学生真正成为课堂的主体

"人的内心里有一种根深蒂固的需要——总想感到自己是发现者、研究

者、探寻者,在儿童的精神世界中,这种需求特别强烈。但如果不向这种需求提供养料,即不积极接触事实和现象,缺乏认识的乐趣,这种需求就会逐渐消失,求知兴趣也与之一道熄灭。"苏霍姆林斯基这里所说的"兴趣"是学生对发现、研究与探究的兴趣,但是我们不少教师将学生的"兴趣"局限在情境素材上,导致了一些课堂表面上精彩纷呈,学生讨论热烈,事实上学生的思维陷入了困顿状态。课例中的环节四"探究怎样铸造中华文化的新辉煌",这种探究缺乏具体的实际问题及要求,大而无当,名为探究,实为课堂小结,学生发言时无须动脑筋,说出教材上现成的三点结论就行。这种没有真实探究,缺乏思维演绎的课,往往造成学生学习的兴趣和动力不足,甚至出现思想游离于课堂之外的状况。要使学生真正成为课堂的主体,让学生对课堂心向神往,教师必须在明确基本标准的前提下,结合相关内容,鼓励学生有效先学、独立思考、合作探究,为学生提供足够的选择空间和交流机会,让学生从各自的特长和关切出发,主动经历对经济、政治等具体社会生活问题的观察、操作、讨论、质疑、探究过程,富有个性地发表自己的见解,培养求真务实的态度和创新精神。而这样的过程从逻辑角度讲必然是归纳与演绎的辩证统一。

3. 防止课堂机械僵化,彰显优质课堂教学的灵动魅力

思想政治课课堂教学如果仅仅在由教师讲还是学生讲,在举学生熟悉的还是生疏的事例来佐证教材原理的正确性上下功夫,一味地担心学生能否理解、记住原理和知识点,能否正确解答大量的试题,那么学生没有选择的空间,没有思维的发散和创造的机会,即使所举事例再经典,学生表现再完美,也只能是机械僵化的,因为无论是谁,"归纳"得出的结论基本不会超越教材原理,学生习得的知识缺乏体验和运用的机会,思维模式单一,创造力被压制了。

学生在经历了由具体情境上升到"文化创新的根本途径、重要途径及反对两种错误倾向"的认识时,不能讲已经真正掌握了这框内容,检验的标准不能拘泥于对知识理解的几道练习题,而应该是"实践"。我们完全可以引导学生根据自己的兴趣、爱好,在浩瀚的中华传统文化中选择某个方面,来研究其如何创新与发展。比如,某些自称"吃货"的学生,往往热衷饮食文化,也有爱好武术的、关注传统礼仪的、对雕塑情有独钟的,等等,让他们各自组成小组,指导他们翻阅典籍,上网搜索或者走访调查,经历一个由理论指导实践、由抽

象到具体的过程。学生在经历探究基础上的交流发言才可能是真正的对知识的内化、运用和创新。如此重视了"演绎"的教学中,学生思维活跃,课堂内容鲜活,策略灵活,课堂的活力和张力不断扩张。正如著名语言学家吕叔湘所说,"成功的教师之所以成功,是因为把课教活了。如果说一种教学法是一把钥匙,那么在各种教学法之上,还有一把总钥匙,它的名字就叫'活'"。

可见,割裂归纳与演绎辩证关系的课堂教学逻辑,不符合课程改革的要求,也不能适应当今高考的要求。为提高思想政治课的教学质量,推动学生的政治学科素养落到实处,帮助学生成长与发展,构建科学合理的课堂教学逻辑是必不可少的。

49

课堂"伪"对话的表现及其克服策略

对话教学的本真内涵就是通过师生之间、生生之间、生境之间对话的相互作用,达到追求真理、师生共同发展的目的。然而在现实的课堂对话中,由于诸多因素,对话教学难于达成应有的目标,还不是真正意义上的"真"对话,还存在着许多"伪"对话的现象。

一、课堂中的"伪"对话

1. 以偏概全,忽视了学生的差异性

心理学告诉我们,个体在心理活动方式、活动特点和活动水平等方面都存在着客观的差异。教师应该做到面向全体,"眼中有人",做到承认差异、尊重差异、善待差异、有教无类,做到心怀所有的学生。然而在现实的课堂对话中,教师往往把普遍性当成了全面性,贸然进行教学对话,以致犯下"意外、严重"的错误,背离了对话的初衷。

2. 单向独白,淡化了学生的主体性

思想品德学科教育的本质就是传输社会主义核心价值观,培养未来合格的社会公民。从这一意义上讲,学生属于"被培养"的对象。于是教师成了课堂的主宰,教学就是教师滔滔不绝地"传道授业",这种"单向独白"式的教学关系使得学生的学习变得更加沉闷,学生丧失了学习的主体地位。

3. 唯本教书,挫伤了学生学习的内驱力

教科书作为教学内容的载体,是一个课程的核心教学材料。课堂对话中,很多教师将教科书视为神圣不可侵犯的"经典",把教科书的知识当成定论,看成无须检验、只需理解和记忆的"绝对真理"。其实在现实生活中,实际问题总是具体的,不同时间、不同地点会有很大的差别,并不是套用一两个概念原理就能解决的,只有真正的课本外的"活知识"才能给人以力量。

4. 重视知识,忘却了学生的生命意义

应该看到,思想品德学科需要向学生传授社会主义核心价值体系,根据学生身心发展特点,分阶段、分层次地对初中学生进行爱祖国、爱人民、爱劳动、爱科学、爱社会主义的教育。教师在进行对话教学中,往往把"知识"作为对话内容的全部,通过对话,学生掌握、理解了"知识",而忘却了生命意义的提升,使学习变得枯燥、乏味,毫无生命力可言。

二、课堂"伪"对话的成因及其克服策略

成因一:学生多元化,难于对话

现代的中学生正生活在一个以多元文化为背景的时代,文化的多元化必然带来学习、交往、价值观等方面的多元。对话教学,需要的不仅是师生双方狭隘的语言交谈,它的本真内涵是对话各方的彼此尊重、平等交流和心灵融合。对话教学要取得实质性成果,必须注重学生的多元化,关注人的差异性,这就给对话增添了很多难度。

克服策略:引导学生与自我对话,尊重个体的独特性

学会与自己对话,其实是为自己的生活敞开一扇畅通的大门。与自己对话能帮助学生认清自己的特点,让学习更加具有针对性;与自己对话能帮助学生理清思路,在深思熟虑后坚定地做出决定;与自己对话能帮助学生反思自己的不足,摒弃不良的习惯,抵抗不良的诱惑;学会与自己对话,也是在现实生活中迷茫彷徨时,寻求自立救助的最好办法。

成因二:班级规模大,无法对话

班级规模是指教师指导下的特定班级的学生人数。班级规模影响着对话教学的效果。在目前我国的班级规模下,教师很难关注到每一个学生在课堂上的表现。一般情况下,前排同学更容易专心听讲,积极和教师进行对话。而后排的同学,可能教师难于监管,有的人成了对话教学的"边缘人",在"对话"的掩盖下,他们更多的是相互聊天嬉戏。

克服策略：引导学生与他人对话，关注主体间的交往

与他人对话，是指与教师对话、与同伴对话以及和课堂里的其他教学人员对话。与他人对话是作为发出对话邀请的学生与他人之间的相互作用、相互理解、相互沟通、相互交流的活动，是人与人之间在知识中的互通、思维上的碰撞、思想上的交流、精神上的相遇，能帮助学生获得不同的信息，促使心理品质的健康发展，促进学生自我意识的发展。

成因三：忽视教材内涵，疏于对话

思想品德课程是从学生的生活实际出发，引导他们学会正确处理与自己、与他人、与国家和社会的关系。作为体现课程核心教学材料的教科书无非就是涉及道德教育、心理健康教育、基本的法律知识教育和国情教育，就内容而言没有很大的难度。因此，教师在教学时，往往会简单处理，不去挖掘教科书内含的深刻道理。

克服策略：引导教师与教材对话，不断完善自我

与教材对话，就是要使得教材本身成为一种和教师对话的文本，使得教材成为和教师对话的"另一个人"，而不是教材编写者的"独白"。教师只有和教材进行有效的对话，才能充分认识学生的道德认识和教材上呈现的道德要求的差距，从而立足学生成长的需要，不断修炼提升自我，才有可能教育出具有乐观向上的生活态度和正确的世界观、人生观、价值观的未来公民。

成因四：教育评价偏，不愿对话

纵观全国各地的初中思想品德教育评价，尽管出现了一些创新的举措，但在中考没有发生根本性变革的情况下，仍然是一卷定"终生"。在这样评价的影响下，许多教师不愿意在尊重、信任的前提下，通过言谈、倾听和感悟的多向沟通合作的对话教学方式，让学生对过去所沉积的经验、历史、思想进行反思性理解，形成新认识，树立正确的世界观、人生观、价值观。

克服策略：引导师生与生活对话，追寻成长的幸福

与生活对话，就是让师生撇开考试的枷锁，与具有一定情绪色彩的、以形象为特征的特定的生活情境对话。对学生而言，对话使得思想品德课知识的学习不再是被动枯燥地记忆，使人的情感得到了净化和升华。对教师而言，对话使得知识、能力、情感态度价值观的教学目标得到了完美的实现，完成教学任务的同时，教师也在对话中体验到了成长的幸福。

50

"问题教学"之问题

一、"问题教学"误区之一：由于问题太浅或太难，激发不了学生的兴趣

笔者从平时大量的听课发现，教师如何变教材要求为教学问题，变学生新旧知识矛盾为教学问题，或根据学生的学习需要而组织的教学问题，有随心所问的倾向。对问题深浅把握失度的现象较为突出。

问题浅是指完全无"认知冲突"，无一定程度的"思考困惑"，学生可以不假思索地回答。这样的问题不仅不能激发学生的学习兴趣，而且不能激活学生的思维。

而有的教师提出的问题则又太难。过分深奥的问题，同样激发不了学生的学习兴趣。就如同小孩子摘苹果一样，树上的苹果很高，孩子即使跳得再高，离目标也还是很远，那么他就可能会对摘到苹果失去信心。

笔者曾经听过一节课，课题是"矛盾的对立统一"。教师一开始就提出了这样一个问题：南北朝的诗人王籍有"蝉噪林逾静，鸟鸣山更幽"的名句。而宋代的王安石则认为"一鸟不鸣山更幽"。请问王籍和王安石的诗哪一句更好？应该说将诗歌引入课堂，增强课堂教学的人文性，使教学语言变得富有诗意，充满美感，这是值得提倡的。但这个问题一开始就让学生回答就显得太难了。因为这涉及"噪与静""鸣与幽"的对立统一，王安石的错误在于是只看到了双方的对立，没有看到双方的统一，因而闹了大笑话，被黄庭坚戏称为是"点金成铁"。首先应该肯定这是一个很好的问题,但在学生对于"矛盾的对立统一"原理没有任何知识储备的情况下就叫学生回答,就显得太难了,结果也就可想而知了。教师连叫了五六个学生无一能答到点子上,最后只好尴尬收场,自己回答了事。其实如果把这个问题放到中间或结尾来处理,其结果就截然不同。也许受到第一个问题的影响,后面的问题又简单得离奇,都是诸如"什么叫矛盾、什么叫对立、什么叫统一"等在教材上直接可以找到答案的问题,学生甚至都懒于回答。这节课虽然问题很多,但由于问题太浅或太难,激发不了学生的兴趣,也激活不了学生的思维。

二、"问题教学"误区之二:教师提问过多,又过分关注教学进度,失去了"问题教学"的应有作用,而且影响教学目标的达成

笔者对近几年所听的一百多节课中的课堂提问做了一个初步统计,结果发现,教师们平均每两分钟左右就提出一个问题。课堂上,学生平均用时仅占43%,而教师用时为57%。教师在课堂上过多地提问、分析、讲解,大量地占据了学生读书、思考、作业以及体验、积累的时间。我们经常可以看到,有的教师为了强调问题的重要性,不分主次地进行"问题轰炸",使学生失去了思考所需要的时间和空间,陷入了迷惘和困惑的状态。还以上面那节课为例,事后笔者统计了一下,教师前后共提了二十多个问题,减去学生回答问题的时间,教师真正用于讲授的时间只有十几分钟。而"矛盾的对立统一"这一框的内容特别抽象、深奥,学生难于理解,有时甚至一节课还很难完成教学任务。

由于问题太多,而且又要关注教学进度,不少教师往往把一长串问题同时抛给学生,很少考虑到解决不同问题的必要背景,也不考虑学生思考问题的心理因素,再加上解决问题的时间得不到保证,结果常常是学生对问题的思考是夹生的、肤浅的。

三、"问题教学"误区之三:问题的提出者是教师而不是学生,问题的解决者也主要是教师而不是学生

问题本来是学习者在学习过程中要回答或解释的题目,问题的提出者或说拥有者理所当然是学生,但目前大多数情况是教师根据教学参考书,根据

自己的理解判定教学目标、重点、难点、疑点而提出问题。现在的"问题教学"最常见的模式或套路是：教师幻灯片出示、书面提出或口头提出一系列问题—学生分组讨论—每组先派代表交流—教师对学生的讨论结果做一番评价或小结。这样一来，课堂表面看起来是以"问题"为中心，是学生在自主地解决问题，但实际上，这些问题绝大多数是教师课前设计好的。因而这些问题往往也脱离了学生的实际，根本不能激发学生的问题意识。或者所提问题的思维强度太小，没有张力；或者问题的理性色彩太强，难度太大；或者由于学生没有参与教学目标的设置，教和学常常油水分离，教师讲的学生已掌握，学生的疑点教师不涉及。从"满堂灌"到提问教学是教学的一大进步，一定程度上调动了学生学习的积极性。但有一种现象不可忽视：相当一部分课堂只将问题当作组织教学的线索，主要教学内容仍由教师讲解完成，就整个思维过程看，学生仍是被动的接受者。或者有人把问题紧紧攥在手中，引导学生围着自己的思维转，看起来学生在积极思考回答，实际上被教师"牵了一回牛鼻子"，课堂的主人仍是教师。有人称之为"问题霸权"。

　　说到这，笔者就想起这样一则课例：一个美国教育考察团到上海考察课程改革情况，希望听一节有中国特色的公开课。负责接待的上海教育科学院安排了一所著名重点中学为他们开了一堂物理课。任课教师是一名有影响力的特级教师。在教学过程中，教师教学方法灵活，重点突出；教学双方也显得很活跃，教师问问题，学生答问题，气氛热烈，训练也有针对性，教师布置的作业和思考题学生都完成得很好，时间安排得很恰当，当老师说"这节课就上到这里"的时候，下课铃声正好响起来，听课的中国教师不禁鼓起了掌，但奇怪的是几位美国教育学家却一点表情也没有。第二天当接待者再一次请他们谈谈听课的感受时，他们的回答出乎我们的意料。他们反问：这节课都是由老师提出问题，而且老师提出的问题学生都能回答，学生在课堂上既没有提出什么问题，课后老师也没有给学生留下一些探究性的问题，这节课还上它干什么？他们认为教师应该让学生带着问题走进教室，再带着更多的问题走出教室，也就是说追求以学生自己提出问题、发现问题为纽带的教育才是优质教育。

四、"问题教学"误区之四：唯"标准答案"是从，无视学生思维活跃的现象一定程度地存在着

政治课除了一些大是大非的政治问题，其学习本是具有主观性、创造性和开放性的，一味遵从标准答案、削足适履，只能使学生创造力萎缩，最终将引导学生走向思维僵化。笔者曾经听过一节课，课题是"价值规律的作用"，教师在讲完价值规律的第一个作用即"价值规律能调节生产资料和劳动力在各部门的重新配置"后，出示了一道讨论题：东北某地大力发展多种经营，鼓励农民发展银狐饲养业。一开始由于养殖户比较少，产品供不应求，一到收购季节，皮贩子就上门高价收购，获利丰厚。结果，本地和邻县的其他农户也纷纷扩大养殖，短短二年时间，就由奇货可居变成亏本甩卖也无人问津，不少养殖户纷纷宰杀银狐。农户王二家召开家庭会议，商量究竟是杀还是养。如果你是王二的家庭成员，你主张怎么办？并说明理由。应该说这不失为一道富有创新性和开放性的好题目。在回答问题的过程中，有的学生主张杀，有的学生主张继续养。有一个学生回答："我主张不仅不杀，而且应该乘机将皮质好的银狐大量低价收购。因为，一方面由于农户大量宰杀，市场将很快由供过于求转变为供求平衡甚至供不应求；另一方面低价收购，形成垄断效应，就拥有了定价的主动权。"多么富有创造性和经营头脑的天才设想，听课的教师无不啧啧称赞。但令人吃惊的一幕出现了，执课教师对这个学生说："此时银狐已严重供过于求，宰杀还来不及，你还异想天开要低价收购？"原来"标准答案"是"根据价值规律的要求，当某种产品供过于求时，应该停产或转产"。呜呼！一个多么富有创造性的设想就这样被扼杀了！学习应该有"标准答案"，但一味遵从"标准答案"，削足适履，只能使学生创造力萎缩，最终将引导学生走向思维僵化。

51

学生为主体，教师也不能缺失自己

近几年来，我国基础教育教学改革如火如荼，涉及教学的整个过程和各个方面，理论上有所突破，实践上也取得了很大成效。然而，不必回避的是，在基础教育教学改革实践中，也有一些非理性的做法，有一些形式化的操作违背了教育规律，于切实提高教育教学质量无补；在教育教学理论的概括上，也有一些缺乏斟酌的提法，有一些简单化的倾向，有一些非此即彼的思维方式。其中一个很重要的现象就是在强调学生主体的同时，教师却找不着自己了。教师主导作用的淡化甚至缺失成为新课程实施过程中一个值得关注的问题。在一些关于课程与教学改革的研究文献和经验总结中，到处是"师生打成一片""师生合作""师生对话""师生平等""学生是主人""学生是主体""师生互动""教学民主"等词汇，却少有甚至消失了"教师主导"这个词汇。

在新课程实施过程中教师主导作用的淡化甚至缺失主要表现在以下几个方面。

一、教师开始忌讳讲了，甚至有人把少讲或不讲作为新课改的标志

随着新课改理念的推进，当教师们意识到要把"一言堂"转向学生的"自主探究"之后，这个舞台却走向了另一个极端。原本作为主角的教师开始忌讳讲了，甚至有人把少讲或不讲作为新课改的标志，有的学校还做出了一节课只能讲多少分钟、一次讲课连续不能超过多少分钟的规定。尤其是在公开课上，教师们谈讲色变，他们担心背上"填鸭式"和"满堂灌"的黑锅，于是绞尽

脑汁体现以学生为主体的创新形式。在一次全国性的教学研讨会上，著名语文特级教师窦桂梅听了一节观摩课"我看见了大海"，内容说的是作者的继父对自己深沉的爱。结果整堂课都是学生在朗读、讨论、争辩，教师一直站着旁观。而关于父爱，学生的讨论一直停留在浮泛的层面上。"难道强调学生自主性就不能点拨一下文中父爱的与众不同吗？"让窦桂梅着急的是，作为课堂的"引领者、组织者、参与者"，40分钟，这位教师只说了3句话。这种对学生主体性的过分强调，结果使教师丧失了自己的主体性。问题在于现在大多数教师热衷于阅读关于新课标的各种解读，却不愿静心研读原汁原味的课改理论，然后结合自身实践探索出师之"讲"与生之"学"的黄金分割点。"新课改把教师定位为乐队中的第一小提琴手，如果现在'平等中的首席'都不演奏了，这个乐队还有谱么？"其实"讲"不等于满堂灌，"问"也不等于启发式。关键是讲（问）什么、怎样讲（问）？

二、教师开始忌讳批评了，甚至回避教师在价值引导上的责任

一是有失真诚。对学生所有的回答，都用"好好好、是是是"来判决；对学生不同的意见，用"答案是丰富多彩的"来评判。除此之外，却少有赞赏的表情、嘉勉的目光。其实对学生而言，他们除了喜欢听到肯定的话语之外，更渴望得到思想的碰撞和情感的交融。教师的评价不应是礼节性的、蜻蜓点水式的，而必须是发自内心的。

二是有失全面。教师因怕影响学生参与的积极性，或怕影响自己课堂的"顺利进行"，在对学生鼓励表扬的同时，却忽略、回避了对其不足、不全甚至错误的答案的评价。其实评价本该有分析、有评判，对于学生正确或接近正确的回答要引导其找出证据，提升其价值，完善其表达；对其不正确的回答，在肯定其勇气和主动性的同时，也要实事求是地指出问题所在。教师有义务让学生看清楚自己的立场。好课总能体现一种正确价值观的引导。缺乏引导或引导不恰当的，都称不上是好课。举一个笔者听过的小学语文课的例子，学习"孙悟空三打白骨精"课文时，教师问学生喜欢哪个人物。有的学生就说喜欢白骨精，理由是白骨精很漂亮、百折不挠，而且很孝顺，吃唐僧肉还请了她的母亲。对于这样一个存在明显价值取向问题的回答，教师还居然夸这个学生的想法很有新意。这就明显存在价值取向上的引导问题。对此，教

师首先应让学生明白,选这篇课文的目的是什么——坚持孙悟空的正义。怎么理解白骨精,也应该站在这个角度评判。学生分清了立场,才不会犯简单的错误。缺乏了对人生根本要义传承的课堂会让人感到失落。这种失落造成的巨大空白和遗憾是学生本不该付出的成长代价,更是与新课程的初衷背道而驰的。

三、教师开始忌讳管学生了,甚至提出学生可以在课堂上"自由"地做任何事情

据报道,在实行"小班化教学"的班级,没有了讲台,没有了教师讲授,没有了"秧田式"课桌的排放;有的学校废止了教师讲、学生听,换成了"师生合作""生生合作";还有的课堂上,学生们是自由的,他们不必挺直身子端坐着听教师讲课,而是与教师一起或窃窃私语,或大声争论,有时还不举手就打断教师的讲话,教师不会因学生的冒昧而训斥他们,而是认真倾听,并从插话中掌握学生的思维轨迹,调整自己的教学预案。又据报载,某市某小学"以学生发展为本"的新举措,就是赋予了学生九项课堂权益:允许学生随时提问,允许学生随时插嘴,允许学生质疑老师,允许学生选择同桌,允许学生喝水撒尿,允许学生自由走动,允许学生离开教室,允许学生选做作业,允许学生重做测验。

新课程崇尚教育民主,主张构建民主、平等、和谐的师生关系,但并不意味着否认严格管理。教师在坚持以人为本、增强服务意识、满足学生的合理需求的同时,也要从学生的身心特点出发,提出合理的课堂规范。教师从一开始就要根据课堂管理目标提出对学生行为的期望,让学生清楚明了课堂中哪些行为是合适的和可接受的,哪些行为是不合适的和不可接受的。针对这样一些期望让学生提出自己的看法,师生在发扬民主的基础上共同来确定课堂规范。无数事实证明,教师能否有效驾驭课堂,能否有效地管理好课堂,对课堂教学的成败至关重要。如果失却了有效的课堂管理,新课程改革的实施只能成为空中楼阁。目前,在新课程改革中我们要纠正忽视课堂管理的片面做法,教师要充分承担其"平等中的首席"的管理职能。

四、教师开始忌讳预设了,甚至喊出了"无预设课堂"的口号

预设指的是教师课前对课堂教学的规划、设计、假设、安排,从这个角度

说，它是备课的重要组成部分，预设可以体现在教案中，也可以不体现在教案中；预设表现在课堂上，指的是师生教学活动按照教师课前的设计和安排展开，课堂教学活动按计划有序地进行；预设表现在结果上，指的是学生获得了预设性的发展，或者说教师完成了预先设计的教学方案。生成，表现在课堂上，指的是师生教学活动离开或超越了原有的思路和教案；表现在结果上，指的是学生获得了非预期的发展。

新课程把教学过程看成师生交往、积极互动、共同发展的过程，所以，课堂教学不应当是一个封闭系统，也不应拘泥于预先设定的固定不变的程式。预设的教案在实施过程中需要开放地纳入直接经验和弹性灵活的成分，教学目标必须潜在和开放地接纳始料未及的体验。不能让活人围绕死的教案转，要鼓励师生在互动中的即兴创造，超越目标预定的要求。生成性激活了课堂教学，使课堂充满了生命活力，并呈现出生气勃勃的精神状态。也正因为如此，新课程更加强调课堂教学应有预设，但更是一个动态的生成过程。但不少教师却由此完全否定预设的必要性，把授课看成一个为所欲为、任意发挥的过程。还以语文课为例，浙江师范大学王荣生教授这样描述目前的新课程下的语文课堂状况，"任何听过同一篇课文数位或数十位语文教师上的课的人，都会震惊：这些课实际是个体的教师任凭自己的语文个人知识（亚里士多德称为'臆断'）在从事教学，学生在学的，完全是由不同语文教师任意择取或任意制造的不同的东西，这些东西有些甚至叫不出什么名"。这种教学的随意性，现在可以堂而皇之地以新课标的名义在行动了。

五、教师开始忌讳思考了，甚至出现了用多媒体代替大脑思考的倾向

"课不够，课件凑"——这已成了目前新课程下课堂教学尤其是公开课上的普遍现象，既形象又生动的多媒体课件，一旦沦为表演的工具，就从一种有力的教学辅助手段变成了"彩色垃圾"。面对眼花缭乱的多媒体产品，我们完全有理由担心这种形式很可能会代替教师的思想。教学是需要想象和感悟的，如果思想都走不动了，教师成长的路还能延伸太远吗？

笔者认为否定教学中教师的主导地位和作用，在理论上是错误的，在实践上是有害的。否定教学中教师的主导地位和作用，就是从根本上否定了整个教学，这是当前教学改革中必须引起重视的一个问题。

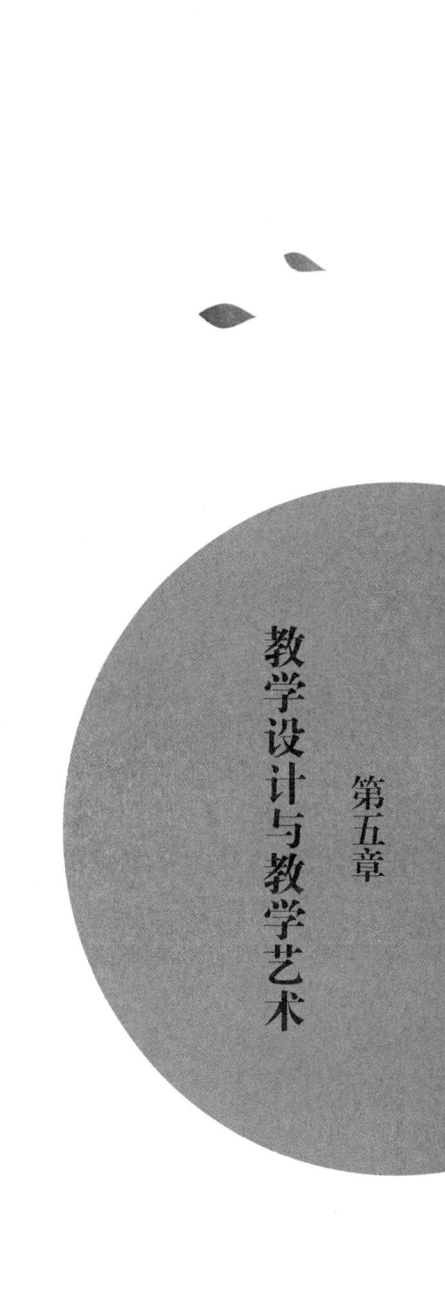

第五章　教学设计与教学艺术

52

教学设计如何综合平衡、优化组合出精品

如何优化教学设计,也许是个老生常谈的问题。但如何在现在的教育背景下,实现教学设计的优化,仍然是一个值得研究和探讨的问题。本文从教学设计中如何综合平衡、优化组合,从而实现教学设计的优化,谈一点自己的看法。

一、集体与个人的结合

集体备课是教师实行个性化教案设计一个不可缺少的重要环节,体现了教师们对于提高教育教学水平和教学艺术集体智慧的结晶,是不可多得的宝贵的教学资源。但教师在进行教学设计时需要防止对集体备课成果采取剽窃式的照搬照抄,需要有选择性地使用,以免自己或本班学生对这些看似"高大上"的研究成果产生"水土不服"的症状,影响教学效果。因此,教学设计需要正确处理集体智慧和个人思想的关系,在进行教学设计过程中充分引用适合自己的优秀的集体备课成果,摒弃虽然也很优秀但不适合自己也不适合自己班级学生的成果,坚持以我为主,为我所用的原则。教学设计中坚决反对以集体备课为名,对教学设计进行任务性的条块分割,最后拼凑成完整但不完美的教案,美其名曰减轻教师的备课负担,这样做的结果就是降低课堂教学的质量,降低课堂教学的效果。我们的教学设计应该是在集体备课基础上的"二次备课",应该将集体备课中的优美风景与自己及班级学生的风土人情结合起来,对集体备课成果进行"本土化"改造,从而使备课组的课堂效果呈

现出百花齐放的同课异构的效果。

二、预设与生成的包容

教学设计说白了就是进行教学的预设，就是为组织课堂教学实现教学目标写好的剧本。理想很美好，现实很骨感。有时我们努力想让在周密的思考下形成的教学预设达到尽善尽美的效果，但在现实的课堂教学中并不是那样一回事，我们总会遭遇到课堂教学中突发事件的挑战。因此，我们在教学设计过程中要正确处理预设与生成的关系，为生成预留一定的空间，使教师与学生都存有一个应对生成的"缓冲"区。如果我们在教学设计过程中将预设设定得太死，就可能缺少回旋的余地，就可能对突发的教学事件缺乏应对的教学机智，就可能在课堂教学中防不胜防，疲于奔命。因此，在教学预设中不需要将各个教学时间精确化，应该有一个大致时间，留有一定的余地，从教学时间上实现预设对生成的包容。同时，我们在探究问题的设计上也可以预设一些思考方向，但不要向学生提供自以为精确的参考答案。设想一下，你向学生提供了规定性的参考答案，就相当于直接限定了学生的思维，培养了学生思维"懒惰"情绪，这会导致课堂教学对学生的培养是"白痴化"的条件反射式的训练，"格式化"的"八股式"的思维培养，其危害是深远的。同时，精确性的参考答案还会直接导致不甘承受"思想奴役"的学生发难，一旦学生提出在教师看来似是而非、离经叛道的思想，教师可能会束手无策。因此，对探究结果的呈现应当是在师生"真"探究之下产生的结果，应注重学生的自主探究能力，调动学生探究的积极性。

三、素质与应试的兼蓄

教学设计要关注学生的学科核心素养，发展学生学科核心素养的关键在于培养学生的能力和素质。在教学设计过程中逐步培养学生的政治认同、理性精神、法治意识和公共参与，促进学生将教材当作培养能力和素质的工具，而不是学习目标的全部。但就当前的评价标准来看，如果我们的学生在我们的素质教育下得不到相应的分数，我们在教学设计中精心准备的素养因素也就会遭到摒弃，不利于素质教育目标的实现。可见，我们的教学设计中既需要体现对学生情感、态度、价值观等觉悟素质的规定性，也需要体现识记、理解、运用等应试能力的规定性。在考试指挥棒下,学生拿不到相应的分数,家长、社会、学校都不会认可你的教学设计和课堂教学,再精彩的教学设计也仅仅是空谈而已。虽然我们不会坚持"分数是硬道理,没有分数就没道理"那种极端的想法,但缺乏理想分数做支撑,再美的教学设计也只会被视为花拳绣腿、绣花枕头,不被相信,不被看好,其中承载的核心素养、德育教化功能的目标也就无法实现。因此,在教学设计过程中应将务虚与务实结合起来,让学生在应试学习中获得分数的同时,核心素养和德育素质也得到提高,在应试教育的体制下实现由知识向能力和素质的转化。

四、教师与学生的和谐

我们总是要求在教学设计的备课中要"备"学生,将学生定位为备课的重点。学生是组织课堂教学的主体,教师是服务者和引导者,因此在教学设计中"备"学生也是无可厚非的。但是,我们在"备"学生的策略上出现了一些问题。如我们许多教师只是将提出的问题按难易程度分为一定的层次,并在每个问题背后写下某个同学的名字,将该生确定为该问题唯一被提问的"候选人"。这样做的好处也显而易见,既能够节省大量的教学时间,又能照顾被提问学生的自尊。但其中的弊端也是不容忽视的,我们提出的问题应该面向全班学生,激发全班同学不同层次的思考。如果我们仅仅面向一个或者几个学生,时间节省了,学生面子也有了,但课堂的教育教学效果却严重下降了。也有学生纷纷不平:为什么总是提问自己白痴问题?当学生轻而易举地回答问题后,还会"遭"到老师热情洋溢的表扬,其自尊心自信心被伤害得淋漓尽致,师生关系也就可想而知了。有些教师害怕被冠上"满堂灌"的落后教学模式的帽子,在教学设计中精心准备了大量的问题,这样"满堂灌"就演变成更加恐怖的"满堂问",这对学生的残忍程度也就可想而知了。因此,在教学设计中促进师生关系的和谐,就应该照顾学生的关切,从学生的认知水平出发,让学生不仅有尊严地学习,而且在学习中有所收获,有所成就,有所快乐。

五、传统与现代的穿越

当前教学设计中教学手段的选择出现了两极分化的现象。有的教师热衷于传统教学模式,一支粉笔打天下,仍然一讲到底,拒绝现代文明带来的优秀成果。也有的教师热衷于多媒体,现代化的教学手段在课堂设计中运用得淋漓尽致。显然,这两种极端做法都值得商榷。传统教学模式固然带有人性化的一面,可以在师生对话中实现教学重点的突出和难点的突破,但课堂效率低下,板书占用了大量的宝贵时间,直接导致学生思考的时间减少。现代教育科学技术的发展适应了课堂教学大容量的要求,课堂教学进度自然而然得到了提高,但这种"人机"对话下的课堂教学基本上被机器操纵着,师生互动沟通产生了很大的困难,有时教师在机器的高速运转下很难顾及学生自身的感受。因此,教学设计中要正确选择教学手段,正确处理教学手段的传统与现代的关系,唯传统论与唯现代论都有不可取之处。因此,我们的教学设计在教学手段的使用上需要更加宽容一些,对传统与现代兼收并蓄,宜传统则传统,宜现代则现代,使我们的教学手段充满弹性,在课堂教学中实现传统与现代的穿越。

六、体验与自主的融合

教无定法而有法。教学方法没有最好的,只有最合适的。"第二课堂"虽然被提出来的时间已经不短了,但"开辟第二课堂"也仅仅流于形式。当前课堂教学中,假探究、假合作、假讨论还比较盛行,无疑而问的现行仍然比较普遍,课堂教学缺乏体验和自主的环境和气氛。在教学设计中侧重于知识点的记忆和解题技巧的掌握,着重让学生对现有成果的接受,忽视了学生自身探究能力的提高和探究精神的培养,这严重地违背了新课程教学理念,也不利于学生学习力的提高。因此,教师在进行教学设计时,务必加强对学生体验和自主学习方面的考虑。如精心准备体验活动,而不是纸上谈兵假模假样地"探究",小法庭、小联合国、小调解、小辩论等活动在精心准备下可以闪亮登场;新闻播报、一周时事、时事评论等活动也可以常态化;田间地头、街头百姓、公交站台都可以成为学生开展问卷调查、掌握第一手资料的重要场所和对象,让学生将所学知识与社会实际有机结合起来,从而达到学以致用的良好效果,在应用中进一步巩固知识,培养能力,提高素质。

53

不妨对教材进行"第二次开发"

当前素质教育要求我们实现由"教"教材向"用"教材转化,这是我们教材观的一次重大变革。仅仅用教材还远远不够,我们还需要会用教材,对教材能够活学活用。这就需要我们在使用教材进行教学的过程中,对教材进行"第二次开发"。尤其是高中思想政治课,根据其自身的规律和特点,需要进行优先开发。笔者认为对思想政治课教材的"第二次开发"需要从信度、鲜度、跨度以及厚度四个方面下功夫,促进良好的教学效益的形成。

首先,对思想政治课新教材的"第二次开发"需要提高教材的可信度。在思想政治课新教材的《后记》中总会有类似这样的一段话:"由于教材组编时间比较短,疏漏之处在所难免,希望实验区的师生们在使用教材的过程中,把意见和建议直接反馈给我们,以期再版修订时使教材进一步完善。"思想政治课新教材是高中政治第一次从"常识"向"生活"转身,没有可供借鉴的经验教训,一切都是从头开始。尤其是《文化生活》教材更是"无中生有",教材中存在着这样那样的不足和缺陷是可以理解的,这就要求我们以高度负责任的态度使用教材,及时对教材进行"第二次开发",提高教学内容的可信度。如《经济生活》第八课第二框"财政的巨大作用"中,将财政的作用概括为三个方面,主要从保障生活、促进资源优化配置以及国民经济平稳运行角度分析。事实上财政的作用是从财政支出演化而来的,如果我们仍然沿用《经济常识》中财政的五点作用,则更加具有可信度,更可以被理解。通过对教材上述模糊甚至误导的内容进行"第二次开发",可以使教学内容更加科学合理,提高学生明辨是非的能力。

其次,对思想政治课新教材的"第二次开发"需要增加教材的新鲜度。从教材的编写、校对、出版到教材的使用已经过去很长一段时间,在教材编写时的一些理论热点或者热点材料,随着时间的推移也不断"降温",从热点降为温点,甚至降为冰点。这就要求我们在思想政治课教学过程中需要对教材进行"破冰""保温"和"加热",及时把党的路线方针政策渗透到课堂教学之中。如根据社会经济发展形势的变化,对于效率与公平的关系从理论上进行了多次调整。如果我们在高三对《经济生活》的这个部分内容复习中,仍然沿用教材"效率优先,兼顾公平"的观点,势必误导学生,无法让学生及时领会党的十七大报告最新理论成果。同时,对于思想政治课新教材所使用的佐证材料及数据也要适时补充新知识和新数据,使教材中材料的运用处于动态之中,更能充分地证明和理解教材知识。

再次,对思想政治课新教材的"第二次开发"需要拓展教材的跨度,实现学科内知识以及各门学科知识的融会贯通。这要求我们在教材的使用过程中,尤其是综合复习或者实际问题的解决中都要注意思维的发散和多视角。如对于《经济生活》的"国家的宏观调控"部分的知识学习,除了把握国家宏观调控的必要性、含义、主要目标、手段外,从《经济生活》教材中还需要把"财政和货币政策"以及"税收、价格杠杆"相关知识渗透其中;还需要将其与《政治生活》教材中"政府的基本职能和责任"以及"全国人大的立法"等知识结合起来;还可以渗透《生活与哲学》教材中"正确发挥主观能动性和尊重客观规律有机结合起来""坚持集体主义价值观"等知识;从文科综合来看,可以结合当前金融危机,历史地比较奥巴马总统救市措施与罗斯福总统"新政"措施的异同等。对教材进行跨度的"第二次开发"就是加强专题复习,打乱教材的顺序,重新构筑知识体系。

最后,对思想政治课新教材的"第二次开发"需要增加教材的厚度。高中思想政治课教材都蕴含着丰富的精神内涵,需要教师为分散在教材各个角落的知识找一条"红线",把这些散落的知识穿成一条珍珠项链,增加教材的厚度。如《经济生活》第九课"走进社会主义市场经济"共分为两个框题、五个目,教师在组织课堂教学过程中有必要对该部分知识进行"第二次开发":把第一框的第一目和第三目合在一起,以市场的作用为标题,对市场的调节作用进行一分为二的全面认识,认清没有市场是万万不能的,市场调节的基础作用、市场调节的优点及意义;同时也认识到市场调节不是万能的,市场调节有局限性,市场调节存在着不足、弊端,单一依靠市场调节具有一定的危害性。市场存在着局限性表明依靠市场规则维护社会主义市场经济秩序是十分必要的,综合运用经济的、法律的和必要的行政手段实现国家的宏观调控是必要的。要把市场这只"无形的手"与国家宏观调控这只"有形的手"有机结合起来,促进国民经济又好又快地发展。

当然,教师对教材的"第二次开发"就应该对教材活学活用,突出重点,突破难点,点燃亮点。教材中还存在着许多需要教师和学生共同探究的难点和疑点,这些难点和疑点也需要教师对教材进行"第二次开发"来解决。我们教师要做有心人,坚持用"头脑"使用教材,用智慧教学,把看似凌乱的知识转化为条理清晰、"简单"易懂的内容,从而帮助学生实现从知识向能力的跨越。

54

不妨开展第二次备课

　　集体备课确实对教师的专业发展和教学艺术的提高具有不可替代的作用。真抓实干的集体备课确实是非常必要的,但将集体备课成果转化为行之有效的教案学案仍然需要教师进行个性的"本土化"改造。这些经过激烈讨论甚至争吵产生的教案和学案意见,与自己的教学特点和班级特点不一定完全吻合,如果完全照搬照抄,势必遭遇"水土不服"的尴尬。因此,教师需要在集体备课的基础上开展第二次备课,以提高备课的有效性和针对性。

　　教案需要量身定做。最好的,不一定是最适合的。我们不妨容忍教师保留一些个性,多一些个性化课堂。集体备课的教案虽好,其中大多数毕竟是人家的成果,除了反映教育教学规律共性可供借鉴之外,其中个性的东西对自己并不一定合适,绝对不可以照搬照抄。有些学校为了发挥集体备课的作用,认为集体智慧的成果不可浪费,提出备课组要统一教案、统一学案、统一教学方法、统一进度、统一学生作业、统一测试的要求。事实上,这种"大一统"思想就是把个性鲜明的教师往一个笼子里赶,这是对教师个性化教学思想的扼杀。集体智慧与个人特长的有机结合是解决这个问题的有效途径。这就为促进教师专业化成长搭建了平台,也为提高课堂教学效益和教学质量打造了绿色通道。

　　集体备课,消化是关键。集体智慧并非放之四海而皆准,最好不一定最实用。因此,我们需要对集体备课结果进行改造,这样才能展现丰富多彩的个性化课堂。同样的教学内容,应当允许教师的传授方式有所差异,殊途同归。集体备课后个体内化吸收和外化操作的过程必须强调个体活动的质量。没有个体活动质量作保证，集体备课就不可能收到好的效果。这就告诉我们，要真正打造出高效课堂，我们不仅需要备教材、备大纲、备考纲，教师"备自己"也很重要。教师必须依据自身个性为自己量身定做，在集体备课的基础上必须进行第二次备课。教师拿到集体备课的教案后，再根据自己的个性特点和教学实际对集体教案作深入的推敲、斟酌，并做旁注，可以是知识点的拓展，可以是教学方法的更换，可以是教学片断的增删。大力倡导并着重考察个性特长和创造性的发挥，各人根据自己的教学风格，选择自己认为最合适的一种，根据自己的实际需要，组成一个自认为对自己最实用的教案，在自己的教学中实践，优化自己的教学设计。要求借鉴与"自我"创造相结合，始终坚持"以我为主，为我所用"的原则。

学案需要因材施教。学生是学习的主体，要发挥学生的主观能动性去学习，就必须充分地"备学生"。诚然，我们的课堂教学必须遵循普遍的发展规律，同时我们也需要兼顾个性差异。在具体的教学方法、方式上，不宜强求统一。教师有个性，学生也有差异，班级也有各自的班情。事实上，学生的学习能力存在着很大的差异，班级层次差异也是客观存在的。"兴趣是最好的老师"，学生之间可能有相似的兴趣，但从兴趣的强烈度来看，班级之间也可能存在着差异。可能同一个主题，在这个班级是冰点，在那个班级是温点，而另一个班级就是火山临近爆发等待点燃的热点。因此，我们的教案，尤其是学案要充分考虑到学生的心理特点、兴趣爱好，从其感兴趣的方式、方法入手，往往效果更显著。

集体备课成果是大家智慧的结晶，对课堂教学的作用也是不言而喻的，但如果不考虑实际教学情况，完全照搬，那么对教师的成长也是不利的。比如我们集体准备的教学案内容十分详尽，包括教学环节设计、教学重点、难点的突破，甚至连板书和课堂检测、课后作业都安排妥当，就会导致有些教师拿来就用，照本宣科，根本不把心思放在教学研究上，养成了惰性。同时，集体备课也还隐藏着好多有待调整和改善的地方，如部分集体备课只有集中、合作的"壳"，没有互动、碰撞的"魂"，集体备课成了纯粹的走过场似的时髦形式，缺乏实质性的创造。集体备课还可能因某些组员地位身份特殊，如是学校行政官员或者学术专家，众望所归异化为"语言霸权""一言堂"，集体备课也就成为另类的个人思想的展示。"承包式"备课是将教材各章节安排给任课教师,由他们分头撰写,再将凑起来的个人教案复印后人手一份,以"减轻"教师的备课压力和负担,集体备课有名无实。部分教师为了快速完成组内分配的任务,实现自我解放,盗用网上或者教辅材料,从而使集体备课成了"教案书的盗版",不仅失去了集体,也丧失了备课。从上述各种集体备课的形式看来,教师获得更多的是含金量不高的教案而不是教学的机智,这不利于教师的专业发展。

  本文并不是否定集体备课的作用,我们不得不承认集体备课作为教师合作研讨的一种有效形式,可以促进教师的专业发展,发挥教师团队合作创造的精神。但新课程下教师仅仅拥有一桶水和一片花海是远远不够的,教师还需要拥有洒水散花的能力。进行集体备课,在思想的碰撞中擦出智慧火花,将个人才智转化为集体优势,共同提高教学质量,是教师灌"水"种"花"的好办法。

55

课例研修:让教师成为集体备课的"自由人"

江苏省苏州市第三中学政治组省级重点课题"课例研修:政治教师群体专业发展的行动研究"研修促进了备课组建设和备课组成员的专业发展。其中特色之一就是让教师成为集体备课的"自由人"。

一、过程自由表达

备课组活动必须打破学术垄断,让成员平等地畅所欲言,自由表达支持或者反对的意见。为了迎接无锡一中政治教研组前来参观考察,学校决定委派娄正宝老师为这次活动开设课题为"走进社会主义市场经济"的公开课。在集体备课中,就"是否将党的十八届三中全会的内容渗透于课堂教学"备课组成员均各抒己见,畅所欲言。有教师认为教材、课程标准、考试说明都没有发生改变,贸然将十八届三中全会关于"社会主义市场经济让市场在资源配置中起决定作用"渗透于课堂教学,可能会导致无依无据,无法自圆其说。理愈辩愈明,在开放式争论中,"修订"派终于占了上风,由于高考考试说明对党和政府新提法的渗透有要求,有的教师甚至预言今年秋季《经济生活》新教材肯定会将"让市场在资源配置中起基础作用"更改为"让市场在资源配置中起决定作用"。娄老师在对兄弟学校开课中就贯彻了备课组激烈争吵的成果,这一亮点赢得了兄弟学校的一致好评。

二、成果自由选择

在组织课堂教学过程中,教师不要削足适履,被集体备课成果捆住手脚,应结合本班的实际,充分发挥主观能动性,要坚持"因材施教"和"统分结合"的原则,宜统则统,宜分则分,借鉴而不是照搬集体备课的优秀成果,并结合自己的"独具匠心",采用最适合、最有效的教学艺术施教,创造性地去设计、去发挥、去拓展,而不能让集体备课"一包到底"。这样才有利于防止出现"千人一面"的模式和格局。教师在对待集体备课成果时,可以对其中虽然精彩但不适合自己教学风格、不适合本班学生学习特点的成果有所保留,可以"忍痛割爱",同时增添充满个性化的内容,使自己的课堂教学能够扬长避短,打造高效课堂。可见,在备课组的集体备课中,固然离不开每位教师发扬主人翁精神,群策群力,充分发挥各自的聪明才智,为打造精彩课堂献计献策。同时集体备课也离不开每位教师的个性化归纳、提升和再创造,使借鉴集体备课成果兼容自己个性差异的教案更好地展现教学个性,适应自己学生的学情。在相互借鉴、相互启发中实现互惠互赢,使教学过程真正达到最优化,既发展了学生,又成就了教师自身的发展。

三、风格自由打造

在教学风格的百花园中,经过教师们的个性化演绎,在不同的课堂都可以观赏到不一样的风景。教无定法而有法,最好的不一定是最适合的,只有最适合的才是最好的。学我者生,似我者死。教师如果一味将学习借鉴等同于模仿,必然就会在邯郸学步中迷失自我。因此,我们提倡教师对集体备课的研究成果拥有"仁者见仁,智者见智"的诠释,在具体教学过程中以各唱各的调的勇气演绎真实属于自己的课堂。只要有利于提高学生的学习力,有利于学生的个性发展,有利于学生素质的提高,不论什么样的课堂都可以助我们获得成功。我们不需要循规蹈矩,每个教师的教学风格均应该自由打造。我们应该鼓励青年教师充分张扬自己的教学个性,发挥自己的教学优势,让教学因教师的自由想象和大胆创新而精彩,那种一味把教师禁锢于某种固有模式的做法,只能造成教师整日碌碌无为,无法摆脱庸俗的教书匠的境地。记得参加大市级教研活动时,一位教师开设了一堂颇有自己风格的公开课。

某县区教研员在评课时置这位教师的教学实况和教学特色于不顾,从其评课的主题上看,似乎不是在针对性地评课,而是一味地自我标榜:这节课如果我来上,某个知识点我会这样处理,某个内容我会那样演绎。这种狂妄自大式的评课方式事实上是将自己的课堂教学方式视为经典模板,是将自己的教学风格视为教学改革的方向,无视天外有天、山外有山的博大宏远。

当然,我们也需要警惕集体备课带来的副作用。如我们不能将集体备课异变为教师减负,将备课任务批发给备课组成员,整个备课笔记是教师集体创作,但就具体教学设计而言缺乏集体智慧。再如,我们不能将集体备课异化为教师藏私。教师在集体备课过程中基于在教学评价上的功利,因惧怕在未来的教学绩效考核中竞争对手超越自己,不肯全抛一片心,不愿意将成功的教学经验和巧妙的教学构思拿出来与其他教师共享,情愿充当"听客"和"看客",以空话套话搪塞备课活动。这样的集体备课只能导致画地为牢,使教师成为井底之蛙,不利于教师的长远发展。

56

从学情分析角度看教材"二次开发"的"度"

新课程理念下的高中思想政治课强调构建以生活经验为基础、以学科知识为支撑的课程模块,立足中学生现实的生活经验,着眼于学生的发展需求,把理论观点的阐述寓于社会生活的主题之中。教师在关注学情分析时应该关注学生的生活经验、身心发展特点和认知规律,在此基础上进行教材的"二次开发"。

一、知识处理上:神聚

1. 从学生发展目标上看教材处理的高度

陶行知说过,"千教万教,教人求真,千学万学,学做真人"。从知识处理的层面看学生全面发展的远景即提高学习接受新知识的能力,培养学生追求真理的热情和品质,形成正确的世界观、人生观、价值观,进而促进学生全面发展。教学是为学生发展服务的,学生发展目标体现在课堂中,就是教学目标。教师处理知识应在课程标准的指导下,依据学生发展目标,确定合理的教学目标,厘清以下几个问题:知识本来是什么样的?目前学科前沿对该知识的研究如何?在高中阶段学生要求掌握知识到什么程度?如何能够发挥知识对培养学生追求真理的品质和能力?如何发挥知识对学生非智力因素的培养?为此,教师应该在吃透学生、课程标准、教材、知识这四个基本因素的基础上进行教材处理。

2. 从学生接受能力上看教材处理的深度

任何一个学习者在进入新的学习过程中,都会带入其原有的知识、技能和态度等,因此,教师在进行学情分析时必须了解学生原有的知识、技能和态度,即学生的起点水平。[1] 学生接受能力决定了教材处理的深度。在本课中学生学习上的接受能力,包括学生已经具备一定的逻辑概括和对比能力,知识储备中物理、化学中的物质概念,学生生活经验中的物质概念等。

3. 从学生认知特点上看教材处理的跨度

研究发现:从总体上来看,高中学生比较倾向于沉思型、视觉型、综合型,比较不倾向冲动型和听觉型。[2] 学生具备一定的抽象思维能力,但是思维的深度和广度都有所欠缺,需要教师提供适当的生活素料和问题加以启示和点拨。笔者理解知识的跨度,不但包括学科内部知识的关联、学科之间知识的关联,还包括知识和生活之间的关联。教师要调动学生的认知储备和生活经验,把要学习的知识放在学生已有的知识中进行考量,把知识放在学生的生活经验中进行考虑。哲学本身包罗万象,是对具体科学知识的概括和总结,源于生活,因此,课堂上要立足学生生活实际,把与物质概念相关的知识进行联系。

二、素材处理上:形散

1. 从学生的兴趣上看教材处理的宽度

兴趣是人对某项活动产生的心理上的爱好和追求,是推动某项活动的内部动机。俄国教育家乌申斯基说:"没有丝毫兴趣的强调学习,将会扼杀学生探究真理的欲望。"[3] 素材的宽度是指素材来源的广泛性。生活内涵很丰富,包括政治、经济、文化、生活等各个方面,取材于生活的素材应该全面。教师平时要做个有心人,注意积累与教材知识有关的、学生感兴趣的素材。

2. 从学生情感需要上看教材处理的厚度

素材的厚度是指素材中所包含的情感因素。素材源于生活,生活是有温

---

[1] 李伟雄. 高中思想政治课教学设计中学情分析的意涵、角度与方法[J]. 思想政治课研究,2011(05):15-17.

[2] 田金平. 高中生学习风格认知特点及其对英语学习影响的调查研究[J]. 教育理论与实践,2006(03):46-48.

[3] 周斌. 如何培养中学生政治学习兴趣[J]. 思想政治课教学,2009(11):43-44.

度的,教材处理,不但要考虑到素材所承载的知识,更要挖掘素材中的情感因素,让学生学到有温度的知识,健全学生人格。情境素材的选用要体现正确的价值取向,能够给学生以正确的思想道德教育。[①] 学生是活生生的人,不但有着丰富的情感,而且也有强烈的情感需要。课堂除了严谨的知识,还应该有丰富的情感,这样的课堂才是饱满的、有激情的课堂,也是学生所期待的课堂。

3. 从学生综合情况上看教材处理的匹配度

"事例素材—知识—学生情况"三个要素之间很好的匹配是好的教学效果的保证。[②] 在匹配度上,教材是最好的范例,在知识上,教材作为教学的基本载体严谨、规范,但是在素材上就不可能十全十美了,考虑到这一点,教材编写时为教师进行教材的"二次开发"留有余地和空间。素材、知识、学生,三者的匹配中学生是最为关键的因素,综合前面的分析,学生的实际情况是处理知识、素材和学生匹配问题时的首要考虑的因素。

三、教学法处理上:灵活

1. 从学生能力差异上看教材处理的梯度

在能力上,学生群体内部存在着较大差距,教学面对的是整体学生,如何让学有余力的学生"吃得好",让中段学生"吃得饱",让学习较为吃力的学生"吃得下",成为一线教师考虑的实际问题。教师在处理教材时,要体现出一定的梯度,对不同的学生"因材施教",尽量满足不同能力群体学生的需要。

2. 从学生反馈情况上看教材处理的进度

课堂教学进度,也是学生学习的进度,体现教师对课堂和学生的掌控情况。学生反馈也被称为动态意义上的学情,是教师控制教学进度快慢的主要依据。教师能对学生的学习起点和能力进行预测和预设,但是学生在课堂上的参与程度、生成知识的状态和个体差异都呈现出很大的不确定性,教材处理的进度要根据课堂实际的学情进行把握。

[①] 缪云. 例谈情境素材的选和用[J]. 中学政治教学参考, 2012(03):35-36.

[②] 丛海啸. 谈高中政治教材的"二次开发":以《政治生活》事例素材处理为例[J]. 中学政治教学参考, 2012(C1):28-30.

3. 从学生学习风格上看教材处理的分合度

两千多年前,《学记》提出"独学而无友,则孤陋而寡闻",教师要根据学生性格特征和学习风格把握好教材处理中的分与合:分即要求学生独立完成某项任务,合即要求学生合作完成某项学习任务。新课程理论中尊重学生独立学习的权利,同时鼓励学生进行合作学习,发挥不同学生各自的长处,使其学会包容和尊重别人不同的观点和性格等因素。每个学生都有自己的性格和学习风格,根据威特金的理论,按认知方式不同,把学习风格分为"场独立"型和"场依存"型,前者更适合进行独立学习,后者则倾向于合作学习,应该发挥两种学习风格的优点,把两者有机结合。

教材"二次开发",要做到"形散神聚",素材的来源很广泛,"众里寻他(素材)千百度"。知识的生成要神聚,结构清晰,"蓦然回首,知识神聚于一处"。教学方法上要灵活,"问渠那得清如许,为有源头活水来",处理好生活逻辑和学科逻辑的关系,尊重学生的生活逻辑,从中生成对学生有利的知识和能力,使教材的"二次开发"建立在深厚的生活实际之中,实现学科逻辑和生活逻辑的统一。

57

在集体备课中如何处理"伙伴"关系

课例是课堂教学的案例,是指以一节具体的课为研究对象,对课堂教学进行改进、优化和提高,从而给出问题解决的示例。它是教师学习和反思的载体,是教师课堂教学研究轨迹的真实体现。课例研修把授课教师教学活动的开展、学生的学习状态、"伙伴"的交流互动等过程中产生的困惑与疑问作为研究对象,并将其反思升华的成果直接运用回教学活动中,对原有教学活动进行补充和完善。它在关注对真实教学问题的发现、研究与解决的同时,将理论学习与备课、授课、观课、议课等活动结合起来,为研修教师营造了一个批判反思的学习情境,帮助教师在合作学习的过程中创造新的经验,是教师专业化发展的一个必经过程。

一、为教师树立正确的教育观念奠定基础

课例研修为教师创设了一个安全、可信任、允许"犯错"的氛围。"课例研修强调从解决课堂教学的真实问题出发,教师群体通过行动研究,借助课堂观察和实录分析的手段,观课、议课教师与执教者一道设计、反思和再设计、再反思,以寻找课堂教学关键事件,调整教学行为。"[1]研修者在不断尝试和挑战的过程中,树立起科学的教师观、学生观、效益观等教育观念。

---

[1] 齐渝华.怎样做课例研修[M].北京:高等教育出版社,2010.

在某次课例研修的第一次课堂实践中,授课教师在上课大约半小时后请学生分析一段材料。教师在呈现材料以后马上展开分析、给出答案,并总结出解题策略。课堂观察发现学生像休眠的火山一样神情漠然。课后研讨大家总结出,如果教师在课堂上长时间采用单向传授式的教学方式,大约30分钟后学生就会从思维集中到注意力分散和心理疲劳。这时教师如果仍然采取单一语言刺激的方式进行教学,学生很难再继续参与到认知过程中来,无法达成师生思维轨道同步。此时只有给予学生自主思考的时间和空间,才能让学生在思考和参与中实现有意注意,并释放出创造力。因此,大家建议授课教师在下一次课堂实施中,呈现材料以后不要马上展开分析,而是让学生自主思考并寻找答案,自主总结出答题策略。

再次课堂实施大家发现,在这个环节没有了教师灌输的课堂很安静,但是大家的思维都在紧张运转,积极思考答案和总结策略。此时,教师成为学生中的一员,静静地和学生一起思考,不干扰中断学生的思维活动。课堂呈现出一派动中有静、静中有动的和谐统一。这让教师们认识到,理想的课堂应该在恰当的时机留给学生自主思考和自由发展的时空,课堂在虚实相映生辉的和谐美中才能实现幸福教学的真谛:教育是发展人的教育。在这个过程中,学生是幸福的,因为他们在课堂上实现了主体性地位;教师是幸福的,因为他在课堂上追寻到了教学的本真。

二、促使教师在行动研究中成就专业发展的动态过程

课例研修中的行为跟进是指通过研修团队讨论形成教学设计、方案,在此基础上教师进行三次课堂实践和两次建构性反思。将研修活动中建构性反思的成果付诸行动的行为跟进,是弥合理论与实践的一条有效途径。在三次课堂实践和两次建构性反思的过程中,教师不断审视自己的教学行为,通过实际行动及对这些行动结果的反思,不仅能够提高教育教学质量,而且能够使教师的个人知识转变成供他人分享的知识,促进教师教学理论的创生与建构,提高理论水平和教学能力,从而成就教师专业发展的动态过程。

在某次课例研修的第二次课堂实践中,授课教师给出一段材料后提出一

个问题:"运用《经济生活》知识,请你为我国如何形成合理的收入分配格局提出合理化建议。"课堂观察发现,学生在授课教师的思维牵引下平顺地解决了这个问题,但是总觉得这个过程就像喝一杯白开水一样缺少激情。在合作研修中大家逐渐豁然开朗:当我们以传道、授业、解惑者的角色紧紧抓住学生的思维时,我们同时也限制了自身和学生的思维拓展。这段材料呈现在学生面前时,课堂在毫无悬念、平顺无奇中延续着这一课的主题。为什么我们不能把思维的主动权丢给学生,让学生针对这段材料结合学科知识自己设置问题,并一起探讨答案?也许结果在教师的预设教案之外,但是教师要有勇气向学生学习,并有勇气面对学生的思维带给我们的冲击。

第三次课堂实施出现了始料未及的兴奋和活跃。我们惊诧于课堂上学生思维兴奋的同时,悟出了一个道理:当我们和学生建立起一种"学习共同体"的师生关系,在尊重并学习学生的思维过程中,课堂将成为课程内容持续生成与转化、课程意义不断建构与提升的一个过程,成为师生间、学生间信息动态交流的一个平台,成为实现师生达成知识共生共享的一个载体。

三、形成持续、多元、健全的"实践共同体"

课例研修注重学校领导、学科专家以及不同特点教师之间的互助协作,参与研修活动的成员之间,经验分享与互助是贯彻始终的。研修过程中多方人员的互助合作为教师搭建起共同反思、互相支持、共同提高的平台,这对于建设教育科研队伍、改进科研方法、加强科研管理,形成一个持续、多元并且更健全的"实践共同体"意义重大。

课例研修能够提高群体有效互动技能。知识共享并不意味着要把集体的观念强加给自己,而是意味着思想和思想之间的交换,在交流中相互影响、相互思考,并创造一种新的关系。这要求在群体中形成一种高品质的互动技能,能够求同存异、兼收并蓄。在我们进行课例研修的实践和反思中,总是出现这样一种情景:一位教师产生了一个好的设想并把这种想法提供给伙伴,伙伴中有人吸收了这种想法并对这种想法加以补充和进一步创新,就这样思想和思想之间的交换在同伴中像潺潺的溪水静静地流淌。

课例研修中的群体合作有利于形成建构性反思技能。建构性反思是在已有经验的基础上形成新的经验,获得新的认识的过程。在课例研修中,"建构性反思的关键是对活动中合理思想与行为的认可,对不合理的、无效的思想与行为的检讨,并且在这两者的基础上进行创造性的构思,形成解决问题的新方案"[①]。课例研修给教师提供了有效反思的模式。

---

① 王洁,顾泠沅.行动教育 教师在职学习的范式革新[M].上海:华东师范大学出版社,2007.

58

实现课堂的别样翻转的艺术

接受美学是以读者研究、接受研究为着力点的美学理论派别,其核心是"读者中心论"。它认为,文学作品的意义和价值只有在读者的阅读和接受过程中才能得以体现和印证。思想政治课教学与文学创作颇有相通之处,在教学中积极借鉴接受美学理论以提高教学实效不仅可能而且必要。

一、把握主体需求,按需施教,注重教学的针对性与层次性

接受美学认为,文学作品的价值不仅取决于作品本身的属性,还取决于读者的主体需求性,离开了读者的特定需求,作品只能是文学的潜在价值。因此,要想取得理想的教学效果,首先要从学生的需求出发,按需施教。

1. 增强内容的针对性

教师要善于从社会生活与学生生活中撷取能印证教学内容的鲜活素材,并与学生的已有经验相结合,力求在讲清基本概念与观点的基础上,引导学生运用基本理论,分析并尝试解决现实问题,从而感受课程的应用价值,提高课程的吸引力和说服力。如教"树立正确的消费观"时,不妨发动学生对本校所有学生及其家庭成员的消费状况开展调查,并收集社会上关于"月光族"与"酷抠族"的相关资料,让学生在占有丰富的现实资料的基础上组织课堂辩论,相信学生对本框观点的接受一定水到渠成。

2. 明确目标的层次性

学生是有差异的个体,他们对同一内容的接受能力不可能整齐划一。我们强调学生的全面发展,并不意味着所有学生都要同步发展,而是要求教师在充分认识学生个性差异的前提下,注意因材施教。在教学过程中,我们应在深入了解学生已有知识水平、能力发展和价值观形成状况的基础上,面向全体,尊重差异,制定切合学生实际的教学目标。既不任意拔高,也不随意降低,分层推进,逐步深入,使每个学生的知识、能力和觉悟都能在原有基础上得到提高。

二、调整课堂结构,巧妙留白,激发学生的探究欲和创造欲

我们的教学结构在教师精心设计的无缝衔接下往往密不透风,学生疲于应付,课堂已失去了应有的灵性与生机。灵动的课堂,一定是疏密有致的课堂,如果我们在教学过程中巧妙"留白"、虚实结合,必能收到此时无声胜有声的奇效。

1. 创设悬念,拓展学生的想象空间

高明的教师都是设置悬念的高手,懂得在紧要处"卖关子""吊胃口",激发学生探究和创造的欲望。如在教授"矛盾"这一概念时,教师不急于讲解,而是抛出一连串的问题诱导学生看书、思考、争议:"张三与李四闹矛盾了。这里的矛盾与哲学上的矛盾是不是同一概念?""某人说话前后矛盾。这里的矛盾与哲学上的矛盾有区别吗?"在此过程中,教师始终不直接说出答案,仅做适当的点拨,让学生品尝找出答案的愉悦。巧设悬念,切合了认知内驱力的要求,造成急切期待的心理状态,促使学生产生问题意识和探究冲动,是激活课堂、提高教学接受度的催化剂。

2. 抓大放小,保留学生的自主领地

政治课的教学内容繁多,涉及经济、政治、文化与哲学多个领域,知识点面广量大,教师不可能也没有必要面面俱到。课讲五分正好,七分足矣。重点、难点着力精讲点拨,其余尽可放手交给学生自主探究,以避免无谓的重复。

3. 举一反三,激发学生的创造潜能

教师要善于运用迁移规律,把要解决的新问题与已解决的某一类问题联系起来,找出共同规律,将未知转化为已知;要精心选编习题,可设计一点多题以强化巩固,或一题多点以系统巩固,或一题多解以引导学生标新立异。

总之，要让学生能运用已有的知识和方法去解决众多的新问题，做到闻一知十、举一反三。

三、揣摩接受心理，审时度势，把握教学的佳期与良机

愉悦的心境，可形成优势兴奋中心，接受通畅而顺利；而烦恼、恐惧、憎恨的心绪会妨碍正常的学习活动，导致接受受阻或衰减。因而，在思想政治课教学过程中让学生始终保持积极的心态至关紧要。

1. 坚持适度刺激

教师在教学中，一方面要依据学生的接受能力确定教学内容，突出重点，切忌贪多嚼不烂；另一方面，要注意对学生进行评价和教育的语气，忌用力过猛，令人生厌。此外，作业也应适量，难度适中，注重质量，避免简单、机械、重复性的习题。

2. 关注提问公平

教师应树立全面的学生观、公平的教学观，课堂提问应给所有学生以均等的机会，从而最大限度地保持学生旺盛的学习热情。

3. 重视成功体验

教师要特别注意创设让学生获得成功的情境。比如适当调整试题的难度，分层作业，梯度推进，提高学生的相对成绩，让其总能看到希望，从而提高对自我的认可度。随着学生兴趣的发展、心理的日益成熟，其接受能力便会在不断拥有的成功的喜悦中逐步提高。

思想政治课的教学过程，是教师的价值引领与学生的自主建构相统一的过程，也是师生共同的审美与创美的过程。以接受美学的视域来观照这一过程，实现了从教师立场到学生立场的翻转，不同的视角自会带来别样的风景。

59

思想政治课教学的对话艺术

对话,已成为文明社会的交往理念,所到之处,带来的是理解、和谐与共赢。课堂教学中,真正的对话表现为师生双方的"敞开"和"接纳",能够带来双方经验的增长和精神的变化,而实现这样的对话,仅有语言是不够的。

一、平等共享:对话的心理氛围

对话的双方要平等信任。课堂对话,不仅仅是通过语言进行讨论或争鸣,更是师生之间平等的心灵沟通。实现真正对话首先要消解教师的话语霸权,把学生看作有独特性和创造性的个体,允许他们发出自己的声音,教师应在"倾听"中理解并帮助学生建构自己的话语,提升对话的资质与能力。

对话的过程需包容开放。师生对话不仅关涉知识及其意义,还融会了经验与生活;不局限于是非之争,更多的时候是相互启发、补充完善。以开放的心态包容歧见,尊重多元,学生才会有信心克服发现自我和表现自我的恐惧,从而为问答、切磋、研讨、协商奠定基础。

对话的追求在理解共享。真实的对话包含着一种强烈的相互关系感,是主体与主体之间的相互理解过程。对话过程中教师要搁置己见,倾听学生内心深处最真实的声音,让意义自由流动,增进彼此间的理解。不同思维方式与观念的冲突和碰撞,可以帮助对话各方摆脱旧眼界的束缚,开阔思路,共同创造生成新见解,实现共识共享。对教师而言,这样的教学也不再是单向付出,而成为专业成长和自我实现的过程,成为师生共同分享生命成长乐趣、提升生命质量的过程。

二、链接生活：对话的情境支撑

心理学研究表明，学习内容与学生熟悉的生活实际越贴近，学生接纳知识的自觉程度就越高。教学实践中我们选择的情境素材可以是社会热点，也可以是青少年学生感兴趣的话题。如学习"消费心理和消费行为"时，引入"135"绿色出行方式；学习"社会主义市场经济"时，以"任志强 PK 住建部"来设计话题；学习"公民有序政治参与"时，链接"微博实名制：谁喜谁愁"；学习"求索真理的历程"时，以"冰河期——被误读的严寒"为背景；学习"创新的社会作用"时，将神奇百变的 iPad、iPhone 产品作为对话素材；而苹果"教主"乔布斯的名言"我愿意把我所有的科技去换取和苏格拉底相处的一个下午"则能够激起青少年学生对哲学的无限遐思，进而追问哲学与具体科学的关系……

对话情境不仅要与学生的生活经验相关，还需变化信息刺激，引导学生从不同视角观察生活，感悟体验。如课堂对话中引入"17 岁高一学生为买 iPad2 卖肾"事件，学生从消费观的角度能够认识其错误，但也会引发学生对"苹果"好奇与盲目追崇的"羊群心理"。此时，链接新闻《"毒苹果"造就"牛奶"河，生命健康何以保障》以及《纽约时报》指责中国通过 iPhone 制造，"掠夺"本应属于美国的就业岗位，但绝口不提每售出一部 iPhone，苹果公司能获得其中利润的 58.5%，中国业者的利润仅有 1.8%、收益 6.54 美元的事实，让学生从产品高端时尚、"饥饿营销"策略、污染区致癌率上升、企业的社会责任、中美贸易不平衡的真实状况等不同角度品味"苹果"的酸甜苦辣咸，不仅能够引导"果粉"理智消费，还能让对话参与者不断创生或合作创生出符合自身认知需要的新的探究方向，使对话"余音绕梁"。

三、智慧启悟：对话的思维含量

课堂对话不是漫无目的的闲谈，教师设计的话题还要有思维含量，如果仅限于认知性内容，只需照搬书本就能回答其"是与否""对或错"，学生感受不到思维的快乐，体验不到身心力量的发挥和智力价值的增长，久而久之也会失去参与课堂对话的兴趣和激情。

教师可以设问："毒"苹果说明了市场经济的哪些特点？员工的自我牺牲换来了苹果的傲慢，作为劳动者应该如何维权？要为苹果清毒，政府能够从哪些方面发力？品质一流的iPhone4目前全部由中国企业生产代工，可惜的是乔布斯卖苹果，我们"啃"苹果；乔布斯创造苹果，我们追随苹果。改变我们"啃"苹果身份的关键是什么？等等。设问的角度很多，而从学生的思想、生活实际出发，把学生从旁观者变为亲历者的设问，最能引起学生的认知需要和深度思考。

四、价值引领：对话的教师责任

教师不可能是一个放任自流的旁观者或价值无涉的中立者，而理应成为对话教学过程中的价值引导者。价值引领并不是教师一厢情愿就能成就的事情，面对渴望独立、喜欢追潮的青少年，仅仅"告诉"他们何为正确、何为错误是远远不够的，应该通过道德对话，将价值选择的过程还原、展现，让学生不仅知其然，而且知其所以然。如以"小悦悦事件"为背景解读价值观的导向作用，教师首先要提供机会让学生自由表达见解，在倾听中理解学生的真实思想，在追问中教会他们进行道德推理、辨析不同行为的价值立场，引导他们做出比较、判断，实现价值的自我建构与过程共享。而面对中国道德"滑坡"的疑惑，教师可以设问：18名冷漠的路人是否足以代表所有中国人的道德水准？这一极端的个案是否足以证明社会道德已经普遍沉沦？引导学生从"主流与支流""整体和部分"等角度展开辩论，让个体在交流碰撞的过程中，告别非此即彼的一元思维，摒弃非对即错的简单判断，使价值思维趋于辩证和理性。

明确主流，却不能代替反躬自省与道德践行。当学生谈及行善有风险以及拾荒阿姨陈贤妹被质疑想出名，初中生救助路人后被贴上"保时捷少女""富二代"等标签的现实顾虑，教师应充分行使平等拥有的发言权，为学生提供一些更宽阔的思路、更广阔的视野，启发学生正因扬善的制度还不够合理，源自个体的道德努力才弥足珍贵；道德重建之路上的"白方礼"们给予我们的不应止于感动，更需你我共同行动。

教育始于生命，达于精神。要把丰富人的生命体验、提升人的精神境界作为课堂教学的价值追求，对话，就不仅仅需要语言，更要融入经验、思想、真情，为师生精神上的"相遇"搭建桥梁，为学生德性的成长智慧导航。

60

思想政治课教学的有效追问艺术

高效思想政治课堂始于有效提问,没有高质量的有效提问就没有独到的见解,没有针对性的有效提问就没有个性化的认知,没有典型性的有效提问就没有普适性的道理。有效性的提问,既可以调节课堂气氛,促进学生思考,激发学生求知欲望,培养学生口头表达能力,又能促进师生有效互动,及时地反馈教学信息,提高信息交流效益,从而大大地增强课堂教学的实效性。本文以《经济生活》围绕主题、抓住主线一课为例,谈谈思想政治课堂的有效追问艺术。

一、靠船下篙,就地追问

思想政治课与社会时事、生活实际联系是比较紧密的,易吸引学生兴趣,设计课堂提问要融入生活的实际,与热点、焦点问题联系起来,使课堂提问具有时代性。这要求教师对师生所处环境内的人或事有充分的触摸和体察,或触景生情地叩问灵魂,或设身处地地换位思考,或对材料有机导入分析。在这个过程中要不断追因,合理推断,就地追问。切忌一上来就跟着感觉走,没有问题意识。

2015年11月24日,苏州大市优质课比赛,课题是《经济生活》中"围绕主题、抓住主线"一课。教师上课便抛出几个问题。

问题一:大家知道今天对苏州来讲是什么日子?中国与中东欧国家领导人会晤在苏州举行。

问题二:为何选在苏州迎接中东欧16国领导人呢?李克强总理介绍说,"中国素有'上有天堂,下有苏杭'的说法"。他进一步解释说,"苏州是个非常有特点的城市,我们在观赏天堂美景,更在脚踏实地努力,可以说,苏州会晤是今年16+1合作最重要的议程"。

问题三:同学们,你知道苏州经济有哪些特点吗?

这就犹如一部小说,要引起人们阅读的兴趣,必须有精彩的开篇。在教学中,教师的"导",是为了学生的"入"。要把学生的注意力从课前状态尽快吸引到课上,教师应当细观察、巧琢磨、精心设问。教师要善于围绕学生身处的环境中发生的新鲜事件、联系热点进行提问才能调动学生的思维、拓展学生的视野。学生在浓浓的苏州乡土味道中开始了探寻经济之道。

二、一线穿珠,详细追问

在政治课教学中,采用主题情境探究式教学,该教学法又被称为"一线穿珠"教学法,较为常见。情境的设计层层展开,有利于问题的逐层推进。教师对于典型材料,具体到现象和问题,由表及里、追本溯源地分析,围绕核心问题层层设计问题。

以《经济生活》中"围绕主题、抓住主线"一课设计为例。从横向角度围绕"发现苏州之美"主题,全班同学分成4个小组,组员利用课余时间通过网络、电视等媒介,收集能够体现苏州之美的相关资料。组长把资料整合,并写出相应的关键词。

教师抛出的问题是:让我们走近苏州,探究一下美丽苏州是如何体现科学发展理念的。

第一组素材:2014年中国各省市GDP数据排名公布,苏州以13 761亿元,列江苏第一,全国第七。

问题一:上述材料中体现苏州美的关键词是什么?如何具体体现了科学发展理念?

第二组素材:苏州荣获"2015中国最具幸福感城市"荣誉称号。

问题二:上述材料中体现苏州美的关键词是什么?如何具体体现了科学发展理念?

第三组素材:(《苏州好风光》)秋天里桂花香,庭院书声朗,冬季里蜡梅放,太湖连长江,推开门窗,青山绿水,巧手绣出新天堂。

问题三:上述材料中体现苏州美的关键词是什么?如何具体体现了科学发展理念?

第四组素材:《苏州好风光》上有呀天堂,下呀有苏杭,城里有园林,城外有水乡……古韵今风,天下美名扬。

问题四:上述材料中体现苏州美的关键词是什么?如何具体体现了科学发展理念?

在创设新环境中,教师把问题一个一个地提出,又一个一个地解决,让学生经历了一个提出问题、分析问题、解决问题的完整过程,既有利于启迪学生的思维,又层层推进,步步深入,从而"围歼"难点:美丽苏州是如何体现科学发展理念的。

三、化虚为实,智慧追问

思想政治理论都比较抽象,如何让学生很好地理解呢?化虚为实就是一个很好的方法。事实胜于雄辩,智慧追问指能由果索因、由表及里、由此及彼、去伪存真、去粗取精地发问,当然,这些问题一定得问在事理的关键点、疑难处、困惑带,切忌问得虚弱。所谓问得虚弱,就是指问题追问空洞乏味、孱弱无力,不能一针见血,洞其本质效果。

以《经济生活》中"围绕主题、抓住主线"一课设计为例。2015年10月13日,苏州工业园区获批成为全国首个开放创新综合试验区——加快建设开放引领、创新驱动、经济繁荣的国际先进现代化高科技产业新城区。教师把苏州的发展转变形象地比喻为从"借鸡生蛋"到"养鸡生蛋",并围绕此开始提问。

问题一:"借鸡生蛋"到"养鸡生蛋"分别指什么经济发展方式?

问题二:为何要实现从"借鸡生蛋"到"养鸡生蛋"的转变?

问题三:如何才能实现从"借鸡生蛋"到"养鸡生蛋"的转变?

所提问题有一定的深度,既激发了学生的好奇心、求知欲和积极的思维,又使学生通过努力达到"最近发展区""跳一跳,摘桃子",培养了学生在学习过程中发现问题、提出问题、解决问题的能力,也有利于培养学生在学习前人经验的同时,具有勇于突破和敢于创新的意识和能力。这些独特的思维过程,体现了创造性思维的独特性和求异性。

思想政治课堂提问的方法还有很多,本文难以一一罗列。我们应该让学生在思维情境中学会思维,在探究问题中学会探究,把研究重点放在常态课堂教学中有效提问的研究上,使有效的课堂提问成为培养学生创造能力的桥梁、火种与催化剂。在今天的思想政治课教学中,教师若能重视课堂有效提问,善加指点,一定能收到让问题不成为问题的效果。

61

思想政治课教学中七种语言的设计艺术

考察政治教师课堂上的教学语言,虽然千变万化、千姿百态,但按照"微格教学"(即小步子教学)的"格"来分,主要有七种教学语言。掌握这些教学语言的"格"及其特点,对优化政治教师的教学语言大有益处。

一、开讲语

紧扣课文,诱发学生感情,创设情境,激发学生兴趣。开讲语要简明扼要,新颖生动,吸引学生的注意,为课堂教学找到一个良好的开端。

[范例] 在讲"矛盾普遍性"时,教师首先介绍我国历史上的"四大美人",她们都是绝代佳人,各享有沉鱼、落雁、闭月、羞花之美誉,但四位美人又都有生理缺陷:西施耳朵特小,王昭君脚特大,貂蝉有狐臭,杨玉环形体过于丰满,以至于走路时的响声不堪入耳。这个事例使学生兴趣盎然,等待着教师的讲解。教师稍做停顿后说:"'人无完人,金无足赤',四大美人是如此,世界上任何事物都是如此,矛盾是普遍存在的。"

二、过渡语

穿针引线,连接课堂的各个环节。过渡语要简洁风趣,引导学生由浅入深,把一个一个教段(教学板块)自然向前推进,衔接自如。让学生的思维之舟在知识的长河里行驶,不知不觉"轻舟已过万重山"。

[范例] 一位教师在讲"联系的普遍性和客观性"时，穿插了一段过渡语：我们看电影或电视时，有时会出现这样的镜头，如一声声悠扬动听的唢呐声，伴随着树上的喜鹊叽叽喳喳的叫声，花轿进村了；又如在一片肃穆悲哀的乐曲声中，几只乌鸦在荒山旷野里发出凄惨的叫声，母亲带着幼儿在刚埋完丈夫尸骨的坟前哭得痛不欲生。因此，人们常说，"喜鹊叫，喜事到；乌鸦叫，丧事到"。同样，在现实生活中，人们总是把"8"与"发"联系在一起，以至于犯罪分子作案也选择在"9月18日"（就要发）这一天。同学们，你认为乌鸦叫与丧事、喜鹊叫与喜事、"8"与"发"之间有联系吗？为什么？

三、提问语

启发得法，能打开学生的思路，帮助学生整理语言，使其流畅地表达出来。提问语能给学生提供知识的背景，于无疑处设疑，"跳一跳，摘到桃子"。提问时目的要明确、时机要恰当，让学生站起来回答都能成为胜利者，学生自豪地说"我行"，这样的提问即成功的提问。提问语言要准确，难易要适中。

[范例] 有位教师在讲"意识能够正确地反映客观事物，不等于人们的意识都是一样的"时，引用了一道高考作文题作为提问语：一对孪生兄弟到公园玩耍，回来后向母亲报告各自的观感。哥哥说，"那可真是一个好地方，荆棘上面也有鲜花"。弟弟说，"那可真是一个鬼地方，鲜花下面也有荆棘"。为什么在同一地点、同一时间，兄弟俩会得出如此不同的观感呢？在讲"矛盾的对立统一"时，则又引用了马克思的一段话作为提问语：假如没有小偷，锁会达到今天这样的完善吗？假如没有假钞票，钞票的制造会这样精美吗？在马克思看来，锁的制造日臻完善，钞票的印刷日臻精美，应该到事物的反面去寻找答案，为什么？

四、插入语

插入语应语言生动，富有机智。它用在师生的对话中，或鼓励、鞭策，情动于中；或纠错，情真意切；或挑逗，风趣幽默；或点拨，发人深省……给课堂教学增色添彩。插入语短小精悍，榫集自然。

[范例] 一位教师在讲"具体问题具体分析"时，他先提出一个问题让学

生回答:"雨水对农作物的收成是有益还是有害?"学生不约而同地笑了起来,几乎异口同声地回答:"当然有益。""既然是有益的,那么雨水越多对农作物的收成就越好吗?"教师一反问,课堂气氛顿时活跃起来,学生热烈地议论着。这时,教师抓紧时机因势利导,告诉学生要正确回答这个问题,必须"具体问题具体分析"。

五、讲析语

讲解分析,精辟警策,堪为示范。教师的讲析语语意深刻,对教学重点、难点重锤敲打,能掀起教学高潮,震撼学生心灵,使其心潮难平。教师语重心长,谆谆教诲,让学生在其乐融融的感情氛围中求知识、悟义理、明人生。一位优秀的政治教师,他的讲析语让学生听后仰而叹,俯而思,时而托腮凝思,有寒塘映月之静;时而眉目舒展,有满面含春之雅;时而精神亢奋,有如急流高峡陡转;时而心如古井,正襟危坐沉思默想;时而激昂慷慨,有如山呼海啸,等等。一堂课中如果没有教师语意深长、优雅生动的讲析语,这堂课就黯然失色。

[范例] 一位教师在深刻分析了"没有共产党就没有新中国,没有共产党就没有社会主义现代化"后,设计了一段充满激情的讲析语:从鸦片战争的烽火到甲午海战的硝烟;从公车上书的壮举到戊戌六君子的暴死街头;从谭嗣同'有心杀贼,无力回天'的哀婉到孙中山'革命尚未成功,同志仍需努力'的长叹;从太平天国的兴衰盛亡到义和团运动的潮起潮落;从石达开大渡河边的全军覆没到卢沟桥头红军的置之死地而后生;从卢沟桥的炮声到渡江作战的号角;从第一面五星红旗冉冉升起到东方雄狮的仰天长啸;从大漠深处蘑菇云的升腾到改革开放的惊世业绩;从近代史上一次次的丧权辱国、割地赔款的屈辱到香港、澳门的顺利回归……所有这一切无不向世人昭示着一条颠扑不破的真理:没有共产党就没有新中国,没有共产党就没有社会主义现代化。

六、阐释语

画龙点睛,切中肯綮。解惑,让学生有拨开云雾见青天之感;释疑,让学生有"众里寻他千百度,蓦然回首,那人却在灯火阑珊处"的愉悦。阐释语简明扼要,一语中的。

[范例] 一位教师在批驳主观唯心主义者贝克莱的"存在就是感知,物是感觉的结合"时,并没有采取直接批驳的办法,而是将他的观点加以引申,直接暴露其论点的荒谬。他设计了这样一段阐释语:"按照主观唯心主义者的观点,客观事物之所以存在,是因为他感觉到了客观事物,凡是没有感觉到的就是不存在的。如果他的这个观点成立,那么,主观唯心主义者就不是他的父母生了他,而是他的感觉生了他的父母。因为,在他降生于这个世界之前,自然是没有感觉的。所以,他的父母当然也是不存在的,他的父母之所以存在,就是主观唯心主义者感觉到了的缘故。"在学生的哄笑声中,这位教师又引用了唯物主义哲学家费尔巴哈批判主观唯心主义者时说过的一段颇有风趣的话:"如果猫看见的老鼠只在它的眼睛中存在,只是它的视神经的感觉,为什么猫用爪子去抓老鼠,而不去抓自己的眼睛呢?因为猫不想因为爱戴这些唯心主义者而去死于饥饿,并且忍受痛苦。"(《费尔巴哈哲学著作选集》上卷,526页)

七、结束语

余音绕梁,三日不绝。让学生带着美感下课,带着继续探索的心理走出课堂。结束语应该精粹而又便于记忆,概括教学内容的要领,形成新的学习动机。它或者创设言已尽而意无穷的氛围,让学生反复推求;或者"一石激起千层浪",让学生课后自寻答案;或者引导学生想象,让学生越想越聪明,等等。结束语,要言简而意赅。

[范例] 一位老师在讲完"价值规律的作用"后,做了如下的小结:"价值规律在商品经济中起着重要的作用,它像一根'指挥棒',调节着劳动力和生产资料在社会生产各部门之间的分配;像一根'鞭子',鞭策着商品生产者改进技术和管理,努力提高劳动生产率;像一只'筛子',促使商品生产者在竞争中优胜劣汰。""指挥棒""鞭子""筛子"这三个词生动地概括了价值规律的三个作用,精粹而便于记忆,使学生终生难忘。

笔者想,教师如能熟练地运用以上七种语言,就能抓住学生的心,使教学语言充满美感,从而收获最优的教学效果。

62

思想政治课教学的留白艺术

激发学生的求知欲和学习兴趣,常常能够活跃课堂气氛,创造教学佳境,使新课教学起到事半功倍的效果。而把布白这一手法运用于导课环节中,恰能迎合中学生好奇心强、求知欲旺盛的特点。借助布白导课,从一堂课的开始便设置悬念,紧紧抓住学生的注意力,激发其学习兴趣,强化学习动机,起到先声夺人的效果。例如,在讲"运动是物质的根本属性"时,从一则"早上四条腿,白天二条腿,晚上三条腿"的谜语竞猜导入;讲"具体问题具体分析"时,从"下雨是好事还是坏事"的讨论导入;讲"市场交易的原则"时,从"金华毒火腿使一个千年品牌毁于一旦"的案例导入;讲"维护消费者合法权益"时,从一则"铁道部召开春运价格听证会"的报道导入;讲"树立消费观"时,则从一个"中国老太太和美国老太太买房子"的故事导入……诸如此类的导入,尽管方法各异,但有一个共同的特点,就是在导入处布白,以引趣激思。

一、巧布时间空白,培养个性

张弛有度,文武之道,艺术化的课堂教学应该是张与弛的完美结合,有动有静,开合有度,富有节奏感。授课节奏犹如故事情节发展,跌宕起伏,错落有致,时而似小桥流水,恬静舒缓,时而如狂风骤雨,惊涛拍岸,妙语连珠。有时可人为地"垒坝筑堤",造成暂时的"断流",以期"含蓄"后造成"抽刀断水水更流"之效。课堂教学结构的设计,在教学"时间"要素上给学生布下几段空白,成为一种"召唤结构",形成对学生"期待视野"的强烈呼应,使课堂教学呈现出虚实相映生辉的和谐美。空白留给学生一些思考、想象和表现自己个性的机会,学生的独立人格得到尊重,有利于学生个性的完善。教师在教学中应充分利用这种暂时性的语言空白,给学生以思考、想象、回味的余地。例如,有一次上公开课时,笔者向某个学生提了一个较为简单的问题,该生有些紧张怯场,不知如何表达,而其他学生欲代其回答,笔者示意制止。片刻的"空白"过后,该生终于表达出来,尽管不太流利,但教师留给学生的表达"空间",保护了其自尊心,培养了其自信心。

在笔者的内心深处,有一件事一直记忆犹新。那是笔者去参加一次教改学术研讨会,由于准备得比较充分,到了最后一天上午,各项活动均已顺利结束。与会老师说难得出来学习一次,希望能在这半天的余暇里,听听随行特级教师的课。因为是临时起意的,也没有做过多的准备,就由其中一位教师随学校的教学进度讲了一堂数学课。那是一节有关二次函数的习题课,那位教师在黑板上写了一道综合题,然后让学生自行讨论,试着解答。他则在学生间走着、听着,偶尔也点拨几句,20分钟过后,他问有没有人能解答出来,随即有学生起来叙述解题方法,那位教师边写边分析,指出其中错误。然后下一个学生继续起来尝试。眼看就要下课了,这道题的最后一步仍没有解答出来。笔者想那位教师大概要说出解法了吧,可是很意外,那位教师说这道题的最后一步他也不会解,请同学们下课后继续讨论研究,如果哪位同学解答出来了,希望彼此交流学习一下,并且说了自己的姓名、地址和联系电话,就下课了。那位特级教师下课走了,留下我们和叽叽喳喳的学生。这时,教室里仍有不少学生还饶有兴趣地在黑板上指指点点。在那一瞬间,笔者觉得一直围绕着自己的雾霭正一点点散去,思维也一点点变得清晰起来,一个好的教师,不是一个无所不知、无所不能、锋芒毕露的"智者",而是一个懂得适当"藏巧"、适时"布白",以激发学生潜能的"拙"教师。

二、巧设语言空白,发挥想象

教学语言是优秀教师展现教学技巧的武器之一,卓越高超的教学语言艺术是教学成功的基本前提。优秀的教学语言应体现其旋律和节奏美,其旋律随着不同的教学内容和教学实际需要,体现出不同的调式特征,或高昂,或低沉,或激越,或舒缓;其节奏时重时轻,时缓时急,抑扬顿挫,有板有眼,学生的优势中心随语言的变化而不断得到转移和强化。有的教师讲课过快,像放"连珠炮",结果,他那里马不停蹄,汗流浃背,学生则没有思考、不记笔记,只随教师走马观花。相比之下,有的教师用中速讲课,慢慢地讲述,叙事说理犹如涓涓清泉在碎石上轻轻流淌,学生则加倍吮吸,唯恐把教师的声音滑流过去,听得聚精会神,印在脑海里,牢记在心里。当然,课堂教学语言的音量、音速要根据教学内容的不同而随时调节。一般而言,起始阶段的语言应新颖、有趣、简明并舒缓前进;分析阶段的语言应准确、深邃、犀利且波澜起伏;课堂高潮的语言应神采飞扬且渐趋紧亢;结束阶段的语言应概括重述且微昂稳收。总之,务必使声音强弱起伏,疾徐有间,抑扬顿挫,富有节奏感。另外,教学中对于那些只可意会而不能言传的意境,可用"空白"代之,发挥学生的想象力,达到此时无声胜有声的境界。《扬州画船录》里有一段关于著名艺术家吴天绪的说书的记载:吴天绪在表演张飞板桥喝退曹兵时,先做欲叱咤之状,当听众洗耳恭听时,则张口怒目,以手做势,不出一声,而满室中如雷霆喧耳。

三、质疑问难而布白,启发思维

提问是惯用的教学手法之一,提问艺术运用得当,能启迪学生思维,开拓学生思路,发展学生智力,活跃课堂气氛,提高教学质量。教师应设法引导学生进入孔子所说的"愤""悱"状态,并以巧妙的"启""发",训练学生的思维能力,使学生破"愤"而通,变"悱"为达。一方面可问后布白,给学生以思考的空间,另一方面也可采用虚词,以期化虚为实。有经验的教师在适当的时候会有意识地设置暂时的知识"空白",并激发学生急于填补"空白"。例如,在讲"储蓄的作用"时,笔者采取辨析式设疑:居民储蓄越多越好吧? 在讲"股票、债券和保险"时,笔者采取参与式设疑:假如你有10万元的闲置资金,你将如何理财,使安全性和收益率达到最佳? 在讲"矛盾的对立统一"时,笔者采取故事式设疑:传说孔子曾带领一班学生到老子那里去请教。孔子见到老子,行过礼,垂手立于一旁。老子正闭目静养,听到响动,抬起眼皮望了望。孔子连忙请安道:"弟子孔丘特来候教。"半响,老子张开嘴问:"你看我的牙怎么样?"孔子说:"已经全掉了。"老子又问:"我的舌头怎么样?"孔子回答:"还好。"然后,老子又合上眼皮,重新开始静养起来。请问,老子教了孔子及弟子们什么道理? ……这些疑问的提出,紧紧地吸引了学生的注意力。这时教师给学生留下了思维的空间,待学生回答完毕,教师不要急于肯定、否定或补充,而是有意识地形成第二段空白,让回答问题的学生有稍做反思的时间。此方法对于其他学生来讲,也拥有对照、鉴定或修正的时间;而对于教师来讲,延迟评价则有搜集反馈信息或做出正确处理的时间,使教师的总结更具准备性和权威性。

四、借助布白结课,意犹未尽

结课是一堂具有艺术魅力的好课的"终曲",课堂教学的结尾也是整堂课的"点睛之笔",好的结课能给人以美和艺术上的享受。设置"空白",弹好"终曲",以"不全"求"全",在有限时追求"无限",即在一堂课的结尾注重浓郁的色彩和艺术的含蓄,给学生以想象的回味,收到"看已尽而意无穷"的效果。例如,在讲完"价值规律作用"一框后,笔者做了这样的结尾:价值规律作为商品经济的基本规律,能调节生产资料和劳动力在社会生产各部门的分配,能刺激商品生产者改进技术,提高劳动生产率,能促使商品生产者实现优胜劣汰。下面请同学们将价值规律的三个作用用三个简单的词语加以比喻概括。此题一出,学生积极动脑,争先发言,结课前形成了一个小高潮。而学生的比喻概括之妙超出教师的想象,如将价值规律调节生产资料和劳动力在社会生产各部门的分配时比喻为"指挥棒",将价值规律刺激商品生产者改进技术、提高劳动生产率时比喻为"鞭子",将价值规律促使商品生产者实现优胜劣汰时比喻为"筛子"。又如,在讲完"市场经济的特征、原则"等内容后,笔者布置了这样的结课思考题:"市场经济是什么?"要求学生结合所学知识加以概括,只要言之有理就行。在学生的热烈讨论中,形成了各种各样的观点,如市场经济是法制经济、市场经济是道德经济、市场经济是诚信经济、市场经济是竞争经济、市场经济是开放经济、市场经济是公平经济、市场经济是市场调节和政府调节相结合的经济等。这使学生对市场经济的认知更加全面深刻了。通过布白的形式结课,不仅能起到承上启下、以问激趣的作用,而且能有效地促使学生思维的延伸。

五、讲授练习布白,举一反三

"举一隅而以三隅反",这是孔子提倡的教学方法。在现代教学中,尤其是练习讲授过程中,教师也应如此。例如,对于某一类问题,教师应抓住典型范例,解剖麻雀,揭示规律,而把同类教材的其他问题则留给学生自己去解决;在讲解过程中,教师可故意留下一点不完全解决或不完全正确的问题,尝试着对学生进行变式训练,如题型变换、答题角度变换等,给学生留有思维驰骋的余地。

总之,课堂教学中的布白,是课堂教学中美的升华。这正如沈阳出版社1992年出版的《泛舟诲海》一书中所说的:"课上,教师绝禁口若悬河滔滔滚滚地唱独角戏,而把不少时间拨给学生默默自学;教师引导全班学生围绕某一专题沸如旋风似地热烈讨论,再给每个学生独自静静思考的充足时间;教师有时宛如率兵攻关一般带领一班学生板演难题,却也回手给学生悄悄演题或做作业的空儿。这种时间、空间、声音上的一块块留白,给了学生消化、吸收、发现、驰骋的广阔天地。这实在是一种以逸待劳的高超的教学艺术。"

63

学生创造性思维培养的发问艺术

创新是知识经济的灵魂,也是素质教育的核心。如何在教学中着力培养学生的创造性思维能力,已成为课堂教改的一个热门话题。现代心理学研究的成果表明,学生思维是否活跃,除了与他们的学习目的、动机和兴趣有关外,主要取决于他们是否有解决问题的需要。因此,培养学生的创造性思维能力,同样离不开教师创设一定的问题情境。但是,创造性的质疑问题又不同于一般性的提问,它必须具有以下一些特征:① 问题不是单一的标准答案;② 问题的答案不仅仅局限于现有教材的内容;③ 问题是以学生已有的知识经验为基础的。基于这样的认识,笔者在中学思想政治课教学中,借鉴运用了台湾著名教育家陈龙安教授集多年教学经验和研究实验提出的创造性思维发问技巧"十字口诀",即"假列比替除,可想组六类",在通过巧妙发问培养学生的创造性思维能力方面,做了积极而有益的尝试。

"假"——"假如"的问题,即要求学生对一个假设的情境加以思考,可用人、地、事、物、时(过去、现在、未来)的假设发问。例如:"假如没有小偷,锁会达到今天这样的完善吗?""假如没有假钞票,钞票的制造会这样精美吗?""假如你是该企业的厂长,你将如何使企业走出困境?""假如你是该市的环保局局长,你将怎样行使国家职能,治理本市的环境污染?""假如你是西部一个省市的领导人,你如何抓住西部大开发的机遇,加快当地的经济发展?"

"列"——"列举"的问题,即列举符合某一条件或特性的事物或资料,越多越好。例如:"列举我国经济发展进入新常态的主要表现""列举出影响我国经济可持续发展的具体现象""列举出我国国有企业总体效益比较低下的原因""列举世界金融危机对我国的启示"。

"比"——"比较"的问题,即就两个或多个事物的特征比较其异同。例如:"请分析比较议会制共和制和总统制共和制的异同""资本主义议会与我国的人民代表大会、资本主义多党制与我国的共产党领导下的多党合作制有何异同?""主要矛盾与矛盾的主要方面、商品和劳动产品、运动变化和发展之间有何异同?"

"替"——"替代"的问题,即用其他的事物、字词或观念等取代原有的事物、字词或观念。例如:"在中国,民主党派能够代替中国共产党承担起领导中国革命和建设的重任吗?""纸币能够代替金属货币执行哪些职能?""物质的唯一特性——客观实在性和物质的根本属性——运动能够相互替换吗?""内因是变化的根据,如果把'根据'替换成'原因'你认为可以吗?""青少年学生如果不用无神思想武装自己的头脑,那就会让什么思想占据自己的头脑?"

"除"——"除了"的问题,即针对原来资料或答案,鼓励学生能突破常规,寻找不同的答案。例如:"商品价格除了由价值决定外,还受哪些因素的影响?""'落后就要挨打'中的'落后'除了技术、实力之外,还有其他的含义吗?""影响我国供给侧改革的除了客观因素外,还有主观因素吗?"

"可"——"可能"的问题,即鼓励学生利用联想,推测事物的可能发展,或做回顾与前瞻性了解。例如:"如果商品的价值由生产该商品的个别劳动时间决定,可能会出现什么样的情况?""如果在市场经济中单纯由市场对经济活动进行调节,可能对经济发展带来什么影响?""我国加入世贸组织以后,可能对中国经济发展带来哪些机遇和挑战?"

"想"——"想象"的问题,即引导学生充分运用想象力设想各种可能的方案或结局,预想未来。例如:"下世纪中叶的世界将会是怎样的一个政治格局?""面对当前激烈的国际竞争,如果我们不致力于增强我国的综合国力,其结果会怎样?""当我国到建国一百周年达到世界中等发达国家水平时,我国政治、经济、社会生活等诸方面会发生怎样的变化?""俗话说'三个和尚没水喝',请你设想一下,采用什么方法能使三个和尚喝到更多的水呢?"

"组"——"组合"的问题,即提供学生一些资料(字词、事物、图形等),要求学生将其排列组合成另外有意义的资料。例如,学了主要矛盾和次要矛盾、矛盾的主要方面和次要方面原理之后,可以引导学生进行综合分析,以掌握"两点论和重点论统一"的基本原理。

"六"——"六W"的问题,即利用英文中的Who(谁)、What(什么)、Why(为什么)、When(什么时候)、Where(哪里)、How(如何)作为发问的题目。例如:"什么叫依法治国?依法治国的主体是谁?为什么要实行依法治国?如何实行依法治国?"

"类"——"类推"的问题,即将两种事物、观念或两个人直接比拟,以产生新观念。例如:"我国中西部地区的经济发展应从东部沿海地区的经济发展中吸取什么经验教训?""东南亚金融危机对我国经济发展和对外开放有何启示?""西方发达国家在处理经济发展和环境保护关系问题上的经验教训,对于我国经济的可持续发展有何指导意义?""我们将从东欧事变、苏联解体中得到何种借鉴和启示?"

在平时的教学实践中,笔者发现除了上述创造性思维发问技巧"十字口诀"外,还有一些发问方式也非常有利于培养学生的创造性思维能力。

"反"——"反弹琵琶,逆向思考",就是通过问题引导学生打破常规,另辟蹊径,对事物进行逆向思维,提出与众不同的见解。如"心想未必事成""人未必定能胜天""近朱者未必赤,近墨者未必黑""失败未必是成功之母""眼见未必为实,耳听未必为虚""旁观者未必清""众人拾柴火焰未必高""常在河边走,就是不湿鞋""留着青山在,也会没柴烧""狐假虎威,何错之有",等等。

"辩"——"辩论",就是教师有目的地制造"矛盾",将学生置于是非的"十字路口",通过争论提出自己独特的看法。如在讲运动和静止的关系时,开展"人能不能两次踏进同一条河流"或"人是否连一次也不能踏进同一条河流"的辩论;在讲矛盾的主要方面和次要方面时,开展"'克隆'是利大于弊还是弊大于利"的辩论;在讲树立正确的消费观念时,开展"鼓励适度消费与艰苦奋斗是否矛盾"的辩论;在讲市场经济的特征时,开展"彩电价格同盟的是与非、利与弊"的辩论,等等。

"变"——"变式训练",主要有两种形式:一是对学生已知的一些旧知识通过转换观察视角,挖掘出新意。例如,教材在讲授普遍联系这一知识点时采用了"桑基鱼塘"的事例。这一事例的讲述,使学生明确了在食物链内部,"桑—蚕—鱼"之间是相互影响、相互制约的关系。在教学事物的因果联系知识点时,可转换观察视角,启发学生:"如何运用因果联系的观点来分析'桑—蚕—鱼'之间的关系?"通过这一问题情境的解决,使学生明白"桑—蚕—鱼"之间也存在一种因果循环链。变式训练的另一种问法就是不断改变主题内容的呈现形式,使其本质内容守恒,非本质内容不断发生变化。例如,教师在学生回答了某一问题后,要求学生对所解出的问题适当加以变化和发展,并编出发展题。

"补"——"补白",就是教师对在课堂上所要讲授的内容制造出一定的空白地带,让学生自己去推测可能的结果。例如,在讲劳动者的权利和义务知识点时,教师先讲述这样一则案例:"某人从商店购买了一台收音机,回家后,发现该收音机质量有问题,但检查时将收音机某零部件弄坏。某人以该收音机质量有问题为由,要求该商店退货,而商店则以收音机已损坏为由,拒绝退货。最后,某人投诉到有关部门。"案例介绍完以后,教师不要忙于直接告知学生最后的处理结果,而应留下一定的认识空白地带,让学生依据所学知识自己去推测可能的处理结果,并陈述理由。

"散"——"发散训练",就是指教师在指导学生解决问题时,启发学生尽量从不同角度来认识同一问题的性质和解决方法。从层次上看,有同一学科同一教材内部的发散、同一学科不同教材之间的发散和不同学科之间的发散。例如,对"橘生淮南则为橘,橘生淮北则为枳"这一古老的说法,从哲学常识内部涉及矛盾的特殊性和内外因的辩证关系等知识点,从不同学科之间则涉及政治、地理、生物等学科的知识。

64

思想政治课教学的语言艺术

马克思说:"语言是人类交际的工具。"但"同样的教学方法,因为语言不同,就可能相差20倍"(马卡连柯语)。因此,思想政治课想要适合学生的胃口,就必须讲究教学语言的"味"。笔者认为,教学语言应具有情味、趣味、风味。

一、情味

社会心理学认为,人与人之间的信息传递与交流需要在很好的心理认同和情感共振的基础上进行。我们所施教的对象,不是工厂里听凭处理的原料,而是生动活泼的青少年学生,他们的内心世界是一片波涛汹涌的海洋,他们渴望丰富的情感体验、强烈的情感共鸣和适时的情感宣泄。因此,教师在课堂上不管听众是谁,只顾自己不痛不痒地背诵一些冷冰冰的条条,玩弄一些抽象的概念,这种所谓"耳边风"式的索然寡味的讲授,怎能激发学生的学习兴趣,并感动学生、说服学生呢?

在思想政治课教学中,政治教师要用充满情味的语言去拨动学生的心弦,把学生带入预定的饱含正义情感的意境之中,让他们的心灵深处受到强烈的震撼而产生共鸣,从一个静态进入一个情感涌动的世界,使之"登山则情满于山,观海则意溢于海"。例如,在讲"没有共产党就没有新中国,只有社会主义才能救中国"时,设计这样一段充满激情的导语:从鸦片战争的烽火到甲午海战的硝烟;从公车上书的壮举到戊戌六君子的暴死街头;从谭嗣同'有心杀贼，无力回天'的哀婉到孙中山'革命尚未成功，同志仍需努力'的长叹；从太平天国的兴衰盛亡到义和团运动的潮起潮落；从卢沟桥的炮声到渡江作战的号角；从第一面五星红旗冉冉升起到东方雄狮的仰天长啸；从大漠深处蘑菇云的升腾到改革开放的硕果累累；从近代史上一次次的丧权辱国、割地赔款的屈辱到香港、澳门的顺利回归……所有这一切无不向世人昭示着一条颠扑不破的真理——没有共产党就没有新中国，只有社会主义能够救中国。再如，在讲矛盾普遍性时，可联系学生的学习和生活实际，精心设计一段充满人情味的导语：人的一生充满矛盾。同学们正值花季、雨季，不能说已经饱尝了人生矛盾的滋味，但起码是初尝了人生的酸甜苦辣。当你们的考试成绩"潮起又潮落"的时候；当你和同学的友谊发生裂痕，渴望理解的彩虹在心灵蓝天重新飞架的时候；当望着新华书店那本新到的你梦寐以求的名著却又囊中羞涩的时候；当你们的节假日被旧教育模式的秋风从青春生活的大树上轻轻吹落的时候；当丘比特之箭过早地射向你们，情感的野马即将挣脱理智的缰绳向着学业荒废的悬崖狂奔的时候……这就是层峦叠嶂的矛盾的"三峡"在迎接你们这些满载民族希望的生命之帆！这样的教学语言，饱含情味的语流，潺潺流过学生的心田，让知识、情愫和思想，自然渗入并积淀在学生的意识深层，引导学生很快深入所描述的意境中去，犹如思想感情的野马与其一道驰骋，达到情理交融、以情动人、以情明理的目的。

　　为了增强思想政治课教学语言的情味，有时也可利用一些现成的诗歌、故事、新闻报道等，并通过教师声情并茂的朗诵来增强教学的情味。例如，在讲"理想的作用"时，就可以朗诵流沙河的《理想》诗："理想是石，敲出星星之火；理想是火，点燃希望的灯；理想是灯，照亮夜行的路；理想是路，引你走到黎明……理想开花，桃李要结甜果；理想抽芽，榆杨会有浓荫。请乘理想之马，挥鞭从此起程，路上春色正好，天上太阳正晴。"

　　没有情感的语言是一杯水，而融进了情味后，奔流的则是鲜红的血液，它能拨动学生的心弦，引起情感的共鸣，具有振魂摄魄的效果。

二、趣味

　　看赵本山、黄宏、陈佩斯等喜剧演员演小品，观众不断被演员们诙谐幽默的语言逗得捧腹大笑，他们在笑声中欣赏小品艺术，领略其中的趣味，也在不知不觉中受到了教育。如果政治教师在课堂教学中,也能巧妙地运用一些内容深刻、耐人寻味、诙谐幽默的趣味性语言,必然能使"教学过程更轻松、更有乐趣、更有效"(赫布·特鲁语)。因为,政治学科的特点决定了它所讲授的道理的严肃性,而"用幽默的方法说出严肃的道理,比直截了当地提出更易为人接受"(海因斯·雷曼麦语)。例如,给初中学生讲授有关资本主义的内容时,根据教学内容和学生的实际,用生动、幽默的趣味性语言表达比较抽象的道理,取得了良好的教学效果。在讲"唯利是图是资本家的本性"时,教师可引用日本某电影公司为其一部专门介绍自杀方法的影片所做的广告:"喂——你失恋了吗?你破产了吗?你患艾滋病了吗?你在人生道路上遭到毁灭性打击了吗?那么,请自杀吧!本片谨向你提供最佳的自杀方式,既简单易行,又毫无痛苦,是一种美的享受!"学生听了这则广告语后,不仅对资本家唯利是图的本性深恶痛绝,而且深刻体会到资本主义生产的目的在于追求剩余价值。在讲"资本主义经济危机"时,则可引用一段有趣的故事作为导语:在20世纪30年代的美国,大资本家们不知得了什么"怪病",并且是一种"社会传染病"。他们就像比赛似的毁坏自己的生产设备和劳动成果。先是几个钢铁大王疯狂地炸毁高炉,在一阵阵"轰隆""轰隆"的爆炸声中,92座高炉被毁于一旦。农业资本家们也不甘落后,有的把1 040万亩棉花统统毁在地里,一朵也不摘;有的则把750万英亩的小麦烂在田里,颗粒不收;有的把上千万升新鲜牛奶倒进阴沟,点滴不剩;更有甚者,一位现代养猪场的老板,竟然把640万头猪统统赶进了密西西比河……他们真的疯了吗?没有!他们的头脑是非常清醒的,他们这样做,正是为了摆脱资本主义生产过剩的经济危机。如此,采用讲故事的方式来讲授政治课,再加上生动有趣的语言,能打开学生思维的闸门,增强学生的求知欲。

作为政治教师,要努力使自己的语言像火种,点燃学生的兴趣之火;像石块,溅起学生心灵港湾的兴趣之波,使政治课堂摆脱"匠气"和"死气",充满"生气"和"灵气",每节课都要让学生有笑声。

三、风味

清人郑板桥习字时,临摹名家书体,十分刻苦勤奋,晚上躺在床上还经常以手画被练字。有一次,他画着画着,不知不觉竟画到他妻子身上去了。他妻子生气地说:"人各有体,你这是干什么?"郑板桥听了,猛然醒悟,觉得不能停留在临摹别人的书体上,而应该有自己的风格和个性,后来他通过刻苦练习逐渐形成了独树一帜的"板桥体"。

书法应该讲究书法家自己独特的风味,政治教师的语言又何尝不是这样呢?作为个体,每一位教师的性格、气质、经历、才能、禀赋、修养、习惯等都不尽相同,而这些精神个性,在教学语言上就会体现出相应的风格个性。因此,每位教师应当根据自身的条件来发挥自己的个性优势,不只是教学语言上,还有教学风格、教学方法等方面也切不可盲目模仿别人,以免弄巧成拙。如果语言千人一面、千人一腔,那么思想政治课教学又怎能产生吸引力呢?

笔者作为一名政治教师,曾有幸聆听了名震全国的三位语文名家的讲课,于漪老师是词采丰华、情真意切的诗化语言,钱梦龙老师则是凝练硬朗、深邃缜密的理性语言,魏书生老师却是平易中和、亲切风趣的平民语言。尽管他们的风格迥异,但由于他们在语言的理与序、情与趣的关系上都有自己独到和成熟的处理方法,在诸如调节语势营造课堂气氛,控制音量以拨动学生心弦,把握节奏以引导学生思维流向等方面,都有独树一帜的创造,所以,他们的教学风格虽然不同,但都流溢出迷人的魅力。

当然,我们强调语言的个性化,并不排斥学习别人语言的长处,关键是在博采众长的同时,不应邯郸学步,而应在为我所用的同时高扬个性,从而形成自己独特风味的教学语言个性。

第六章

主体意识与品味课堂

65

唤醒学生主体意识的"一二三"实践

充分发挥学生的主体作用,是课堂教学改革的永恒主题。那么,如何将其落到实处呢?笔者认为,一个重要的方面就是瞄准学生的心理特点,把握学生的心理流向,从而唤醒学生的主体意识,发挥学生的主体作用。在教学中,笔者摸索出"一二三"工程的具体操作规程,即一个基础、两个动力、三种方法手段。

一、建立民主、平等、和谐的新型师生关系是唤醒学生主体意识的基础

教师和学生的关系是教育过程中一对最主要的关系。良好的师生关系是对学生实施教育的基础和有力手段,教师只有同学生建立了和谐的关系才能充分发挥积极作用。然而,传统的师道尊严,教师的封建家长制的权威意识,导致了学生绝对的服从心理、惰性心理、因循守旧的保守心理等。教师要敢于放下架子,勇于丢掉面子,给学生创造一种敢说、敢想、敢做的开放氛围,让学生在多说、多写、多做的锻炼中,也只有允许学生在说错、思错、写错的宽松的训练过程中,才能提高学生的思维能力和实践能力。因此,要建立和谐的师生关系,教师必须做到热爱、尊重学生,讲求民主、平等的教育作风,鼓励学生向权威挑战。

二、激励和兴趣是唤醒学生主体作用的两大动力

激励动力。激励是来自外界的令人兴奋的刺激，是对人的动机的一种激发，是对人的主动性、积极性的一种调动。在课堂教学中，教师通过多种途径优化外部条件，激发学生的内在驱动力量，促使学生发挥潜力，主动发展。这种动机越强，行动越坚决，维持的时间也就越长久。因此，教师要千方百计地抓住学生这一心理特点，启动激励性动力系统，即展现希望—表扬鼓励—体验成功，这正符合青少年"求得尊重、得到认可、充满自信、渴望成功"的心理特点。综观很多教育名家的课堂教学，他们有一个共同的特点，就是善于在课堂教学中运用激励性评价，使每一个学生都能不同程度地品味到成功的快乐，让学生感觉到"我行""我能成功"。在平时的课堂教学中，教师要注意随时抓准学生回答问题的闪光点，及时辅之以"你真棒""你真行""你是我所教的学生中悟性最高的"等简短而又真诚的表扬，这样就让学生体验到希望、信心、成功的喜悦。这一心理过程，极大地激发了学生的学习热情。因此，在教学过程中教师不要吝啬表扬，要在表扬之中让学生体验到成功的喜悦，从而增强学生的信心。抓住了学生的这一心理流向，就能极大地激发学生的热情，就意味着更大的进步。

兴趣动力。"知之者不如好之者，好之者不如乐之者"，"兴趣是最好的老师"。这是圣人贤者为我们留下的最通俗、最宝贵的教育经验。但有些教师在教学过程中却充耳不闻、熟视无睹，忽视了学生兴趣的培养和激发，不能满足学生求新、求异、求奇的心理渴求，学生学起来索然无味，只是疲于应付，教学效果事倍功半。政治课的特点决定了这门课程比较抽象枯燥，往往难以引起学生的兴趣。但是，只要政治教师能够抓住学生的心理特点，采取多种多样的形式手段，同样能使学生兴趣盎然。例如，给初中学生讲授有关资本主义的内容时，根据教学内容和学生的实际，用生动、幽默的趣味性语言表达比较抽象的道理，取得了良好的教学效果。在讲"唯利是图是资本家的本性"时，教师可引用日本某电影公司为其一部专门介绍自杀方法的影片所做的广告："喂——你失恋了吗？你破产了吗？你患艾滋病了吗？你在人生道路上遭到毁灭性打击了吗？那么，请自杀吧！本片谨向你提供最佳的自杀方式，既简单易行，又毫无痛苦，是一种美的享受！"学生听了这则广告语后，不仅对

资本家唯利是图的本性深恶痛绝,而且深刻体会到资本主义生产的目的在于追求剩余价值。在讲"资本主义经济危机"时,则可引用一段有趣的故事作为导语:在20世纪30年代的美国,大资本家们不知得了什么"怪病",并且是一种"社会传染病"。他们就像比赛似的毁坏自己的生产设备和劳动成果。先是几个钢铁大王疯狂地炸毁高炉,在一阵阵轰隆的爆破声中,92座高炉被毁于一旦。农业资本家们也不甘落后,有的把1 040万亩棉花统统毁在地里,一朵也不摘;有的则把750万英亩的小麦烂在田里,颗粒不收;有的把上千万升新鲜牛奶倒进阴沟,点滴不剩;更有甚者,一位现代化养猪场的老板,竟然把640万头猪统统赶进了密西西比河……他们真的疯了吗?没有!他们的头脑是非常清醒的,他们这样做,正是为了摆脱资本主义生产过剩的经济危机。采用讲故事的方式来讲授政治课,再加上生动有趣的语言,能打开学生思维的闸门,增强学生的求知欲。

三、唤醒学生的主体意识,必须综合运用情境感染法、问题教学法等手段

情境感染法。情境感染即情感心理的交流过程。人的情绪和情感总是相互感染的,教学活动既是知识、信息的交流过程,又是教师、教材、学生间情感交流的过程,教师力求挖掘教材中健康、愉悦的情感去感染自己的学生,使其产生强烈而积极的内心体验,从而把自己的教育要求内化为学生的动机与需要,也就唤醒了学生的主体意识。政治课内容虽然不像语文课那样有着文质兼美的特点,但同样有取之不尽、用之不竭的情感教育资源,可以说任何一名成功的政治教师,都是调动情感因素的高手,使学生真正被教材中所蕴含的美感折服。笔者在多年的教学实践中逐步探索了立体情感感染的方法,即将美丽的画面、震撼心灵的音乐以及情感丰富的语言结合起来,充分调动学生的手脑眼耳口多种感官,让学生通过多种艺术手段产生情感共鸣,从而创设立体教学情境。例如,在讲"可持续发展战略"时,学生面对屏幕上出现的"物种灭绝、土地沙化、草原退化、水土流失、荒山秃岭"等一幅幅触目惊心的画面,无不从内心深处认识到经济发展与保持环境和谐协调起来,走可持续发展的道路,是中华民族振兴的必由之路。又如,在讲"如何正确对待逆境"时,笔者播放了贝多芬的《命运交响曲》,在那悲壮激昂、震撼心灵的音乐声

中,学生无不感受到了贝多芬不向命运低头,却要扼住命运的咽喉的气概。再如,在讲"没有共产党就没有新中国,只有社会主义才能救中国"时,笔者精心设计了这样一段充满激情的导语:"从鸦片战争的烽火到甲午海战的硝烟;从公车上书的壮举到戊戌六君子的暴死街头;从谭嗣同'有心杀贼,无力回天'的哀婉到孙中山'革命尚未成功,同志仍需努力'的长叹;从太平天国的兴衰盛亡到义和团运动的潮起潮落;从石达开大渡河边的全军覆没到卢沟桥头红军的置之死地而后生;从卢沟桥的炮声到渡江作战的号角;从第一面五星红旗冉冉升起到东方雄狮的仰天长啸;从大漠深处蘑菇云的升腾到改革开放的硕果累累;从近代史上一次次的丧权辱国、割地赔款的屈辱到香港、澳门的顺利回归……所有这一切无不向世人昭示着一条颠扑不破的真理,那就是没有共产党就没有新中国,只有社会主义才能救中国。"这样的导语,把学生带入了一个饱含正义情感的意境之中,让他们的心灵深处受到强烈震撼而产生共鸣,从一个静态进入一个情感涌动的世界,使之"登山则情满于山,观海则意溢于海"。

问题教学法。教育心理学认为,动机是激励人们去行动以达到一定目的的内在原因,是将间接兴趣转化为直接兴趣的内在动力,而动机又产生于需要。人有了某种需要,就产生了要求满足需要的愿望,当有了能够满足这种愿望的条件时,就产生了人行动的动机,产生了积极性。而心理学研究的结果表明,学生思维是否活跃,除了与他们对学习某种知识的目的、兴趣等有关外,主要取决于他们是否有解决问题的需要。因此,问题是思维的出发点,思维又总是朝着尚未弄明白的问题前进,疑能促思,有问题才会思考,通过设疑、质疑展示教学目标,可以调动学生全身心地投入课堂教学的全过程之中。但是,并不是所有问题都能激发起学生的求知欲,只有那些具有适当的广度、难度、深度和区分度的问题,那些使学生跳一跳能摘到桃子的问题,才能调动学生参与的积极性。在平时的思想政治课教学中,如何培养学生的创新思维,笔者借鉴了台湾陈龙安教授经多年研究总结出的创造性思维发问技巧"九字口诀",即"假、列、比、除、可、想、组、六、类",通过创设"假如""列举""比较""替代""可能""想象""组合"等性质的问题情境,提高学生的创造性思维的意识和能力。

66

在教学过程中还学生质疑权

爱因斯坦说过:"提出一个问题比解决一个问题更重要。"在传统的课堂教学中,提出问题的往往不是仍然存在着疑问、需要点拨的学生,而是毫无疑问的教师;提出问题的功能也不在于引导学生去解决问题,而是检查那些已经存在现成的答案和结论的毫无疑问的问题,已经不是问题的"问题"。这种传统的"教师问,学生答"提问方式,即所谓"教师带着问题走向学生"已经失去提问应有的质疑的功能;而新课程下的课堂提问模式则要求"学生质疑、提问,教师启发、引导",即所谓"学生带着问题走向教师",发挥提问真正的质疑功能。这两种教学模式下不同的提问方式也反映了新旧两种不同的教育思想激荡和斗争。笔者认为"先学生质疑提问,后教师点拨指导"的提问模式,充分体现了学生在学习活动中的主体意识,激发学生自主学习的积极性,展现学生生动鲜明的个性,发挥因材施教的功效,吻合新课程改革的理念。"师者,传道受业解惑也!"解惑是教师在教学活动中的一项职责。这要求学生质疑提问权的行使不仅仅停留在课后辅导,而应当贯穿于课堂教学的全过程。

1. 把复习提问权留给学生

温故而知新,是世人尽知的道理。但有人误解为仅仅是对旧知识的巩固,而不是对新知识的开拓。"温故"与"知新"是不可分,"知新"离不开质疑。因此,学习应当从质疑开始,教学过程也应是一个不断提出问题和不断解决问题的过程。"学起于思,思起于疑。"学生产生疑问的原因在于学生的勤于思考,教师只有充分满足学生质疑提问求知的需求,才可能调动学生的主观能动性,点燃其思考和探究的热情,激发其追求知识、提高素质的毅力和勇气。把复习提问权留给学生,复习提问就可以转变为学生对学过知识的主动反馈。教师也可以根据学生反馈的信息因材施教,有针对性地提出解决问题的设想和建议。让学生主动提出问题是学生自主学习的开始,是学生潜能得到开发的重要标志,也是学生创新学习的起点。如果教师把复习提问时间留给学生,把复习提问时间换成学生的复习质疑提问时间,让学生把课后复习和课前预习中发现的问题提出来,把自己的见解和看法亮出来,使这些真正需要质疑的问题在师生的合作、探究中得到解决,其效果和意义自然非同凡响。

2. 把新课质疑权授予学生

我们通常强调课堂教学既要发挥学生的主体作用,又要发挥教师的主导作用。但事实上,教师利用自己的学识和权力的优势,把主导作用发挥得淋漓尽致,主导变为主宰。教师听不进不同的声音,无法忍受不同的意见,提出质疑的学生往往被冠以坏学生、捣乱课堂纪律之名备受指责。在教师强势的主导下,学生主体的位置荡然无存,课堂理所当然变为教师"一言堂"的"独唱",学生成为教师表演的旁观者和崇拜者。课堂上教师与学生的关系犹如强者与弱者,学生往往无条件服从教师的教学方法和教学思路。教师往往以学生众多为借口,放弃因材施教的教学模式,更多强调学生要放弃自我、磨灭个性,要适应教师的教学方式。大思想家亚里士多德,"吾爱吾师,吾更爱真理"提出者,在师生关系上不是对导师一味言听计从、唯唯诺诺,而是在继承的基础上敢于思考、坚持真理、勇于挑战。在课堂教学过程中,教师应授予学生质疑权,鼓励学生大胆质疑,让每个学生都有机会把自己的疑惑和观点亮出来,如此,学生在课堂教学过程中主动参与的面就会越来越广。事实上,我国传统课堂教学中,学生的职责就是认真听讲、被动接受教师"灌输"的观点,而不能对教师的观点发出不一样的声音。这种"只许州官放火,不许百姓点灯"的课堂教学模式已经严重影响学生自主创新能力的培养,严重阻碍课程改革的成效。新形势下课堂教学需要我们充分满足学生的好奇心,给予质疑权,让他们享受到学习和质疑的乐趣。那些动辄以"破坏正常课堂教学秩序"为借口,剥夺学生的提问权和质疑权的思想和行为,必然会扼杀学生的想象力和创造力。

3. 把课堂反思权让给学生

传统的课堂反思主要表现为教师把课堂传授的零碎知识从知识体系角度重复和再现,促进学生对知识性记忆的深化。新课程模式下的课堂教学要求充分发挥学生在学习中的主体作用,提高学生的自主学习和自主创新能力。如果教师把课堂反思真正转变为有价值的思考,把简单知识重复再现和灌输转化为学生的反思质疑提问探究和知识的再创造,在激发学生积极参与和主动探究的同时,也激发学生更为广阔的想象力,从而还会帮助学生产生更多新的思考和新的疑问。新课教学结束后,学生的积极性、主动性就被调动起来了,仍然处于兴奋状态的学生在思维上还会有这样、那样的想法和疑问涌现。把课堂知识反思权还给学生,把课堂反思时间真正变为质疑答疑合作探究的时间,激发学生不断提出新问题,学生智慧的火花一再被点燃,形成思想上的燎原之势。这样,反思不仅仅在于保持课堂教学环节的完整性,其意义也不仅仅停留在形式上,而是在实质上对学生有所帮助。在教师的指导下,师生合作、探究中不断解决这些新问题,使学生探究和质疑的愿望得到充分的满足,让学生享受到课堂学习的乐趣。

教师在教学中改变教学观念,把提问的主动权"下放"给学生,创设有利于学生自主学习、主动探究的教学环境。没有问题的课堂是没有生命力的,没有质疑的课堂提问是极其不负责任的。疑难问题引导学生自主解决、自主完成。因此,让学生在课堂教学活动中不断产生新的问题,让学生带着问题回家。切实强化学生的主体地位,让学生成为课堂的主人,引导学生敢问、会问、善问。

67

教师不妨"留一手"

"春蚕到死丝方尽,蜡炬成灰泪始干。"这是社会对教师无私奉献精神的崇高赞誉。为了让学生尽可能地多学一点,有些教师不仅要完全占据整个课堂四十五分钟的时间,还要变着花样占领学生的自修时间,甚至侵占学生课余的休息和娱乐的时间,无怨无悔地为学生提供讲解、分析,运用一条龙全方位服务,默默地奉献着。有些教师知无不言,言无不尽,恨不得把自己掌握的所有知识都灌输给学生,许多本来应当由学生完成的任务也由教师代劳了。一天下来,教师累得腰酸背痛腿抽筋,头昏脑涨。结果呢?学生被教师的热情和敬业折磨得疲惫不堪,除了掌握了一点点死的知识之外,根本无力把知识转化为能力、把能力提升为素质。教师的这种勤奋工作的精神令人感动,但这种"填鸭"式教学模式确实让人痛心不已。笔者认为,新课程下的综合探究、相关链接、专家点评、名人名言为学生培养能力、提高素质提供了一个平台,教师切不可再"好心"地越俎代庖,使学生仅有的一点自我发展的机会也被剥夺了。

教师不妨"留一手",使学生有一个想象的空间。爱因斯坦曾指出:"想象力比知识更重要。因为知识是有限的,而想象力概括着世界上的一切,推动着进步,并且是知识进化的源泉。"教师对教学内容讲得太透彻、太深刻,很容易误导学生,无意中限制了学生想象力和创造力。教师在组织课堂教学过程中有意识地"留一手",使得学生有一个展示自我、放飞自我的平台,让学生展开想象,开拓思维。教师甚至可以通过故意犯错误等"示弱"的方式激发学生的想象力,激发学生的问题意识。此时,教师应当给予学生充分的思考时间,并为学生提供创意、分享、修改的环境,让学生选择最佳时机和最合适的方法解决。如下是一本教育刊物上刊登的一个反面教学案例。一位小学语文老师考学生:"雪融化了是什么?"一个学生回答:"雪化了是云。"另一个学生说:"雪化了是彩虹。"还有学生说:"雪化了是春天。"教师说:"错。答案是泥水。"正是因为我们在日常教育教学过程中无知地扼杀了学生的想象力,才会非常悲哀地产生大量的缺乏创造精神的高级模仿者。我们传统的教育通常是对知识静态地占有,而不是动态地追求。我们的教育还在不断追求完美和规范,追求循规蹈矩,不允许存在任何"瑕疵"。教育无小事,万万不能留下任何缺憾,即使出现"瑕不掩瑜"的缺点也是不可饶恕的教学事故,我们的教育应当是没有任何缺陷,"白玉无瑕"。正是这种对教育尽善尽美追求的落后思想在吞噬着学生最后一点点残存的想象力,糟蹋了学生的最后一点灵气。我们只有把想象力真正地还给学生,才能欣赏到姹紫嫣红、春色满园的景象,才能收获到丰富多彩的答案,而不是千篇一律、千人一面的回答。

教师不妨"留一手",让学生有一个拓展的空间。梁启超的《少年中国说》有云:"故今日之责任,不在他人,而全在我少年。少年智则国智,少年富则国富,少年强则国强,少年独立则国独立,少年自由则国自由,少年进步则国进步,少年胜于欧洲则国胜于欧洲,少年雄于地球则国雄于地球。"长江后浪推前浪,一代新人换旧人。青少年学生是祖国的未来和希望,青少年学生的素质发展关乎国运。教师必须培养学生开拓超越教师的空间和能力,这样才会产生"青出于蓝而胜于蓝"的良好效果。如果所有事情都是教师包办代替,学生过着衣来伸手、饭来张口的"寄生虫"的生活,长此以往,学生不仅失去了探究的动力和勇气,也渐渐地丧失了分析概括能力,更别说求异思维、创新能力的培养了。牛顿说过:"我之所以比别人看得更远,是因为我站在巨人的肩膀上。"我们教师应当放下急功近利的心态,心甘情愿为学生"看得更远"一些搭建梯子,成为学生能够"欲穷千里目"的一个台阶,为学生的发展提供一个广阔空间。

教师不妨"留一手",使学生享受探索过程的愉悦。教师上课时不妨"留一手",设置一些悬念,制造一点"障碍",添一点"麻烦",鼓励学生自主参与、寻资料、找答案、搞调研,培养学生的自主学习和自主探究的能力。这时,学生得到的不仅仅是简单的结果,更拥有探究过程的乐趣;学生掌握的不仅仅是死的知识,更拥有了探究的方法和能力。当这种学习方式一旦形成习惯,学生将终身受益。一次高三综合会考,笔者所在学校几门学科的教师拼命地组织学生复习,挤占学生的课外时间。而有位李老师对自己任教的地理学科一直优哉游哉,我们都为他和学生捏了一把汗。然而会考成绩出来,结果让人大吃一惊,这位教师任教班级学生的地理学科成绩非常优异。倒是我们这些为学生提供全方位"地毯"式复习、"保姆"式帮助的教师所教班的学科会考成绩并不怎么理想。究其原因,这位教师平时传授了学生科学的地理学科学习方法,课堂教学坚持了"点到为止""留一手"的原则。当其他学科教师都争着挤占时间的时候,学生自然非常担心不争不抢的地理学科,就会挖空心思把这门学科学好。这样学生积极主动"用心"去学,其效果自然比教师"填鸭"式灌输、被动学习的效果好得多。这样,教师"留一手"成为激发学生探究的"发动机",其效果当然不同凡响。

当然,我们需要坚决抵制另外一种课堂上"留一手"的行为。有的教师以课堂上"留一手"为手段,强迫或变相强迫学生参加有偿家教。这种"留一手"的动机和结局都是可耻的,是我们要坚决抵制的。

68

注重学生提问：学生主体性教学的应然选择

教学提问，是科学，更是艺术，是师生互动的主要途径。传统教学中，教师是提问的主体，学生是被提问的对象；教师更多考虑的是怎样提问更为巧妙，而很少思考如何使学生敢问、善问。而新课标认为，应鼓励学生大胆地发挥想象，自由自主地提出自己的问题或疑虑，让每位学生真正地参与到课堂中来，让课堂真正焕发出以学生为主体的风采，把课堂真正还给学生。

一、学生因何少问

当下的课堂教学中，"教师滔滔不绝，学生默不作声"是一个普遍现象。"我们的学生为什么不提问？"已成为众多学者努力求解的难题。笔者看来，主要有三方面障碍：① 学生方面。在传统教学模式下，学生习惯于教师主宰课堂，学生主体意识不强，对教学参与的积极性不高，没有提问的勇气，缺乏提问的技巧，会加重学生不想问的被动想法。② 教师方面。新课程改革进行了十年，各种新理念冲击着课堂教学，但是教师在课堂教学中的主导和控制地位没有发生变化，学生与教师的地位难以实现平等，"师道尊严"在现实中仍然不同程度地存在着。③ 传统思想方面。中国的传统中有"枪打出头鸟"的思想，在这种思想作用下，学生不愿意做"出头鸟"，宁可躲在后面与大家一起听。

二、学生向谁提问

一般认为,学生进行课堂提问,对象多是教师。学生对教师提问,较早进入研究者视野,但学生对学生提问,也是另一个重要方式,不应被忽视。① 学生。学生问,学生答,学生可以通过问答形式加深对问题的熟悉与理解。② 教师。学生问,教师答,学生对自己不理解的知识向教师请教,能及时解决知识理解上的障碍。

三、学生提问什么

在日常学习中,学生通常会感觉没有什么好问,似乎什么都懂了。然经考试检测,发现的确有许多不懂之处。学生这种似乎懂了而发现不了问题的状态,降低了学生的问题意识。笔者认为,可以从以下几个方面来挖掘问题资源。

1. 教材中的知识点

(1) 教材中相近的概念

弄清楚概念是学生学习的起点,很多文科类知识中,把握概念对于进行后续学习至关重要,在学习中占着重要地位。教材中出现的相近的概念,为了能够很好地区分,要弄清楚概念之间的关系,使之成为学生问题的重要来源之一。

(2) 看似矛盾的提法

问题的提出,关键在于发现认知矛盾,在教材的行文表述中发现相互矛盾的提法,进行提问,解决认知冲突,加深对教材的理解。

(3) 复杂结构的梳理

对知识结构进行梳理,是学生学习中不可缺少的环节,尤其是文科类知识的学习。对知识结构进行梳理,能够提升学生对知识整体结构的把握,加深对知识的理解。但是学生年龄、认知特点等方面的因素,使学生对知识结构的把握往往不是很完美,需要外界的帮助。

2. 题目中的错误点

(1) 做错的题目

题目是每个学生都要做的,而且也会出现各种各样的错误,这些错误就成为最为普通的问题资源。

（2）深度开发的题目

学生对所做的题目加以变化，进行深度挖掘。

3. 生活中的疑惑点

新课程背景下，强调知识从生活中来，到生活中去，贴近学生生活。而现实与知识之间毕竟会有差距，这段差距就成为很好的问题资源。能把这段差距找到，说明学生动了脑筋，而通过与同学讨论或者求助教师把问题解决，从另一个层面来说提高了学生提问的积极性与信心。

四、学生怎么提问

学生怎么问，关键在于教师的引导和鼓励。教师对学生提问积极性不高的情况进行有针对性的分析，提出应对的方法，就会收到很好效果。

1. 战略上，培养学生问题意识

教师无力改变中国传统思想文化的影响和力量，但是能在自己的课堂上努力营造勤学好问的氛围，培养学生的问题意识。笔者在以下三个方面进行了尝试。

（1）明晰提问的意义

学生通过自己阅读和思考发现问题，说明学生的学习是有效的，对教材的解读是深刻的，也是能够在考试中取得好成绩的。把能提出问题与考试成绩联系起来，虽然表面看是功利主义思想，但对启发学生提问、培养学生创新精神和能力、提高学生素质有很大帮助作用。

（2）培养质疑的兴趣

质疑是思维的导火索，是学生学习的内驱力，它能使学生的求知欲由潜在状态转入活跃状态。对于疑和问，疑是条件，问是结果。因此，课堂上要使学生乐于提问，教师就要培养学生质疑的兴趣，教给学生质疑的方法，使他们自觉地在学中问，在问中学。

（3）建立提问的机制

学生生活在群体中，学生之间自然会形成某种竞争关系。如果把"善问"作为一种竞争机制在全班推广，那么这种建立在学习基础上的竞争关系会把整个集体的学习氛围营造好；否则学生的学习氛围不浓，学生会把竞争的焦点放在服饰、游戏等与学习无关的项目上。

2. 战术上,提高学生提问的能力

(1) 典型示范

一是问题的设计。问题呈现恰当,被问者能很好领会提问者的意图,有利于交流的开展和问题的解决。二是问题的解决。提出问题很重要,并不说明解决问题不重要,学生通过解决问题增加生生之间和师生之间的交流,提高运用知识的能力。在解决问题中,教师要加强对学生的学法指导。

(2) 做好支架

为了让学生有题可问,教师要提供、设置承载很多信息点的情境材料,然后对材料所能设置的问题进行预测,设计出设问的大致方向。在提问与交流中,教师要加强引导,防止无效问题对课堂进程的干扰。

(3) 内外结合

学生的性格对参与课堂提问有一定的影响,为了让性格内向的学生也参与进来,可以把课上提问与课后提问结合起来,学生的学习风气会更好,学习兴趣更加高涨,也会推动课堂提问更好地发展。

69

通过开发学生资源生成精彩课堂

在课堂教学中,应该融入学生熟悉的生活,以学生的生活经验为基础,由此拓展深化。也就是说,教师要善于开发来自学生生活的人、事、物等各种资源,善于捕捉课堂学习过程中随机出现的学生资源,因地制宜,积极创造和利用课程资源,课堂教学就能生成别样的精彩。

一、开发学生身边的资源,细节之处显精彩

这是苏教版七年级思想品德"举世瞩目的成就"一课的教学片断。执教教师共设计三个活动"深圳巨变"(改革的窗口)、"祖国巨变"(改革的全面推进)、"家乡巨变"(张家港的变化、自己家的变化),像放电影一样,镜头由点入手,接着拉远,然后特写,重点是家乡巨变、家庭巨变。执教者把教材上让学生围绕吃穿用住行对比过去、现在变化的表格改成了"祖孙三代说变化"的活动。让学生做小记者,课前就吃穿用住行中选择某个点去采访祖辈、父辈,课堂上,执教教师又安排了采访现场的听课教师,学生采访有选题,有要求,有标准,所以课堂上出现了学生争先恐后想要发言的场面。

这个环节的设计似乎找到了学生的"最近发展区",采访身边的人,学生有用武之地,有表演的舞台,有亲近的磁场,能体验到成功感。所以说,开发学生身边的资源,让学生主动热情地参与课堂,就能生成别样的精彩。

二、挖掘学生经历的事,回忆之中亮精彩

这是苏教版七年级思想品德"法律护我成长——学校与家庭呵护"中的片断。借班上课,上课之前学生与执教教师从没见过面,如何挖掘学生经历的事,执教教师动了一番脑筋,新课伊始就示了一下弱,她说:"今天老师是第一次到咱们学校来给大家上课,听课老师也大都是初次来咱们学校。我上的内容是学校与家庭的呵护,因为是初次来,所以对咱们学校一无所知,你们愿意做个热心人帮帮老师吗?"这话引起了悬念。"为了了解大家,昨天老师让你们校长发给我一组照片。谁能给我和在座的听课老师介绍介绍?"执教者运用了一下电影的蒙太奇手法,将一组学生活动的照片呈现给了学生。教室里一下子炸开了锅,显然,那一组照片打开了他们记忆的闸门……

这节课的教育效果是说教式的政治课所远远不能及的。因为只有我们深刻地了解了学生的真实生活和生命样态,我们的教学才能更加有成效,我们不仅要关注学生知识的内化与生成,而且要关注能力的培养和提高,更要关注学生生命的成长与价值的提升。让学生在教学中体验生命,享受生命,与生命共舞,与生命欢歌;让生命在教学生活中变得更加充实,更加丰满,更富有力量和魅力。

三、整合学生身边的物,感悟之中透精彩

同样是"学校与家庭呵护"这一节的内容,另一位执教教师做了新的尝试,整合学生身边的静态的物,让学生在感悟中体验,在体验中感悟。

作为教育者,要使校园的每一方土、每一面墙都能"说话",使校园成为一部立体的富有吸引力的教科书,让教育者的思想似春来夜雨一样,随风潜入,悄悄滋润着学生的心田,让他们美的道德、美的情操、美的人际关系、美的行为习惯和美的心灵世界都在自然怡人、积极向上的环境中悄然萌发、成长。

四、捕捉随机出现的学生资源,艺术点拨出精彩

这是苏教版七年级思想品德"文化习俗 多姿多彩"的教学片断。执教教师抓住上海世博会这个契机,通过多媒体展示,正和学生趣味盎然地搞竞猜各国文化习俗的活动。学生都很投入,听课教师们也兴致勃勃,突然,"啪"

的一声,一张桌子倒了,桌肚里的书掉了一地,那位同学急急忙忙捡那些书,同学们纷纷回头,教师也走上前去。只见那位同学捡起了一本世博会的护照,上面盖了不少展馆所在国的章。教师若有所悟地说:"原来是这本世博护照惹的祸呀,它听了同学们的竞猜太激动了,也想参与我们的活动,就急不可耐地出来了,百闻不如一见,下面就让这位同学给我们介绍介绍自己在世博会的见闻。"那位学生起先脸红红的,后来就绘声绘色地介绍起自己在世博会的见闻了。一场尴尬在教师的艺术点拨中发出异样的光彩。

这就是教学的随机应变,通过对现场的即时运作,充分体现课堂的现实生成。这种教学,是充满智慧的教学,教师具有高超的驾驭能力和灵活机动的应变能力。这一个细节不断地提醒笔者,批评也要讲艺术,把错误利用好了,就能转化成一种资源。

70

"以学论教"课堂四法

"以学论教"原则在高中政治课堂的贯彻程度具有很大的非常态性,其中有很多课堂仍然置学情于不顾,或限于学生的应试之情。以学论教是新课程生本理念的体现,需要依据学情来确定教学的起点和策略。以学论教视域中的高中政治课堂需要厘清以下四"论"。

一、穿"珠"成链:以学生思维发展论"序"

一堂课的次序或流程是否恰当取决于它是否符合学生思维展开和发展的规律,它穿起来的不仅是知识主干,更是教学之于学生思维发展之"珠",但决非纯粹应试之"珠"。比如,在一次公开课活动中,一位教师的课以考纲考点—考点内容解读—误区诊断—热点模拟—体验高考的流程展开。这类课反映了当下复习课存在的普遍情况,应该说这是一种以考论教的流程,它把应试作为一种目的追求而非结果考核,这样的课更多地应该定义为应试辅导课而非"以学论教"的课。课后调查显示学生对该课满意率为70%。对于一堂区级公开课而言,这一满意率是有欠缺的,至少说明学生对该课的认可程度一般。另一位教师先对相关复习内容进行体系建构,然后围绕政府决策以搬迁水泥厂为话题切入,采用了如下流程:模拟市长决策并公布过程—讨论决策过程是否依法行政—讨论如何减少或避免决策失误—进行"把权力关进笼子VS把权力放出笼子"的辩论—讨论如何避免权力寻租。在流程的行进过程中,学生踊跃参与,听课的教师也明显感觉到了一种期待,愉悦地等待着下一颗"珠子"落下"玉盘"。课后调查显示学生对该课的满意率为100%。

两堂课的主要区别不在于教师是否讲清知识,而在于教师的预设是否依据学生思维发展的规律,即是否能够激起学生的思维火花,顺应学生的思维走向。只有富有意义的流程才能激发学生的兴趣,只有充分互动的课堂才能更好地发展思维。教师在课堂预设中必须着眼于学生的思维发展,着力于知识展开次序的合理性,更多地采用模拟、讨论、辩论等激发学生思维活力的学习方式才能赢得学生,才称得上是"以学论教"。

二、留"白"以待:以学生充分表达论"导"

根据学生的智能水平预设问题,根据学生的课堂回答展开问题,根据学生的在场学习生成问题,离不开恰如其分的"导",唯此才能让学生顺利地走向多元和重整的"最近发展区"。一位教师在公开课上预设了这样的问题:同学们是否知道今年两会上有哪些热词?这是一个既和教学内容有关联又富有时代感的问题,也是关心时政的学生不难回答的问题。可惜的是这位教师提出这个问题后既没有等待也没有发掘,约2秒钟后就自己开始解答,剥夺了学生表达的机会。另一位教师在上课过程中预设了这样一个有些难度和深度的问题:治理雾霾行政决策过程中政府与公民如何良性互动?这位教师先让学生找出问题中的关键词(决策、政府、公民),然后归纳了两个小问题:政府在决策中如何考虑公民?公民在决策中如何参与?结果学生在小组讨论的基础上通过代表发言、相互补充较充分地达成目标。在这里,两位老师的主要区别不在于问题本身的含金量而在于引导学生解决问题的"等待"之心,在于教师本位和学生本位的立场,在于以教论教和以学论教的选择。

引导具有带领、启发之意而绝非凌驾之意。引导的必要条件之一是教师首先要敢于引导,转变课堂上面面俱到地关照的观念。当学生思考时,不因表面冷场而忙不失迭地补白;当学生思维出现发散现象时,要敢于课堂现场生成;当学生出现多元认识时,要敢于协商解决。其次,教师需善于引导。善于选择接近学生生活的问题,让学生有话可说;善于设置开放性的问题,让学生寻找到共鸣点;善于采用开放性的学习方式,让学生在民主和自由的氛围中感受轻松;善于运用发展性评价的方法,让学生在感受成功中得以可持续发展。

三、让"转"到位:以学生主动参与论"究"

一次公开课中,有两位教师在安排学生讨论各自表现出的一个细节及其引发的结果引人深思。安排讨论后,一位教师要求前排学生把凳子转个身(因为凳子有靠背)好让前后两排学生面对面地进行讨论,另一位教师则没有这样的要求。结果,要求转凳的前后组合讨论活跃、有说有记,而未要求转凳的前后组合半分钟后就各归其位。显然,后一个组合的讨论是失败的,至少是不充分的。其实转凳只是一个细小的表象,然而它能反映出教师的观念转变与否。如果教师本身认为课堂合作学习只不过是一种公开课上被普遍要求的形式,难以解决现实问题,那么他就不会深入地思考如何让小组合作真实有效,如何去带动学生内心真实的情感和内在的思想力,也就难以出现生动的小组合作学习和学生投入探究的学习氛围。

探究学习的发生,以学论教课堂的发展不仅需要课堂教学模式的转型,更需要教师转心。当下制约高中段教师转心的因素既有传统"传道、授业、解惑"的师本位思想所形成的思维定式,也有现今高考甄别性评价与探究学习关联度偏小所造成的探究场域缺失的现状。值得注意和期盼的是,从目前高考改革中政治命题的走势来看,无论是探究题、时事评论题还是方案提供类试题,带有越来越明显的能力立意和情境探究性质,这一导向对高中政治课堂的探究学习会产生意味深长的牵引作用。

四、点"赞"增趣:以学生持续发展论"评"

论教之"学"包括学生的情绪变量,而教师的评价则是学生情绪的调节器。在一次公开课中,一位青年教师进行了如下的课堂设计:将全体学生分为四组—每组模拟政府办公会议讨论决策方案—推荐学生扮演的"区长"公布决策步骤—教师和非发言学生一起为精彩的点子点"赞"—教师在黑板上以"☆"示赞。随着各组之间相互补充,黑板上每个组的后面都有了一长串的"☆"。听课的教师们也从学生忙碌的身影和表现的神情中分享到他们学习成功的乐趣。

指向学生可持续发展的发展性评价更多关注学生的发展过程和过程中的生成性目标，把学生看成是具体的、生成中的人，是人文价值的理论范式在教育评价领域的体现。从幼儿园的小苹果（彩纸）奖励到中小学的积分奖励，从传统的线下表扬到朋友圈的线上点"赞"，发展性评价具有丰富的形式，也产生出令人开心的结果。这种区别于选拔和甄别而着眼于个性和特长发展的评价蕴含着丰富的人文性，对学生的可持续发展提供保护，也对学生的心理产生慰藉效应。

71

创建具有翻转课堂式的微课

移动互联网、即时通信、大数据、云计算、微博、微信等因子使得当今社会已步入一个多元化时代。"慕课""微课""翻转课堂"在此背景下应运而生,并成为教育界热门话题。

一、创设主线,微在思路的理顺处

文学作品常有一条贯穿始终的红线。凡是成功的课堂教学必定有条十分清晰的教学主线,微课作为一种新型教学资源,主题鲜明、短小精悍,正好能帮助学生克服兴趣转移快、控制能力差的弱点。

在教学"实践是认识的基础"这一内容时,一位教师设计了6分钟的微课,对整节课教学思路进行了阐述。其教学主线围绕三个"苹果"展开。通过"亚当夏娃偷食禁果"的神话故事引导学生思考和理解"实践是认识的来源";通过"苹果砸到牛顿头上"的故事引导学生思考和理解"实践是认识发展的动力和检验认识真理性的唯一标准";通过"乔布斯发明苹果手机更好地服务大众"的事例引导学生思考并理解"实践是认识的目的和归宿"。

本节课上教师将自己的情感、学识风范融于三个"苹果"故事的情节中,学生在教师设计的"情境和问题"下兴趣得以激发,智慧得以启迪,心灵得以愉悦,情操得以陶冶,品质得以升华。

二、碰撞思维,微在理解的偏差处

在课堂上给学生一个自由的时间和空间,从而使课堂充满活力。翻转课堂最大的好处就是全面提升课堂教学的互动性,通过"因学而导"设计的微课来答疑解惑,有助于学生思维逐步趋于清晰和深入。

在教学"民主决策:做出最佳选择"这一内容时,某位教师精心设计了两个微课。第一个微课是针对"参与民主决策的方式"这一教学重点的。教师设计了三个问题供学生课前思考并在课堂上进行讨论。问题一:"我们给政府提建议,必须了解相关情况,可通过什么途径去了解?"问题二:"政府能通过哪些渠道了解百姓的需求和建议?"问题三:"如果政府不去了解民情,百姓也不反映民情,更没有建议,会导致什么结果?"

第二个微课是针对"民主决策的重要性"这一教学重点的。教师设计了具有思辨性话题供学生课前思考。有人说:"决策是少数精英的事,公民参与决策会延缓决策时间、导致效率低下。"也有人说:"既然要民主决策,就应当让公民加入决策机关,更好地行使决策权。"

本节课,教师在学生思维容易出现偏差处设计问题,学生在课前准备基础上进行课堂讨论乃至辩论,教师最后点拨。教师从尊重学生独特的感受、体验出发,精心设置了微课,针对学生思维偏差不断"设疑",激发学生"生疑",并进行追问,把握住了课堂"生成",让"异样的声音"如珠玑落盘,悦耳动听。

三、关注热点,微在认知的新颖处

我们的周围,每天都在变化,发生这样或那样的事。如果将这些热点材料,包括文字、图片、音像,通过教师加工和编辑后拍成微视频播放给学生看,也许更能演绎课堂的精彩。

如在教学综合探究课"树立正确的金钱观"时,某位教师根据近日流行的"冰桶挑战赛"设计了一个微课。"冰桶挑战"让人们看到慈善并不一定是《感动中国》式的声泪俱下,也可以欢声笑语;慈善也不一定要出手就是几十万、上百万,每个人捐10块钱、100块钱,都可以积小流成江海;无论是明星还是名人,只要参与慈善公益行动,就可获得社会的认同。

该教师设计的问题是：① 看了这段材料，有人认为，慈善应该是政府牵头做的事，或是有钱人做的事，普通老百姓就不用去做了。对此，你有何思考？② 有人认为，做慈善不是为了扬名获得回报，所以要低调些；也有人认为，做慈善可以高调，这样能起到榜样的作用，让更多的人加入慈善活动中来。对此，你有何思考？

本节课，教师运用微课把"冰桶挑战"这件事引进课堂，让学生明白了正确的金钱观要求人们把钱用到最需要的地方，做最有意义的事。

四、架构体系，微在知识的融通处

翻转课堂要求学生进行课前学习，但并不是放羊式自学，而应是教师根据学生现有认知水平和学科结构体系精心编制微课，让学生在阅读填写、思考练习的方式中进行知识梳理。这样的微课能将知识关联化和体系化，从而使学生达到自学的目的。

在教学"多彩的消费"时，某位教师把结构式板书教学法设置成微课，指导学生建构有关"消费"的知识体系。从消费的内在内容看，体系包括消费的影响因素、类型、结构、观念、原则等；从消费的内在联系看，显示消费与生活、生产、价格、分配的关系及消费与政治、文化、哲学的关系等。这样一一道来，学生一目了然。

学生通过微课对知识体系进行课前自学，课间再进行互动交流，再加上教师引导，课堂效率显著提高。

五、深度反思，微在问题的跟进处

反思作为人的一种思维习惯就如同人类吃饭、走路一样司空见惯。翻转课堂可以倒逼教师进行认真的反思。教师可将课堂实录和教学视频切片制作成微视频或微课，并通过集体讨论、个人静心沉思，从而摸索出更多、更好的教学方法。

某位教师在教学"储蓄存款和商业银行"这一内容时，设计了这样的情境：一对新婚夫妻收到5万元礼金，决定把钱存起来，但对于到底是存活期还是定期存在争议。教师设置的问题是：活期、定期有何区别？你有何建议？这种设问一下子激发了学生兴趣。但这位教师在后面的教学中并没有对此话题进行拓展,草草收尾,又转到其他话题中去了。同组教师根据这位教师自拍的微课,迅速地分析出该教师课堂教学中存在的问题,并指出课堂应仍以这对夫妇的案例作为线索进一步思考。

通过微课更好地反思课堂,更能做到扬长避短、精益求精,把自己的教学水平提高到一个新的境界。

72

创建具有思辨含量的课堂

法国思想家卢梭曾说:"问题不在于告诉他一个真理,而在于教他怎样去发现真理。"在高中思想政治课堂中,我们时常发现:在与学生的交流中,学生缺少的不是言语能力,而是思想。思想政治学科正是通过思考和辨析发展起来的,理应用对话、思考、辩论的方式让学生努力去追求智慧、领悟真谛。

一、推开"一扇大门",让思辨启程

高中生对思想政治课不太感兴趣,主要根源在于许多教师把思想政治课的空间局限于几本教科书;把自己看成一个传声筒,照本宣科,使课堂与现实生活远远地隔离开来。只有将这些案例运用到我们的思想政治课堂中去,思想政治课才具有生命力。

有位教师在教学"矛盾就是对立统一"时,为了讲清"矛盾的含义"这个重点,设置这样的一个情境:建设生态文明,是关系人民福祉和民族未来的长远大计。但我们现时的状况是"遛狗不见狗,狗绳提在手,见绳不见手,狗叫我才走""世界上最远的距离,是牵着你的手,却看不见你的脸"……各类关于雾霾的段子近期在网上广为流传。2013年12月,雾霾波及25个省份,100多个大中城市,全国平均雾霾天数创52年来之最。对此,不少城市相继出台自己的应急预案,但也有人士指出,治理雾霾,应有长远规划。针对上述两种观点,请运用对立统一的观点进行简要的评析。

经过热烈的讨论,学生的思路被激活。学生独特的见解得到了教师的首

肯。教师进一步启迪，矛盾的观点就是既看到对立又看到统一。大家提出的对雾霾的处置办法，综合起来，就是一种用矛盾观点看问题的方法。这一堂课，尽管耗费了一定的时间，教后也引起了不少争议。但值得肯定的是，学生的主体作用得到了发挥，拓展了学生的思维，对深刻理解本课起到了非常重要的作用。

在这一节课上，教师创设了一个看得到、够得着、对人民生活具有重大影响的情境，创设了有深度、有广度的问题，并积极引导学生参与讨论、主动思考。没有空洞的花架子，有的是学生积极地参与、广泛地讨论及至辩论；有的是教师顺乎人情地、顺其本性地因势而导。在教师的引领下，学生不仅领会了知识的内涵，更重要的是获得了精神的交流和价值的分享。

二、点燃"一束火焰"，让思辨迸发

苏霍姆林斯基说过："人的心灵深处，总有一种把自己当作发现者、研究者、探索者的固有需要。"但极少有教师敢于让学生去质疑或提出一些有价值的辩题，原因是这些辩题很不好驾驭。其实一堂优秀的课一定会有生生之间、师生之间的思维碰撞，以思启问，以问启辩，以辩启论，以论导行的教学效果。

在教学"价值观的导向作用"时，部分学生对教材中所讲的人生价值观相关内容难以理解，甚至认为非常空洞、不可信。某位教师引用一则案例来引发学生的思维：日前一则新闻介绍了沈阳一位老人在被电动车撞倒后，对撞人者说"孩子，我没事，我有医保，你赶紧上班去吧"。随后自己步履蹒跚地离开了事发地点。事后记者采访发现这位"沈阳大爷"名叫王福顺，月薪只有1750元，根本没有医保，甚至连养老保险都没有，当时说那话只是为了给撞人的小伙解围。事件报道后，赞赏老大爷做法者有之，反对老大爷做法者也有之。于是，教师在课堂上提出了如下的问题让学生去思考：社会需要不需要更多的"沈阳大爷"呢？

问题一提出就引发了学生浓厚的学习兴趣。经过小组讨论后，教师让学生分组发言，学生的发言很快引发并形成激烈的辩论。

学生发言后，教师总结道：价值观就像一把尺子、一杆秤，当你需要做出决定时，指导你抉择。从某个意义上说，王福顺老人所做出的榜样意义便远

不止"不干讹诈他人的事"这么简单。一个社会需要更多榜样的力量,需要更多的"沈阳大爷"言传身教。

本节课上,教师把现实生活中司空见惯的"道德两难"问题摆在学生面前,引导学生做出正确的判断、选择。教师在点拨时,也不是简单地回答"对"还是"错",而是深入分析这样的观点的基本内涵是什么?这种观点有哪些是合理的?哪些是不合理的?通过正确的引领,学生才能形成正确的情感、态度和价值观。

三、构建"一方池塘",让思辨涌动

美国思想家梭罗认为好的教育是"一方池塘",是学生自然成长的天堂;叶圣陶视教育"是农业,不是工业",其意是指教育既少不了,也快不了,切忌抄近路,要善于等待学生自然成长。

有一位教师在教学《经济生活》中的"国家财政"一课时,设置了一道题"国家财政收入是越多越好还是越少越好"让学生讨论。按理说,这是一道有思维空间且很有思辨价值的问题,教师巧妙引导后应当能够引起学生真正的思考。可问题提出后,课堂是那样沉闷,且学生的思维路径与教师预想的很一致。于是,这位教师按捺不住了,开始高频率地提问不同的学生,可此时的学生因准备不充分、思考不透彻,表达不出真正有价值的见解。本节课以期通过辩题点燃学生智慧的火花,结果在学生七嘴八舌的肤浅回答中草草收场。课后了解得知这位教师平时对学生严厉,课堂历来是"我讲你听""我问你答""我给你存"。在这样的氛围下,有再好的辩题也不能达到真正的教学效果。

愉快的课堂教学情景,应该是师生平等地交流,包括质疑、对话、辩论、驳难等,教师尊重学生的怀疑、探究、发表的需要、举动和意见。在这样的平等、宽松、自由的民主氛围中,教师与学生,学生与学生的信息交流、情感交流才会水到渠成。

73

创建具有选择智慧的课堂

自新课程实施以来,教师的教学方式、学生的学习方式都发生了很大变化。面对愈加滴水不漏、热闹非凡的课堂,我们比以前更应该理性地思考:什么样的思想政治课堂是有效乃至高效的?课堂上我们应如何进行取舍?

一、舍视觉盛宴,取清新自然之课堂

思想政治课必须走向生活的本真,努力做到不刻意雕琢、不矫情造作,只有这样,才能让学生与教师在理论信仰上形成共鸣,更利于学生的成长。

在教学《政治生活》中,开篇第一课就讲"民主"这一词。抽象的概念和深奥的道理让学生感到单调、枯燥、难以理解。笔者在教学时,最主要的就是去思考如何做到化深奥为浅显,化平淡为生动,化抽象为具体,化烦冗为简洁。

笔者上课的第一句话就是:"同学们,请问在我们班上有多少人会游泳?你们是怎么学会的?"这一问引起了学生的兴趣,大家你一言、我一语。有位同学提到:游泳与我们这一课所学的民主有什么关系呢?

笔者说:"其实,民主就像学游泳,在岸上永远学不会。只有进了水才能学好。同时,游泳是有风险的,有时候会呛水,甚至会被淹死。但不能因为有这些风险,我们就拒绝游泳。"通过这一形象的比喻,学生基本了解了民主的作用与特点。

这节课上,看似十分抽象的有关民主的内容,通过教师形象的比喻和生动的课堂讨论被演绎得十分生动。课堂充分体现出:教育不是"疾风骤雨",

而是"随风潜入夜,润物细无声"的过程。

二、舍仓促匆忙,取从容自若之课堂

随着新课改进一步深入,课堂上的"高原反应"也出现了。只有从容自若的课堂才能让学生学有所乐、学有所获、学有所成。

在一次省级基本功大赛上,课题是"实践是认识的基础"。一位教师整节课就跟学生演绎了给阿里巴巴董事局主席马云先生的四封信,并提出相应的问题。

第一封信:2013年"双11"活动被您称为"中国消费者日"。作为亲自参与这个"盛宴"的一员,我也是感受颇深,对网购有了许多新的认识,下面请听我详说……

问题:这场"网络购物狂欢盛宴"给你带来了哪些新的认识呢?这说明了哲学上的什么道理?

第二封信:我是某电子商务有限公司一名销售经理,过去我公司的产品只在实体店里销售,业绩不好。现在公司调整战略,组建了网络销售部,实行网上与网下并肩作战,交易额明显攀升。

问题:是什么力量推动了该公司销售战略的调整?这说明了哲学上的什么道理?

第三封信:听说您和万达集团董事长王健林先生有一个"亿元赌约"。作为第三者,我不好断定你们谁会胜出,您能否给我们说清楚这场赌约的是与非。

问题:你认为这场赌约怎样才能说清楚?这说明了哲学上的什么道理?

第四封信:"双11"大幕已落下,您是否总结了本次活动的经验教训,希望您能够和我们一起分享,从而帮助我们在网络交易活动中避免再犯同样错误。

问题:为什么要总结"双11"活动的经验教训?总结经验教训的过程说明了哲学上的什么道理?

这一讨论,尽管耗费了一定的时间,教后也引起了不少争议,但这节课给人的感觉是:情境创设平实而不平淡,简单而不单调,轻松而不轻浮。在这样的从从容容之中,学生明白了哲理,点燃了智慧的火焰。

三、舍呆板平淡,取情不自禁之课堂

一首高雅的诗词,能让人体会到真挚的感情;一堂富有情感的课一定会激起一个又一个的情感涟漪,达到意想不到的教学效果。教师的激情是催化剂,定能点燃学生学习的热情。

在讲"中国共产党执政:历史和人民的选择"时,有位教师结合老鹰蜕变的事例,结合教材,动情地给学生进行了逐层分析。

师:老鹰是世界上寿命最长的鸟类。它的年龄可达70岁,可谓高寿。但老鹰要活70岁的寿命,在它40岁时必须做出一个艰难又重大的决定。这是个什么决定呢?

生:……

师:40岁的老鹰如不选择等死,就必须做出怎样的痛苦的更新过程呢?

生:老鹰必须费尽全力飞到一个绝高山顶,筑巢于悬崖之上,不得飞翔,开始过苦行僧般的生活。

师:中国共产党也是如此。党要实现人民拥戴、长期执政的目标,国家要实现长治久安、繁荣富强的愿景,就必须以老鹰蜕变的勇气进行自我革新,就必须采取坚决有力的措施尽快解决自身建设和执政能力不足、社会不公、官场腐败等人民群众深恶痛绝的问题,这样我们的党才能像老鹰一样长出新的羽毛,重新翱翔蓝天、搏击风雨。

本节课没有出现一般公开课上经常出现的又唱又跳,也没有出现又演绎又放视频的场景,有的是情深意切的真流露、文火细炖的慢功夫、水到渠成的美享受。

四、舍固化模式,取收放自如之课堂

随着课堂教学改革的不断深入,对于课堂模式的看法可以说是仁者见仁,智者见智。

一位教师在教学"传统文化的继承"这一教学内容时,给学生提出了一个问题,并结合问题讲了个小故事用以引导学生对书本知识的理解:一个地方、一个民族因何而得名?著名电视主持人白岩松去过德国著名城市莱比锡。

莱比锡有博览会,还有保时捷的生产基地。但当地人从不提这些,他们提的最多的是在那里工作了 20 多年的巴赫,在那里工作过的门德尔松,在那里出生的瓦格纳……莱比锡的街道上有许多用金属做成的音符,那是地面的路标,指引你通往一个又一个故居。由此引导学生思考传统思想、文艺、建筑、习俗的重要性。

  本节课上,教师最大的特点就是没有受固有教学模式的局限,努力把思想政治课上出文化味和人情味,使整个课堂飘散着文化的祥云瑞气。

74

创设师生互动的课堂

"水本无华,相荡而生涟漪;石本无火,相击而生灵光。"创设互动课堂,既是新课改的需要,更是教育自身返璞归真、顺应自然的体现。本文拟从政治课教学的角度,就互动课堂的创设谈谈笔者自己的看法。

一、互动,要有安全的氛围

创设互动的政治课堂,首先必须给学生一个相对安全的心理环境、民主和谐的学习氛围。为此,教师必须转变教学理念,确立以生为本的教育思想,将促进学生全面发展、和谐发展、个性发展作为教学的出发点和落脚点;蹲下身子,从学生的角度、用学生的眼光看世界,这样才能理解学生进而尊重学生;做学生心灵的按摩师,帮助学生克服羞怯、恐惧等不良心理,让学生既有表达的欲望,也有表达的胆量和能力;宽容学生的失误,鼓励学生勇敢前行,让每次失误都成为通向成功的新的起点。

二、互动,要有精心的预设

美国迪斯尼乐园主题工程竣工之后,如何连接景点之间的路径成为令人头疼的问题。为此,设计师们决定采用绘画的"留白"艺术。他们在乐园的空地上洒下草籽,提前开放乐园,让游客在景点之间随意踩出一条小路。之后,设计师依照游人踩出的路径,设计出连接景点的道路。这个设计获得了"园林艺术最佳设计奖"。设计师的匠心独运在于景点之间的道路是游客"自然生成"的,而这种生成是设计师精心预设的结果。凡事预则立,不预则废,课堂互动也是这样。

互动作为课堂教学的重要一环,有的激疑启思,有的澄清模糊,有的强化重点,有的突出运用,但并不是说互动环节越多越好,也不是说所有的内容都要通过互动的方式去学习。在设置互动环节时,我们首先要搞清楚为什么要设置,该环节的设置是不是必需的、不可缺少的、最优的;其次,要搞清楚怎样设置,如在哪个部分设置、设置多少个、采取什么形式、在什么对象之间进行,等等。只有做到精心预设、合理安排,互动才能为课堂教学加力,为学生成长加力。

三、互动,要有有效的情境

一个好的情境,往往能使学生情绪亢奋、积极主动地参与到互动中来。有位中国学者去美国考察时,美国历史教师的一节课给他留下了深刻的印象。

上课伊始,教师问学生:"这次历史测试,你们想要高分吗?"学生齐声回答:"想要!"

"加1分要交5美分。"教师说。学生纷纷掏钱要加分。教师又大声说:"白人小孩交5美分加1分,黑人小孩交10美分也不加分!"

话毕,教室里一片寂静,尔后一片反对声,在混乱中,黑人学生愤怒地向教师扔东西,有的扔书本,有的扔饮料瓶……

教师也不示弱,他一手拿着事先准备的盾牌遮挡,一手用水枪向学生扫射……一直到大家精疲力竭才停下来。

这时,教师开始讲课:"同学们,20世纪60年代,美国曾爆发了一场声势浩大的黑人示威活动,抗议政府的种族歧视政策,领头的就是黑人领袖马丁·路德·金。但他们面对的不是水枪,而是警察真枪实弹的镇压……同学们,今天我们就来学习'反对种族歧视'这一内容。"

也许你会觉得该教师的情境设计有些过火,但不可否认的是正是该情境的创设,为"反对种族歧视"的教学奠定了情感基础,接下来学生对该内容的学习应该是自然而然、水到渠成。

四、互动,要有创新的思路

在平常教学中,互动是课堂教学的婢女,处于从属和被支配地位。首先,从课堂教学的时间分配来看,教师讲授的时间最多,处于优先地位。练习的时间居其次,互动的时间则是可有可无、可多可少、无足轻重的。在听课时我们经常听到这样的话,"给大家一分钟时间讨论",一分钟有时连问题还没有搞清楚,怎么可能有高质量的讨论呢?但为了不影响教学进度,也只好草草收兵。其次,从教学结构来看,比较流行的是先讲解后作业,互动仅仅是讲解方式的一种。至于互动的内容是什么、什么时候互动、采取什么形式互动学生一概无知,完全处于被互动的状态。这也就决定了学生对待互动的态度只能是冷漠和敷衍,互动所达到的深度、广度必然十分有限。

但我们也看到,我们教师并不甘于循旧规、蹈旧矩,他们在苦苦探索。如江都中学政治组把翻转课堂实践和导学案的实施巧妙结合起来,形成了具有江都中学特色的教学模式。首先,教师根据教学内容和学生的心理特点、认知规律,编写导学案,摄制微视频,让学生自主安排时间学习和观看,将基础知识的学习安排在课前而不是课上,这就为互动奠定了必要的基础;其次,将每节课的前 10 分钟用于学生互动。学生可将个性化的学习经验和作业中存在的问题在小组内或小组间进行交流,通过生生互动尝试解决个人无法解决的问题;再次,教师用 15 分钟左右的时间,对重点知识进行提炼概括、拓展延伸,引导学生尝试构建知识体系;最后 20 分钟为学生合作探究的时间。教师撷取时事热点、社会焦点,利用新材料,创设新情境,提取新话题,供学生合作探究。这样在生生互动、师生互动、组际互动中的每个分子都被深深地卷入其中,不同的思想在碰撞、在融合,在恣意而快乐地生长。

75

创设有灵魂的课堂

有效课堂教学是教学活动的基本任务和提升教学质量的重要渠道。但笔者认为有效教学的前提应是创设一个有灵魂的课堂教学。一堂有灵魂的课才能体现教师对教育理想的追求,闪烁教师智慧的光彩,才能使学生的个性得到张扬,人格魅力得到展现。

一、有灵魂的课堂是求智的课堂

在当下的课堂随处可见,学生天天去解有了唯一答案的数学题,去记上网就可以查得到的秦始皇的生卒日期,去默写思想政治课的简单概念原理。美国的物理课在讲"磁"时,教师给出的是一堆混有铁粒的沙子,让学生动手动脑算出铁的比例。而我们的课堂又是如何呢？为了拿高分,一遍又一遍地去练习计算题,提高解题速度,提高准确性。这样乏味的课堂如何让学生乐学,又怎么可能培养出像钱学森那样大师级的科学家？

某位教师讲授"矛盾的同一性与斗争性"这一内容,创设了如下教学情境：2011年3月11日,海啸突袭日本岩手县大船渡市时,约有10艘渔船正在大船渡港工作。其中有一个叫道下孝人的渔民,正与76岁的父亲在海港忙碌。他不经意间一回头,正看见一阵白色巨浪以风雷之势冲向港口。"快,往深海冲!"他的脑际突然浮现出这个念头。于是,父子二人立刻将引擎开到最大,驾船高速冲向深海,然后他将引擎关上,静候海啸来临。15分钟后,海面翻起巨浪,一艘艘冲入深海的船只随浪升起,但并没有强烈晃动,他们成功逃过一劫。

接着教师组织学生讨论,话题是:① 你如何理解当海啸来临时,渔民开着渔船往深海里冲？这包含了什么样的哲学道理？② 人在生死一线间迸发出来的理性光辉给我们以什么样的哲学启示？这样的话题本身很容易吸引学生,讨论也相当热烈,学生的思维也逐步被带入更为深刻的哲学领域。

在课堂上,教师应努力去做高明的智者,努力引领学生去充分学习智慧、真诚尊重智慧、积极消化智慧,并善于帮助学生借助智慧化险为夷,如此才是一节有灵魂的课。

二、有灵魂的课堂是求真的课堂

千教万教教人学真,千学万学学做真人。思想政治课不能仅仅上成又唱又跳又画的课,只能是文火细炖的慢功夫。课堂教学应从求"真"开始,帮助学生判断是非、揭示规律、追寻真理。

在教学"群众观念和群众路线"这一内容时,某教师大胆取舍教材知识,首先列举了个别基层政府强制拆迁,严重损害人民群众利益的现象。这让学生感觉到教师的讲话是真实的。但接着教师话锋一转,指出我们党和国家历来都是把人民利益放在首位的。教师播放了毛泽东于1956年11月在中共八届二中全会上的一段讲话。听完录音,教师组织学生围绕下面的话题展开热烈讨论:① 毛泽东这席话的背景是什么？② 毛泽东这段话蕴含什么哲学道理？③ 毛泽东这段话对今天我们党和政府工作有何启示？因为学生既感受到教师真情实感的自然流露,又能从现实生活中寻找不足、分析原因、寻找对策,课堂显得非常生动。

只让学生去死读书、去解题,而不能让学生了解社会、融入社会的课堂不能说是有灵魂的课堂。思想政治课教学内容上的求真,最根本的要求是贴近学生的生活实际。教师可结合学生的生活实际,尤其是针对学生成长中存在的问题,创设各种真实的情境,让学生自己分析辨别并做出判断,逐步澄清学生的模糊思想,纠正其错误认识。

三、有灵魂的课堂是求美的课堂

每当听了高质量的讲座后,不少人会发出这样的感慨:真过瘾,简直是一种享受。让人感到享受的是什么？很大程度上是讲座所带来的美感。

有灵魂的思想政治课堂无疑要追求真——告诉学生正确的道理;追求善——引导学生做出正确的选择。但不能止步于此,还应该追求美——让学生感到身心愉悦、心灵陶醉。一堂优美的思想政治课就如同让人喝了一杯好茶,听了一出好戏,提神醒脑,回味无穷,其功效是显而易见的。

纵观中外教育发展的历史,许多教育家都十分重视优美的教学情境的创设。鲁迅先生在其教学实践中十分重视教学情境的创设,他的课讲得十分活跃、富有生气、非常幽默,常引得学生捧腹大笑,以至于别的系的学生也爬到窗口来听课。而美妙情境的创设能唤起学生追求真理、向往崇高、探究未来的激情。

在教学"事物的矛盾具有各自特点"一课时,通常的方法是先讲矛盾特殊性的含义,这样做一开始就会陷入空洞的说教。某位教师在教学中打破常规,在优美的轻音乐中,先朗诵了"天苍苍,野茫茫,风吹草低见牛羊""日出江花红胜火,春来江水绿如蓝"等诗句,分别来描绘辽阔雄浑的北国春色和风景秀丽的江南春色。接着又朗诵了"天街小雨润如酥,草色遥看近却无""故人西辞黄鹤楼,烟花三月下扬州""花褪残红青杏小,燕子归时,绿水人家绕"等诗句,分别来描绘早春、仲春、暮春的不同景色,学生在诗词欣赏中体验到春天的美,带着愉快的心情进入学习状态。此时,教师进一步说道:"春天是美丽的,所以诗人讴歌春天,但为什么在不同地方、不同时间,诗人对春天的描写不尽相同呢?这就是我们这一节课所要弄懂的问题。"这样很自然地将学生引入新知的学习。

"看似寻常最奇崛,成如容易却艰辛。"教师应努力营造"美"的情境,充分展示"美"的魅力,让学生感受到思想政治课语意的诚挚、言辞的妙趣、逻辑的严谨、结构的精巧、意蕴的深邃……这样有助于学生在对美的追求中,培养高尚的情趣,塑造美好的心灵。

76

创设有趣味的课堂

一部优秀的电视剧往往会牵动众多人的心弦,吊足人们的胃口,提神醒脑,让人着迷,回味无穷。电视艺术知道应制造悬念,教师教学也应掌握其中的真谛。教师要重视激趣,点燃学生兴趣的火花,让学生在兴趣的感召下以极大的热情投入学习活动中,从而陶冶学生情操。如何让思想政治课堂充满活力,激发学生学习政治的兴趣,是我们每个政治教师都应该关注和思考的问题。

一、志趣——让梦想"飞"起来

曾经看过一个故事:有位中国学者去听美国历史教师一节历史课。

上课伊始,教师问学生:"这次历史测试,你们想要高分吗?"学生齐声回答:"要!"

"加1分要交5美分。"教师说。学生纷纷掏钱要加分。教师又大声说:"白人小孩交5美分加1分,黑人小孩交10美分也不加分!"

话毕,教室里一片寂静,尔后一片反对声,在混乱中,黑人学生愤怒地向教师扔东西,有的扔书本,有的扔饮料瓶……

教师也不示弱,他一手拿着事先准备的盾牌遮挡,一手用水枪向学生扫射……一直到大家精疲力竭才停下来。

这时,教师开始讲课:"同学们,20世纪60年代,美国曾爆发了一场声势浩大的黑人示威活动,抗议政府的种族歧视政策,领头的就是黑人领袖马丁·路德·金。但他们面对的不是水枪,而是警察真枪实弹的镇压……同学们,今天我们就来学习'反对种族歧视'这一内容。"不知不觉中时间过得真快。铃声响起,下课了。好长时间,学生依然不愿离去。

也许有人觉得这样的"课堂设计"有些"过火";也许有人说,这样的导入会浪费很多时间。但这样的课堂彻底改变了"黑板上讲道德""书本上学道德"的传统教育模式,引导学生通过亲身经历和实践活动来获得真实的感受。正是有了这样的学生积极参与,培养了学生高雅的志趣、深厚的情感,产生了师生灵魂的碰撞和精神的融合。这堂课,使全体学生接受了一次活生生的反对种族歧视的教育。事后,中国学者感慨地说:"这是我听过的最好的一堂课,这堂课让我终生难忘。"课堂激发学生志趣才能让个性生命彼此敞开并彼此走近,为生命成长提供了丰富的养分。

一名思想政治教师仅仅拥有专业知识和技能是不够的,他还要努力培养学生的志趣,培养学生崇高的理想与信仰。如果一位政治教师对社会主义事业都没有理论自信、制度自信、道路自信,那么我们所从事的教育将是彻底失败的。

二、妙趣——让好奇"多"起来

如何才能让课堂的妙趣横生呢?这需要教师创新教学理念,转变教学方式。课堂的妙趣可表现为或引而不发,留有学生争辩的余地;或讲而不透,让学生自食其力;或节外生枝,借题发挥,进而拓展学生思维;或反弹琵琶,另辟蹊径,提出个性见解;或设置陷阱,暴露学生知识与能力缺陷;或无中生有,在看似无疑处设疑等。

在复习"创新是民族进步的灵魂"的内容时,一位教师开宗明义地给大家说了这样一段话:"30年前说下海能赚钱的人,被认为是骗子;20年前说炒股能赚钱的人,被认为是骗子;15年前说保险能帮到大家的,被认为是骗子;10年前马云说互联网能改变人们的生活,也被认为是骗子。他们是骗子吗?人们为什么把他们认定为骗子?请大家讨论。"

讨论刚结束,教师又说:"我还想和大家讨论下面两句话,'先知先觉经营者、后知后觉跟随者、不知不觉消费者'和'当别人不明白的时候,他明白他在做什么;当别人不理解的时候,他理解他在做什么;当别人明白了,他富有了;

当别人理解了,他成功了'。请大家从哲学的层面来加以分析。"

本节课妙就妙在教师没有采取从概念到概念、从原理到原理、从观点到观点的枯燥的理论灌输方法;妙就妙在教师引用较新的社会热点问题引导学生开展讨论,一下子拉近了与学生的距离,使师生形成了心理上的相容;妙就妙在教师在整堂课上通过让学生自主学习、合作学习和探究学习,和学生由浅入深地共同讨论系列的问题,获得了事半功倍、出奇制胜的教学效果。

三、情趣——让体验"活"起来

有一位教师非常喜爱旅游,是当地有名的"驴友团"成员。在他的课堂上,各地的自然风光、风土人情都成了极佳的教学情境。有一次,他开设"坚持联系的观点看问题"的公开课,一上课他就提出如下设问:"同学们有谁去过西北甘肃敦煌的月牙泉吗?你知道与莫高窟并称为'沙漠明珠'的当地另一大自然奇观是什么吗?在那里,气候干燥,降水量少,沙漠广布,流沙吞噬着耕地、村庄和城镇。但难以置信的是沙漠包围的月牙泉却不受干扰,仍然碧波荡漾。人们不禁要问,即使湖水不会因蒸发而干涸掉,但它怎么不会被沙漠掩盖的呢?"这一番话引起了学生的极大兴趣,也激发了学生强烈的探究欲望。课堂上迅速形成了讨论甚至辩论的氛围。

在学生讨论发言的基础上,教师点拨道:"月牙泉能千年不干涸的原因是多方面的。有自然原因,如,较低的地形条件、松散的地质结和较高的区域地下水位等。也有人为原因,如当地居民的保护意识。这些都充分说明了世界是普遍联系的。"

教师接着说:"但20世纪70年代,人们过度垦荒造田、抽水灌溉,使得周边植被破坏、水土流失,月牙泉水位急剧下降。请大家从反面运用联系的观点开展讨论,并请代表到讲台上发言。"

本节课上,由于教师热爱旅游,在旅游过程中触景生情并将情景带到课堂中来和学生共同体验"外面的世界真精彩",引导学生直面精彩世界。让学生在体验中获得心灵滋润、培养情趣、找到创造灵感、实现情感升华应成为思想政治教师重要的精神追求。

四、乐趣——让热情"高"起来

曾在《教育文摘周报》中读到这样一节课"老师的腰围"。

在一所小学听数学课。教师是个40来岁女的。讲完厘米、分米和米的概念后,她让学生测量桌子、铅笔和手臂的长度。两分钟后,被点名的学生报出答案,都得到了表扬,但还有很多学生要发言。

桌子、铅笔和手臂都量过了,教师说,我们再找找别的东西测量一下。教师的话刚完,一个一直没得到机会的瘦个子男孩"噌"地站起来:"老师,我想测测你的腰围。"教室里一下静了,师生都把目光对着那个学生。教师笑道:"好啊,你来测量吧。"小男孩拿着尺子,飞快地跑到黑板前,让尺子在老师的肚皮上翻着跟头,他说出了一个答案:"87厘米。"

"不错,他量得很认真,答案也比较接近。其他同学有没有更好的办法测得更准确一些?"教师话音刚落,一个女孩站起来说:"老师,我有,我用手。"小女孩已开始往黑板前跑了。教师问:"你用手怎么量呢?"小女孩说:"我一掌是11厘米,我看是几掌就知道了。"教师笑了。小女孩的手在教师的腰围上爬,刚爬了一圈之后,她就报出了答案:"89厘米。"

"还有没有更好的办法?"笑容在教师的脸上绽放。教室里静悄悄的。片刻之后,前排的一个学生站起来:"老师,你把裤腰带解下来,我们一量就知道了。"这时全班学生都笑了起来。教师一边笑,一边真的解下裤腰带。这位学生量出的是90厘米,这当然是最准确的一个答案。

这节课是笔者听过的最漂亮的一节课。

这样的课堂是真正自然的课堂,是真正和谐、师生互动的课堂。这样的课堂,童趣浓浓、情趣种种、乐趣融融。听这样的课,我们汲取的是无数感动与快乐。心灵因感动而细腻,因交流而欣喜,因丰富而成长,我们盼望这样的课再多些。

某位教师在执教"实践是认识的基础"一课时,一上课就问道:"同学们,如果你在家中是独生子女,请举手。"学生丈二和尚摸不着头脑,纷纷举起手来。教师分别请几位男生站起来并问道:"如果你将来结婚,你会生养两个子女吗?"课堂上顿时热闹非凡,学生议论纷纷。教师接着说:"最近我国出台了单独二胎政策。从'一对夫妇只生一胎好'到'单独二胎',我国人口政策变化的原因是什么？用什么来检验这一变化了的人口政策？这一人口政策最终目的又是什么？请大家运用现学的哲学知识加以分析。"课中，教师还问道："刚才提问中，有同学回答愿意生养两个子女，有同学不愿意。你们各自的理由是什么呢？"教师的提问引发了课堂辩论，并把课堂气氛推向高潮。

如果将教师比作一个高明的琴手，那他就应善于在各个教学环节拨动学生思维的琴弦，激起学生探求的欲望，让创造的火花在学生活跃、敏捷的思维中迸发，让学生在快乐中扬起思维的风帆，插上理想的翅膀。只有这样，我们的课堂才能充满生机与活力。

77

教学与生活的水乳交融

一、现实生活——教学的起点

高中学生来自不同的家庭,对家庭的收入存在差距有直观的感受。但学生只停留于现状即结果的不公平上,往往没有进行过深层次的理性思考与分析。在开展"收入分配与社会公平"这一课的教学时,笔者就以"老王、老刘"一对老同学三十年前后收入发生了大变化为主线,进行情境设置,在教学的结构上也遵循着生活的轨迹和境遇进行。

情境1:生活大变化

1982年,小王和小刘大学毕业了,分在同一家集体企业当技术员。30年过去了,企业改制为集体控股的股份有限公司,当年的小王和小刘成了如今的老王、老刘。变化的不仅是容颜,还有各自的收入,如表6-1所示。

表6-1 老王和老刘三十年前后收入对比

年份	老王年收入	老刘年收入
1982	732元	732元
2012	5万元 (工资和奖金)	50万元 (股票分红和股息)

问题:表格反映了什么经济现象?1982年老王、老刘的收入属于什么分配方式?2012年呢?

这一情境的创设符合社会现实,问题的设计可以帮助学生树立全面看问题的辩证思维,避免学生只看到现状而产生以偏概全的认识。

情境2:生活大困惑

在一次同学聚会上,酒过三巡之后,老王对老刘抱怨道:"这社会太不公平了,想当年你我在同一起点上,可如今老刘你是标准的有钱人,我还是穷人一个。这差距也太大了。"

老刘反驳道:"不对啊,过去我们干得比人家多,可工资、奖金跟人家一样,我们也觉得不公平啊。"

问题:老王、老刘对公平的看法各是什么?你同意哪个人的观点?

老刘、老王所代表的是不同阶层的人,这两种观念在社会上都有一定的市场。问题2就问在了人们对公平的不同看法上,看似平常,却具有很强的思辨性,可以更好地激发学生深入地思考:到底什么是公平?通过对老刘和老王的观点进行辩证分析,最后得出"公平"既不是收入悬殊,也不是没有差距、平均主义,而是收入的相对平等。对社会上两种有失偏颇的观念进行了很好的澄清。

二、课堂生活——教学的力量

教师有责任引导学生积极地创造并享受课堂生活,让学生在课堂教学这一特殊的生活实践过程中得到健康发展,又在发展中愉快地生活着,这是课堂教学的力量,也是课堂教学的魅力。在现行有限的条件下要形成高质量的课堂生活需要尊重学生,进行多种行为交替,动静结合,让学生在倾听、静思中建构新知,在交流、辨析中深化认知,提高辨别能力和觉悟。这需要教师的尊重和引导,更需要教师的智慧相授。

情境3:生活大烦恼

教师讲:"天有不测风云,人有旦夕祸福。"2012年老王家碰到了生活的大烦恼,如表6-2所示。

表6-2 2012年老王家庭的收支情况

收　　入	支　　出
烦恼一:自己的工资涨得没有物价快	烦恼三:母亲得了尿毒症,每周都要血透
烦恼二:老婆因原来工作的厂家倒闭,失业了	烦恼四:儿子考上了大学,虽是喜事,但学费涨了,还要支付每月生活费

问题:请同学们帮老王家出出主意,如何走出困境?

学生有的说省吃俭用;有的说可以向老同学借钱;有的说向政府申请社会保障……

"屋漏偏逢连夜雨",这是不少困难家庭的现实情况。这一情境的设置激发了学生的同情心,也打开了学生的话匣子。从学生的答案中可以看出,学生愿意想办法、出主意,虽然有些不够成熟,脱离生活实际,教师可以进行一些温馨提醒,以增强学生的保险意识和独立自强的意识。

情境4:生活小惊喜

第一,老王妻子经考试获得了中级月嫂证,找到了工作,月工资5 600元。

第二,老王企业实行内部分配方案改革,像他这样的老技术员工资、奖金得到大幅度的提高。

第三,老王母亲的尿毒症在当地可以申领大额医疗保险,并且还享有70岁以上老人每月100元的养老金的社会福利。

问题一:老王的妻子属于什么收入分配方式?老王呢?

问题二:企业给老王涨工资属于第几次分配?提高工资待遇的必要性何在?

问题三:医疗保险、社会福利属于社会保障,它属于第几次分配?谁主导?起到什么作用?

围绕三个小惊喜设置了三个小问题,让学生选一个自己感兴趣的问题进行充分的思考,同桌间进行交流,最后向全班同学讲述自己的回答。生活中,学生是自己的主人,他们有选择权;生活中,学生有表达的愿望,如果这种愿望得不到满足,学生会感觉束缚,也不会有主动性。但生活中学生也要学会倾听,允许有不同的意见和声音并对此表示尊重。因而课堂上,教师要尊重学生听、说、想的权利,在其对话、交流和倾听中适时进行指点,从而突破本课的重点和难点——实现收入分配公平的一个制度保证和两个重要举措的学习。必须指出的是,课堂生活属于非日常生活,对于本课的难点"初次分配"和"再分配"需要教师进行讲解,用图像的方式更容易被学生掌握和理解。正如金建生在《教学世界与生活世界的辩证存在》中所指出的:"任何轻视教学科学化,倡导教学生活化的主张都是危险的,也是经不住历史考验的。"

三、未来生活——教学的指向

教育有着自己的特殊使命,不应简单回归生活,而应当追逐理想、引领生活并最终超越生活。这种超越是引领学生在对现实生活的审视、批判与反思基础上去辨识并趋向真、善、美,以创造更加美好的生活。[①] 学生在这个多元文化、多重价值的社会中,难免会产生道德迷茫和价值困惑。思想政治课教学应该关心学生生活,帮助学生思考和认识生活的意义、目的、价值,等等。也就是说要"突出其超越现实生活,建构理想的可能生活"。

本课的教学不能停留于我国居民收入差距有扩大趋势的现实,而在于正确地理解"公平"的含义和如何缩小收入差距,实现收入分配的公平。通过学习要让学生明白公平不是绝对的,而是相对的。我们追求公平,但绝不是"不患寡而患不均"的传统思想,而是以效率作为物质前提,每个人都有提高效率、增加社会财富的社会责任,这是社会发展的原动力。有了对"公平"的准确而完整的理解,学生走上社会,能正确对待和理解可能发生在他们身上的"不公平"现象,不会因情绪失控而采取极端行为,也有利于他们更好地理解党和政府所进行的分配体制改革。"胸中有丘壑"自然站得高,看得远,不拘于个人一时的私利和得失。

---

① 伍正翔,柳海民.论"教育回归生活世界"的谬误[J].教育理论与实践,2007(10):12-15.

78

生活化教学中素材甄选的策略

教育与生活密不可分,生活化教育是现代教育的一个重要理念。伴随着新课程改革的进一步深入,政治教师越来越重视"生活化"教学模式的探索与研究,在教学实践中注意充分挖掘并精心选取生活化素材,取得了较好的教学效果。

然而审视当前的生活化教学实践,我们发现不少高中政治教师在素材甄选时出现不少偏差:有的课堂注重堆砌素材,让人眼花缭乱,却无思维的启迪、智慧的提升;有的课堂脱离了学生生活实际,难以拨动学生情感的心弦;有的课堂过于关注负面生活,而缺乏对学生核心价值观的引领。热闹的表象,空乏的收获,形式上雕琢,内容上浅薄。此类课堂"狂"而不"欢",是虚假的繁荣。有鉴于此,笔者尝试总结提出生活化教学中素材甄选的三个策略。

一、重质轻量,精选生活素材

新课程背景下,越来越多的政治教师乐于从生活世界中汲取趣闻、轶事、典故和素材,将生活中的教育资源与书本知识融通起来。这是一件可喜的事情。但是,并不是生活素材应用得越多,教学效果就越好。希腊著名寓言家伊索曾经说过,"美好的东西在质不在量"。教师应认真思考:选用这些生活资源的目的是什么?仅仅是让学生简单纯粹地了解、感受自己的现实生活吗?仅仅是为了活跃课堂气氛吗?如果在短短的一节课里过多地引用素材,不但教师自己会手忙脚乱,把课堂搞成杂乱的集市,也会使学生不停地调动感官而疲于应付,扰乱正常的思维,剥夺了学生自主学习的时间和空间。其结果是不仅课堂教学华而不实,更背离了新课程改革的深层意义。

在选择生活化素材时如何体现质的因素呢?笔者认为应注意把握三个原则。一是启发性。教师应在众多的、可供选择的素材中选出最具分析价值、对学生成长最有启发性的案例,而不应过于追求那种表面的、肤浅的、显而易见的刺激。思想政治课的灵魂在于它的思想性,必须用课程自身的魅力、思维的张力去吸引学生。二是趣味性。"兴趣是最好的老师。"教师应选择生动有趣的教学素材,激发学生兴趣,引导学生思维,达到"一石激起千层浪"的效果。三是典型性。教师应紧紧围绕党中央的中心工作,积极收集和整理典型案例、重大题材,并深入剖析,细心体察,举一反三。

二、以生为本,贴近学生实际

《基础教育课程改革纲要(试行)》提出,要"提供丰富的与学生生活背景有关的素材,从学生的已有经验和兴趣出发并体现这种已有经验和兴趣,让学生亲身体验探索、思考和研究的过程"。美国教育家布朗认为:"学习的环境应该放在真实背景中,使之对学生有意义,而这里的真实问题显然是指学生的生活实际。"现实生活为思想政治课教学提供了取之不尽、用之不竭的"素材"。但生活素材的选择不是无章可循、随心所欲的,心理学研究表明,学习内容与学生熟悉的生活背景越贴近,越容易被学生接纳。

由于"思想政治课程标准和国家统编的示范性教材是经过'脱域机制'处理过的文本性课程"[①],其素材无法反映各地差异和回归学生具体的生活实际,因而教师在甄选教学素材时可考虑以下几个因素。一是地域因素,应选取能反映本地区独特的文化传统和底蕴、政治经济文化特点、发展战略和需求的地域性素材,所选地域离学生越近,越能激发学生的思维活力。二是时间因素,应尽可能选择贴近学生当下生活需要、富有时代气息的素材,尤其要

---

① 谢树平.江苏特色思想政治课的理念与实践范式[M].哈尔滨:黑龙江人民出版社,2006.

关注当前学生生活、当今社会实际、现代化技术发展中出现的新情况和新问题。三是学校因素,可选取反映本校办学传统、理念、特色,甚至是班级文化的素材,学生身边的人和事最能引发学生的学习热情。四是家庭因素,可结合不同学生的家庭结构、人际关系、家庭教育等因素选用素材。

三、价值引领,坚持正面引导

生活是五彩斑斓的,既有正面的元素,也有负面的成分。一方面,教师在政治教学中不能因为生活中存在丑陋、阴暗面而完全将教学封闭起来,使课堂成为不谙世事的世外桃源,否则学生走入社会后会因反差太大而手足无措,处处碰壁。另一方面,也不能热衷于过多地选用反面素材,使课堂成为装满社会问题的酱缸,如果长此以往,易使学生形成"仇恨情结",从而背离了教育的宗旨。

思想政治课作为学校德育实施的重要途径和载体,具有比其他各学科更为明显的价值导向性。《普通高中思想政治课程标准(实验)》在"课程性质"中指出:高中思想政治课进行马克思列宁主义、毛泽东思想、邓小平理论和"三个代表"重要思想、科学发展观、习近平新时代中国特色社会主义思想等基本观点教育,以社会主义物质文明、政治文明、精神文明、生态文明建设常识为基本内容……引导学生逐步树立建设中国特色社会主义的共同理想,初步形成正确的世界观、人生观、价值观,为终身发展奠定思想政治素质基础。高中生正处于人生发展的黄金期,其思想与人格日趋独立,但社会阅历较差,思想容易偏激。因此,政治教师一定要坚持正面原则,对于生活中假恶丑现象持批判的态度,合理引导学生在对现实生活的审视、批判和反思中学会区分好与坏、辨别是与非,激发出对"好生活"的创造欲望,想方设法将学生的思想动态引领到主流的思想观念上来。

在生活化素材的甄选中要做到正面示范、积极引导,教师应选取先进人物的事迹激励学生,先进人物的经历是一本精彩的书,成功者的背后都有着一段感人的故事,教师让学生追寻先进人物奋斗的足迹,找出自身不足,看到差距,激发学生前进的动力;应展示改革前后社会的变化鼓舞学生,引导学生感受城乡建设的日新月异,经济提升的快速强劲,社会发展的和谐稳定,弘扬爱国主义主旋律;还应多选取社会积极向上的素材感染学生,弘扬正气,讴歌正义,引领社会风尚,凝聚和释放正能量,带领学生走出狭隘的视野。

生活赋予了教学丰富而深刻的内涵,生活也使教学精彩纷呈,生机盎然。政治教师在生活化教学中,要精心甄选素材,贴近学生实际,坚持正面引导,丰富其情感体验,引导其探寻生活的意义和生命的价值。只有这样,课堂才能熠熠生辉、激情四溢。

79

让思想政治课教学回归生活

"让课堂融入生活,让教学回归生活"是新课程强调的理念之一,也是当下教学论研究的重要论题。随着新课程的推进,教学向生活回归的步伐明显加快。笔者拟从理论与实践相结合的角度,对"教学回归生活"的若干问题进行再追问。

一、回归怎样的生活

教学回归怎样的生活?一般认为,回归生活就是向现实生活回归。然而,在实际操作中仅停留在这一浅表简单的认识上,是远远不够的。通过对以下问题的追问,我们可以得到一些有益的启示。

1. 回归教师生活还是学生生活

教师生活是成年人的生活,学生生活多是未成年人的生活。学生对成人生活的内容尚不清楚,只有将教学建立在学生生活的基础上,才会使学生有亲切感,进而产生学习兴趣;教师的生活理解,对学生学习也能起到推动作用。在教学中应大力挖掘学生的生活资源,适当兼顾教师生活对学生生活的引领作用。

2. 回归正面生活还是负面生活

生活是五彩斑斓的,既有正面的元素,也有负面的成分。教学应建立在真实的、全面的生活基础之上,坚持正面原则,只有从"社会黑暗面(负面生活)就是真实生活"的单向思维中解放出来,回归真实而全面的生活,才能结出真实的教育之果。

3. 回归静态生活还是动态生活

世界是变化发展的,生活也是动态更新的。生活的动态更新以及教材的相对滞后,决定了教学除了要完成教材包含的生活内容之外,更需要关注动态更新的生活,诸如生活现象、生活问题、科学技术、社会关系等方面的更新,帮助学生在动态变化中更深刻地认识生活的目的、意义、内容、方式。

4. 回归原样的生活还是加工后的生活

现实生活为教学提供了实践活动的场景、课堂知识的应用对象、丰富的课程资源等教学素材。但是,作为教学可利用的生活,不应是"原生态"的生活,而应是"加工后"的生活。教学和生活不是等同关系,教学以生活为根基,更要体现对生活的归纳、抽象和提炼,才能超越单纯的对生活内容的机械回归。

二、怎样回归生活

1. 走进生活:关怀学生的生活状态

走进学生的生活世界,了解他们的想法,清楚他们需要什么,把这些信息转化为教学资源,是"教学回归生活"的逻辑起点。

(1) 时时关心学生生态

课堂,是师生交往的主渠道,是教师融入学生的主阵地。课堂教学中,教师营造宽松、和谐的教学气氛,让学生把生活状况和心里想法袒露,适时到教室、宿舍和学生聊聊天,时刻了解学生生活的真实情况。

(2) 事事贴近学生关切

从生活出发的教学,本质上就是以学生生活关切的有机整合为关键点的教学。教学重要的是要联系学生的日常生活,贴近学生的生活关切,关注学生日常生活的完整性,对学生生活的整体、学生发展的各个方面、学生与环境的互动等都有一个清晰的认识。

(3) 处处倾听学生诉求

倾诉是一种本能,是一种素质。教师要由居高临下的权威转向"平等中的首席",善于倾听学生的倾诉,听听学生真实的想法、感受、打算,缩短师生之间的距离,走进学生的生活世界。

2. 利用生活：合乎学生的生活逻辑

"教学回归生活"必须合乎学生的生活逻辑，吻合学生的认识规律和已有经验，必须选择性利用各类生活素材，并要对其剪接整合、加工制作，才会有取之不尽的源头活水。

(1) 寻找生活兴趣点

心理学家布鲁纳认为，最好的学习动机是学生对知识内在的兴趣。时下学生兴趣很多，崇拜体艺明星自不可少，若把这个资源开发为教学服务，便能拉近学生生活与教材知识的距离，激发学生学习的兴趣。

(2) 探究生活关注点

设置综合探究是思想政治教材的一大亮点，旨在引导学生从多角度、多层面、综合运用多种知识与方法去探讨和研究社会生活中的实际问题。教师要善于捕捉学生生活中的关注点，把它转化为探究的教学资源，实现教学向生活的转化。

(3) 辨析生活纠结点

高中学生正处于由感性走向理性的成长阶段。面对纷纷扰扰的现实生活，他们在学习、生活、人际交往中，常会因种种两难问题而"纠结"。教师要及时发现学生生活中的"纠结点"，采用适切的教学方法给予指导和引领，为其廓清迷雾。

(4) 夯实生活落脚点

实践是认识的目的与归宿，培养学生的实践能力是教学的落脚点。研究性学习是培养学生实践能力的有效方式之一，是连接学习和生活的桥梁，以研究性学习的方式开展教学，引导学生运用已有知识体验科学研究的过程和技能，有利于学生培养创新精神，锻炼实践能力。

(5) 激活逻辑交合点

在课堂教学中，"生活逻辑与理论逻辑的交叉聚合点往往就是教学的重点或难点"。对于这些务必重点突破的逻辑交叉点，在具体操作时要坚持归纳和演绎交错运用的手法，让生活元素有效地为课堂服务，让理性光辉真正进入学生的心田，实现生活和理论交融互动。

3. 超越生活：发展未来生活的能力

"教学回归生活"最根本的意义是超越现实生活，"最终目的是引导学生通过对现实生活的感知和体验来发展其在未来生活中的能力,培养其改造现实生活、适应未来生活的正确价值观"。"教学回归生活"必须要告诉学生应当怎样生活、应当拥有怎样的生活世界、应当怎样去创造生活世界,把视野放宽到对生活意义、生活目的和生活方式的回归,超越单纯对生活内容的回归。

只有走进生活,才能立足现实生活;只有利用生活,才能凸显学生主体;只有超越生活,才能着眼未来生活。这实在是当下思想政治课"教学回归生活"的应然之路。

80 让思想政治课植入生活土壤

中学思想政治课程是中学学科教育体系中的主要课程之一,但长期以来教学内容枯燥乏味,教学理论化、抽象化与程式化倾向比较严重,教学过程脱离生活实际,这使得该课程陷入理论和现实的双重困境。

高中思想政治课"关注·引入·联系·领悟·参与"生活教学模式从学生已有的生活经验出发,联系生活讲政治,把政治问题生活化,体现"政治源于生活,寓于生活,为生活服务"的理念。它强调学生间接经验与直接经验相结合,课堂学习与生活实践相结合,使学生在与生活世界的沟通中,感受到生命的崇高,获得个性发展。

一、关注生活,激发兴趣

"关注生活、激发兴趣"即教师围绕教学目标,引导学生关注与本课基础知识有关的经济、政治、文化和哲学现象,以此激发学生的兴趣点。

1. 情境创设

教师可通过影音、图片、文字等方式再现真实生活,其素材可以是源于网络的视频、图片,可以是把电视中的某些片段刻录下来播放,也可以是自己或学生用DV拍摄的日常生活片段,还可以只是用文字形式描述生活事例。它的最大优点就是真实、形象,容易吸引学生的注意力,引起学生的共鸣。比如教师上课时可以播放"神九飞天"的视频,那气势磅礴的场面带给学生的震撼以及油然而生的中国人的优越感、自豪感是非常强烈的,学生对"社会主义的优越性""中国特色社会主义事业必须坚持党的领导"等道理有了更为深刻的理解和感受。当然,这种再现生活场景的方式有时会受一些现实条件的制约,比如有无相关的教学设备可用,教师和学生平时要注意积累一些资料、信息。但总体来讲,这是一种行之有效的方式。

2. 角色扮演

"生活角色扮演"可让学生在模拟角色的过程中感受生活情趣、领悟理论魅力、培养社会责任感,提高学生学习的积极性。高中思想政治课生活化教学可以引入各种鲜活的生活角色。如在学习《经济生活》中"股票、债券、银行"一课的时候,教师可让一些学生分别扮演股票经纪人、债券发行商、银行出纳员以及有相应意向的投资者。让学生从角色扮演活动中产生学习兴趣,将注意力自觉转移到本课学习的内容上来。

3. 案例呈现

教师也可针对性地呈现现实生活中活生生的政治、经济、文化现象或事例。尤其是要善于将当今国内外发生的重大事件、时政热点与书本中抽象的政治理论生动、形象地结合起来。教师所甄选的案例、素材,既要反映形势发展,体现时代特点,又要贴近学生生活实际,尽可能使抽象内容具体化,学习内容生活化。细心观察,生活中有很多案例可以和教材内容相联系。如在讲"市场调节的局限性"时可介绍"双汇瘦肉精"事件;学习"中华文化的基本特征"时可展示北京奥运文化中的中国元素(奥运吉祥物福娃、中国印、祥云图案等)……生活中蕴含着丰富的教育因素,生活是教育的源泉。课堂教学只有满足了生活的需要,才有效果,才有意义。

二、引入生活,提问探究

"引入生活,提问探究"是指师生结合所创设的生活情境,自然引出本课需要探究的问题,并通过多种形式合作探究上述问题。

例如在学习《生活与哲学》中"人生价值的创造与实现"一课时,教师引入了被网民追捧为"娃娃村干部""中国乡村奥巴马"的白一彤竞选村干部的案例。因为白一彤和学生年龄相仿,所以她的事例立刻引起了学生的兴趣,使学生进入学习情境。教师接着围绕"人生价值观的塑造"这一主题设计以下问题:你认为白一彤当村干部有无大材小用?怎样的人生才算有意义?你认为应该怎样实现自己的人生价值?

当然,学生探究的形式可以不拘一格,演讲赛、辩论赛、专题讨论等均可在课堂中尝试。这一环节教师旨在培养学生自主思考、自主探索及合作学习的能力。

三、联系生活,构建知识

"联系生活,构建知识"是教师鼓励学生在联系生活、深入剖析材料得出结论的基础上,指引学生阅读教材相关内容,突出知识难点、重点,进行书面综合归纳,自主构建知识内在联系。

例如在教授"国家政权的组织形式"时,由于"国体与政体的关系"对于学生而言是相对陌生、抽象的理论,教师可复习以前所学国体的含义及决定因素,完成对知识的梳理。接下来再联系生活中的问题:"为什么同是资本主义国家,有的政府首脑称总统,有的称首相,有的称总理?"从而引出政体的概念,并使学生明白政体有相对独立性,即使是国体相同的国家,由于受历史条件、阶级力量对比、传统习惯等因素影响,政体也有可能不同,政府首脑称谓不同只是政体不同的一种表现而已,从而最终完成国体与政体关系的理论学习。

四、领悟生活,升华知识

"领悟生活,升华知识"是要求学生运用所学的理论分析、解释相关现象,使其在课堂所学的理论在生活世界中得到还原、提升。

例如教学中"矛盾的观点"较为抽象,是历届学生学习的难点。学生在学完这一原理后,教师可引导学生分析评价"苹果公司创始人乔布斯的一生",有人说乔布斯的一生是幸运的,因为他改变了人类的通讯方式、娱乐方式,为人类做出了突出贡献,铸就了人类历史奇迹。也有人说他是不幸的,因为他从小便被父母遗弃,后被苹果公司驱逐,当他站在人生事业的最高峰时,他又身患癌症,最后不治身亡。"乔布斯的一生"如何体现幸与不幸间对立统一的关系呢? 学生经过分析得出结论:矛盾双方共处于一个统一体中,在一定条件下相互依存,相互转化。乔布斯虽然身处逆境,但是他坚持理想、执着奋斗,因而取得了瞩目的成绩;而反观社会上的某些富二代、星二代,从小就被视为"幸运儿""天之骄子",但他们中的一部分人缺乏人生目标和奋斗的动力,最后过得默默无闻,甚至有的不敌诱惑,锒铛入狱。接着,教师适时鼓励学生:作为一名普通高中生,要做好新时期的乔布斯,书写自己的"苹果人生"。由此,学生不仅对"矛盾"二字心领神会,更在心中激发了拼搏努力的豪情。

五、参与生活,学以致用

"参与生活,学以致用"是把经过课堂整合后的直接经验和从教材中学到的间接经验再转化为学生的直接经验,要求学生运用所学的知识解决生活中的实际问题。

《经济生活》在编写时就以生活逻辑为主线安排课程内容,目的是使学生成为经济生活中合格的消费者、创业者、管理者和建设者。要达到这一目标,教师可培养学生比较不同的消费心理和行为,提高消费选择的能力;从不同角度认识价格变动的影响,正确把握经济趋势的能力;掌握就业技能,提高选择职业的实际能力;运用法律武器,维护劳动者权益的能力;具体分析投资种类,善于考虑各种因素巧投资的能力;关注国家的财政和税收,监督政府部门的能力;参与小康社会建设,为本地出谋划策的能力;等等。在对学生能力培养的过程中,教师立足于让学生学会透过现象看本质、对复杂事物辩证思维,在多种可能的选择中,学会权衡利弊、果断做出正确选择,最终让学生"从生活中走进思想政治课,从思想政治课走进社会",赢得参与生活的种种智慧。

总之,强化关注、引入、联系、领悟、参与,旨在使政治教学根植于生活的土壤之中,这在教学中取得了良好效果,但仍需继续深入探索。

81

教学激情有何用？激情从哪来？

我们在评价政治课时，有时会遇到这样的情形：既找不出执教者知识上的错误，也没发现理解上有什么不妥或表达上有什么明显失误，但是又说不出有多么好，总觉得像缺少点儿东西。缺少什么呢？仔细琢磨，发现缺少的是激情——教师的激情。随堂听教师的课也常会发现这样的情况：部分学生恹恹欲睡，提不起精神；教师提问，少数人应答，思维积极的往往仅有几个学生。教师确实在认真地进行教学，有些关键的地方也在着力推敲，可学生不领情，没能打动学生的心。这样懒散的课堂，不但教育资源浪费，而且师生的精力与时间也浪费了不少。课堂在平静中显得冷冷的、冰冰的，缺少教师的激情澎湃，缺少学生的勃勃生气。更令人震惊的是，在教育部基础教育课程中心组织的全国性的调查中，政治课被学生评为最不受欢迎的课程之一。政治课沦落到如此地步，原因是多方面的，如高考制度的改革、课程本身的特点、教材编写的缺陷等，但很重要的一点还是教师缺少激情。试想一下，政治课本来就枯燥乏味，缺少激情的政治课就更加导致学生积极性不高，兴趣不浓，精神不饱满，劲头不足，听着不过瘾，看着不解渴，学习的目标落不到实处，教学效果大打折扣。

缺少激情有如此多的弊端，激情有什么作用呢？

列宁说过："没有人的感情，便没有对真理的追求。"苏霍姆林斯基也指出："情感如同肥沃的土壤，知识的种子就播种在这块土壤上。"美国学者威伍在《激情，成就一个教师》一文中曾说过这样一段话："想要教好的教师可能在大多数情况下都是志向更高和激情奔放的。伟大至少一部分出自天赋,这是无法传播的。然而,伟大的教师一定是有激情的教师。"日本著名教育心理学家泷泽武久用大量实验结果证明:一旦学生对学习失去情感,思维、记忆等认识机能就会受到压抑、阻碍。无论何等抽象的思维,没有情感都不能进行。课堂教学,特别是像政治课这样的课程,课程本身没有多少吸引学生的地方,更应该让教学过程成为一个师生情感流动的过程。课堂里有感情的浪花,师生就会精神振奋,独特的感悟、别有情味的语言就会如泉水叮咚,汨汨流淌,就会扫除课堂学习中疲沓、厌倦的阴霾,引导学生投入情感、投入精力去学习。简言之,激情传递人性,激情散发热情,激情表达活力,激情体现生动,激情具有巨大的感染人的力量。

但情感不是说来就来,说有就有的。心理学告诉我们:人的生理、心理机能都是属于自己的,既不能"玩假的",也不能受到别人的指挥。那么,教师的激情来自哪里呢?

激情源于爱心。对教育的爱,对学生的爱,对政治课教学的爱,应该是激情的活水。全国特级教师于漪的语文课总是充满激情,不能不说那是她爱的表达与倾诉。有了爱心带来的激情,可以全天候、全方位地为学生服务,建立新型的师生关系,真正实现教师对学生的点拨、引导。

激情来自自信。只有认真钻研教材,吃透文本,精心设计每一节课,熟悉教材,才能胸有成竹,充满自信,才能精神振奋、情绪饱满地走进课堂,在课堂上风度翩翩,声情并茂,挥洒自如,游刃有余。有了自信带来的激情,可以营造课堂教学的生动氛围,开辟政治课堂教学的新天地。

激情来自志趣。热爱生活,对教育事业怀有远大的理想,兴趣广泛,性格乐观、豁达,这些应是政治教师的良好素质。志趣广泛而高尚可以使教师底蕴深厚,头脑灵活,幽默风趣,反应机敏。有了志趣带来的激情,可以构建课堂教学的全新框架,真正落实课程标准关于知识、能力、情感态度和价值观的三位一体的课程目标,从而达到全面发展学生素养的要求。

激情来自真理。思想政治课不但要以理育人,还要以理动情,以理感人。所谓"晓之以理",就是要用真理教育学生、感动学生,使学生的情感发生积极向上的深刻变化。真理的光辉,具有动人的魅力。思想政治课的教学内容,凝聚了人类几千年积淀下来的文化精华,是人类智慧的结晶。特别是马克思主义学说，更是闪耀着真理的光辉，散发着诱人的魅力，也饱含着深刻的、理智的情感。教师应通过刻苦钻研教材，细细品味和感悟这种独特的情感，并以适当的教学方式去打动学生的心。教师必须深刻理解真理，牢牢把握真理，真正成为真理的主人。只有自己深深地理解和把握了真理，才能被真理的魅力感动；只有自己被真理的魅力感动，才能以发自内心的深刻情感去阐释真理、揭示真理；也只有把自己深刻的情感融入真理，使真理带上浓烈的情感色彩，才能使学生产生深刻的情感体验，引起真挚的情感共鸣，从而感动和征服学生的心。相反，如果教师自己对真理的理解很肤浅，甚至似是而非，没有健康向上的价值观、真理观，讲起课来就不会有真挚的情感和魅力，也就不会有强烈的感染力和深刻的征服力；如果再是一副不以为然、"信不信由你"的态度和面孔，就更谈不上让学生动情了。

激情来自真实。激情不是表层的张扬，也不是肤浅的铺陈；不是华而不实的渲染，也不是冗余累赘的堆砌；不是声嘶力竭的叫喊，也不是矫揉造作的表演；不是拙劣的东施效颦，也不是可笑的邯郸学步。激情应是真实的、由衷的、发自内心的，而且是感人至深、振奋人心的情感的自然而充分的流露。

82

构建激情课堂需要专情课程和移情课外

一、构建激情课堂需要专情课程

情感教学不能悬在半空中,必须以课程和教材为载体,专情课程是课堂教学中调动学生情感的根本。刘勰在《文心雕龙》里曾说:"登山则情满于山,观海则意溢于海。"教材不是无情物,只有我们付出真情,使教材中的情和读者的情融为一体,才能相得益彰,才能使教材中的情感因素得到最大限度的挖掘和发挥。

政治教材虽然不像语文教材那样具有强烈的情感色彩,但同样有取之不尽、用之不竭的情感教育资源,只要教师善于挖掘和发挥,同样可以使枯燥乏味的政治课激情飞扬。如经济学、政治学充满了对国家发展、人民命运的关怀之情,哲学则更是极富对人生、对世界的终极关怀之情。"为天地立心,为民生立命"是我们的政治课最根本的情感因素,也是最能打动富有理想色彩的中学生的。同时教材中的许多哲理、事例、人物、名人名言等都是情感教学的好素材。如具体人物的形象可以感染学生,情趣横生的故事,富有哲理的寓言、谚语、警句等,都可以用来创造愉悦的教学情境,不断强化学生的注意力和趣味性,以消除学生学习思想政治课的畏难心理,使学生在愉悦的情境中吸取知识的营养,美化净化心灵。因此,政治教师要深刻地领会这些有情之"理",在教学中正确地表达这些"理"中之情,引领学生体验政治课理论中的"情"。例如,一位教师在教学"人生的真正价值在于对社会的贡献"这一课时,对课文中孔繁森的事迹不是简单地读了一下,匆匆过场,因为这样很难激起学生情感的波澜。他课前做了精心准备,制作了关于"领导干部的楷模"孔繁森的多媒体课件。上课伊始,执教者就连续提出两个发人深思的问题:人为什么活着?人生的价值在哪里?教师富有激情的发问,一下子把学生的注意力吸引了。紧接着,教师随着多媒体课件的画面播放深情地说:"孔繁森光辉的一生,很好地回答了这两个问题。他远离年老多病的母亲,辞别恩爱贤惠的妻子,放下聪明可爱的儿女,两次告别亲人奔赴西藏。他不是没有亲情、没有爱情,而是为了西藏的建设和各民族的共同繁荣。在3 000多个日日夜夜里,孔繁森深入牧区,访贫问苦,为西藏最艰苦地区的经济发展倾注了全部心血。现在孔繁森虽已离我们而去了,但他的一生是平凡而伟大的一生,他用自己的生命之歌,为我们树立了在奉献中实现人生价值的光辉榜样。人生是个丰富多彩的过程,有欢笑也有眼泪,有索取更应有奉献;一个人的生命并不仅仅属于他自己,同时也属于社会、国家和民族;人生的价值不仅仅是对自身、对生活的体验和感悟,更重要的是通过自己创造性的劳动为社会、为后人留下些什么!"教师以充满激情且富有诗意的语言,把教材中枯燥的概念与生动的形象联系起来;把深奥的道理与学生熟悉的经验结合起来;将节奏与色彩渗透在教学中,将情感与期待倾注于话语里。学生有的瞪着眼睛,有的眼眶里还闪动着泪花,教师的情感深深地感染了学生。

二、构建激情课堂还需要移情课外

移情课外是调动学生情感的延续。要使学生学习的知识得以巩固,必须移情课外;要让学生的能力得以提高,必须移情课外;要让学生的情感得以延续,也必须移情课外。具体而言,移情课外有以下几种方式。

1. 趁热打铁讨论式

趁热打铁讨论式是把课堂没有完成的某个问题有意放到课外,让学生在课外趁激情尚未完全消退时,继续讨论这个问题。例如,在学生通过对农民工现状的调查,缩短了与农民工的感情距离之机,趁热打铁布置讨论:如何改善农民工的就业环境、维护农民工的合法权益、增加农民工的收入?

2. 迁移顺延写作式

这种方式是讨论式的另一面,即用文字的形式把自己的想法表达出来。

这时的学生因为仍沉浸在课堂浓烈的情感氛围之中,所以,头脑中的好多想法都想付诸文字,有一吐为快的冲动。这种方式很多教师都采用过,并且都取得了很好的效果。如在"中国南斯拉夫大使馆被炸"事件发生后,笔者结合《政治生活》中与当代国际竞争有关的知识,使学生认识到当代国际竞争是以经济和科技为核心的综合国力竞争,落后就要挨打,只有坚持发展是硬道理,不断提高综合国力,才能维护我国的国家利益;同时针对部分学生的过激情绪,笔者又从国家利益和国家力量决定国家的外交政策的角度,说明我国政府采取的措施,既伸张了正义,捍卫了国家尊严,又符合我国长远的国家利益。并且要求学生以此为题写一篇政治小论文。

3. 综合知识研究式

这是一种较高层次的移情方式。它要求学生不仅要有浓烈的感情和强烈的求知欲望,更要有强烈的自制力和较强的处理问题的能力。这种方式的研究涉及内容多,范围广,所用时间长,所耗精力多。但是,一旦这方面能够持之以恒并有所突破的话,就一定会取得较大的成绩,特别是各种能力将会得到很大的提高。例如,布置这样一个研究性课题:从经济、政治、科技、文化、环境等多角度,分析江苏如何又好又快地实现两个率先的奋斗目标。

只要我们广大的政治教师不断提高自身的素质,开动脑筋,想方设法,就能使政治课做到"万水千山总是情",使教师教得激情澎湃,学生学得热火朝天,整个课堂热情洋溢。

83

构建激情课堂要关注"心育"渗透

随着现代社会生活的发展与变化，青少年学生面临的社会心理适应问题尤为突出，如网络迷恋、独生子女的骄纵、性观念淡漠、不能正确定位自己的角色等，心理健康问题越来越明显，关注对学生的"心育"就显得更加重要。在中学政治课教学中，我们必须关注"心育"的渗透性，在教授相关知识的同时，更要注重创设有利于学生成长的环境，这种环境既包括宽松、和谐的心理环境，也包括灵活多样、切实具体的物质环境。通过说服教育、情境熏陶、意志磨炼等方法帮助学生培养克服困难的信心与勇气，养成自制、坚强、刚毅、果断、乐观、向上的意志品质，逐步形成立志勤学、诚实守信、公正无私、见义勇为等道德信念、道德理想和道德意志，实现"德育"效能的优化。

一、加强队伍建设，提高政治教师的"心育"水平

思想政治教育的对象是人，必然涉及人的心理活动，受人的心理特征、心理过程的制约。政治教师要对学生的心理状态做出准确的判断，除了掌握牢固的马克思主义基础理论知识和扎实的思想政治教育学专业知识以外，还应拥有广博的相关学科知识，要有意识地通晓与思想政治教学有密切联系的心理学、教育学、伦理学、政治学、社会学等相关理论成果，尤其要多收集一些心理咨询和心理治疗的典型案例，并结合案例熟练地掌握、运用心理咨询和心理治疗的技巧和方法，做学生的朋友与知己，消除对方的顾虑，让学生打开心灵的窗扉，帮助学生调整心态，恢复心理平衡，维护心理健康。

教材在讲述"货币的产生过程"时,指出货币是商品交换长期发展的产物。在商品交换过程中,发生了许多困难,而"解决困难的办法总是伴随困难的产生而产生"。讲到这里时,我们可以联系到无论现在还是将来,每一个人在自己的生活、学习和工作中都不可能是一帆风顺的,总会遇到这样或那样的困难和挫折。但是,无论何时,无论何地,无论遇到何种困难,内心深处一定要有这样的信念:办法总比困难多。要坚信"我能行""我是最棒的",这种信念会让自己自信、积极、乐观、向上,会让自己释放出内心的巨大潜能,做最好的自己。"办法总比困难多",说明了教师拥有乐观、自信的态度,这样就会感染学生。也只有这样,才能提高教学艺术和教学实效,才能在教学中迸发出智慧的火花,实现"德育"效能的优化。

二、创设丰富的教学情境,营造良好的课堂心理环境

当代的中学生民主意识和成就意向强,他们思想开放,少条条框框,不避嫌疑,少盲目服从,要求别人尊重自己的民主权利,希望拥有可以畅所欲言、各抒己见的民主平等的环境,讨厌专制式的领导方式,喜欢平等地讨论问题、民主地解决问题。政治教师要鼓励学生在课堂上发表自己的见解并评论同伴的观点,要让学生感到他们有这种权利和责任,即使说错也不会因此受到责备,要让学生感到自己是安全的,决不能在课堂上让学生的心理处于紧张状态。我们要在课堂上营造一种积极的气氛,以满足学生的民主和平等的需要,而这种需要恰恰是避免或治疗学生心理疾病的"良药",在培养学生健康心理品格的发展过程中起着潜移默化的作用。

在学习"人民代表大会:国家权力机关"时,有位教师在创设教学情境、营造课堂心理环境时处理得非常到位。课堂小结还巧妙地联系对联"风声雨声读书声声声入耳,家事国事天下事事事关心",教导学生要关心国家政治生活。从这里不难看出,这位教师自身基本素质优良,能够投入、倾注饱满的情感,展现、演绎教材蕴含的情感因素,营造良好的课堂心理环境,激发学生的学习热情。

课堂心理环境是指在课堂教学中影响学生认知效率的师生心理互动环境,这种环境融洽还是冷漠,活跃还是沉闷,将会对整个课堂教学过程、对学生克服课堂心理障碍产生影响。为此,上课时教师要投入、倾注一定的情感,

展现、演绎教材蕴含的情感因素,激发学生的学习热情,处理好课堂教学的动与静、冷与热、宽与严的关系,使课堂心理环境始终处于融洽和谐、稳定持久的状态。行之有效的启发能减少学生的学习压力感和枯燥感,对促进学生的心理健康和优化"德育"效能极为重要。

三、挖掘教材德育资源,将"心育"与"德育"有机结合

我们应该在思想政治课教学的各个环节渗透德育意识,当然最主要的是要努力挖掘教材中涉及的德育因素,善于把握教材的思想性,抓住机会促使学生思考问题,通过点拨、引导,让学生自己得出正确的答案,要善于运用情感因素,以情感人。"心育"为有效地实施"德育"奠定了基础,"心育"也只有渗透于"德育",才能最有效地发挥其在学校教育中的作用。

在讲述联系的观点时,我们要让学生懂得与人交往的重要性,并学会怎样建立良好的人际关系,使学生乐于交往,尊重友谊。在教学中大胆处理教材,有时应将教材的例子作为课前或课后的阅读材料,课堂上则结合当前国际、国内的最新情况,结合当地政治、经济、文化等发展情况进行教学,更要强调学生的主体地位与主体需要,要适应学生发展,促进学生潜能的开发、创造性的培养。在充分挖掘教材的思想教育内容的同时,大胆地处理教材,补充事实材料,弥补教材的不足,提高"德育"的实效性。

"心育"与"德育"在教育内容的相互交叉,教育方式的密不可分,教育途径的互相促进以及共同遵循的一些教育规律和原则等,都充分说明"德育"需要"心育"的支持,"心育"也需要"德育"的依托。这种内在的联系就为"德育"与"心育"的结合提供了理论的可能性。在思想政治课教学中,我们必须关注"心育"的渗透性,使学生在学习中自觉提高思想政治素质,自觉形成良好的思想道德品质,从而发挥思想政治课在"德育"工作中的作用,增强政治课"德育"的实效性,实现"德育"效能的优化。

84

让民谣唤醒学生的学习热情

民谣,又称顺口溜,在我国源远流长。民谣,产生于民间,关乎世风人心,传达百姓情绪,因其通俗易懂、切中时弊、短小精悍、诙谐幽默、形象逼真、朗朗成诵而为广大人民群众喜闻乐见。当今社会,经济转轨,社会转型,思想活跃,观念更新,百花齐放,百家争鸣,民谣也更加精彩纷呈。在政治课教学中,笔者尝试将民谣引入课堂教学,激发了学生学习兴趣,调动起了学生学习政治的积极情感。

学习动机是推动学生学习的主观动力,学生有了强烈的学习动机就会产生迫切的学习愿望,就能积极主动想方设法克服学习中的困难,取得良好的学习效果。兴趣和动机密不可分。学习兴趣是学习动机的一个重要的心理成分,它是推动学生探求知识和获得能力的一种强烈的欲望。两千多年前孔子就说过:"知之者不如好之者,好之者不如乐之者。"国外的许多教育家、心理学家对此都有专门的研究和论述。现代心理学之父皮亚杰指出:"所有智力方面的工作都要依赖于兴趣。"俄国教育家乌申斯基也认为:"没有任何兴趣被迫进行的学习会遏制学生掌握知识的意图。"生物学家达尔文在自传中也曾这样说:"就我记得的我在学校时期的性格来说,其中对我后来发生影响的,就是我有了强烈而多样的兴趣,沉溺于自己感兴趣的东西,深喜了解任何复杂的问题和事物。"显然,人是有情感的动物,钟情于某个事物,就会有力量勇往直前,克服困难,学政治也是如此。将民谣引入课堂教学,之所以能激发学生的学习兴趣,是由民谣自身的特点决定的。

1. 民谣具有通俗易懂、切中时弊、短小精悍、诙谐幽默、形象逼真、朗朗成诵的语言魅力,能够增强教学吸引力,加深学生感知力,形成教学号召力

教学是一门语言的艺术。而政治课是一门传授马克思主义经济学、哲学、政治学基本原理的课程,这门课程的性质和功能决定了它往往比较枯涩乏味,严肃有余而趣味不足。如果教师在课堂上只顾自己不痛不痒地背诵一些冷冰冰的条条,玩弄一些抽象的概念,这种所谓"耳边风"式的索然寡味的讲授,怎么能激发起学生的兴趣?而民谣具有通俗易懂、切中时弊、短小精悍、诙谐幽默、形象逼真、朗朗成诵的语言特点,将民谣运用于思想政治课教学,可以增强思想政治课教学的语言魅力,使原本干瘪枯涩的政治课教学语言,变得趣味十足,从而激发学生的学习兴趣,使"教学更轻松、更有乐趣、更有效"(赫布·特鲁语)。正如法国著名演讲家海因斯·雷因多所说:"用幽默的方法说出严肃的真理,往往比直截了当地提出更容易为人接受。"

2. 民谣的应用适应了学生的情感需求,有利于培养学生形成正确的情感和价值观

法国文学家莫里哀说:"一本正经的教训,即使最尖锐,往往不及讽刺有力量;规劝大多数人,没有比描写他们的过失更有效了。恶习变成人人的笑柄,对恶习就是重大的打击。"当代中学生普遍具有疾恶如仇的心理趋向,他们对社会阴暗面深恶痛绝。而民谣的最主要主题就是针砭时弊,对时政时风的批评讽刺率直淋漓,令人痛快叫好。这也是民谣深受学生欢迎的重要原因。同时新课程标准确立了"知识和能力、态度和方法、情感和价值观"三位一体的教学目标。而民谣的应用在培养学生的情感和价值观方面起着不可替代的作用。因为我们既可以通过民谣中的正面素材催人奋进,鼓舞人心,激发学生心灵深处的美好情感,又可以运用民谣中的反面素材,针砭时弊,培养学生的正义感和辨别是非的能力。

3. 民谣的应用把理论观点的阐述寓于社会生活的主题中,增强了学生对政治课的认同感

过去我们在进行政治课教学时,为了片面地追求所谓的思想教育功能,宣传社会主义制度的优越性,往往不敢涉及或是很少涉及社会阴暗面,其结果反而适得其反。学生认为教师讲的和社会是背道而驰的,书本上的东西和

社会现实是两码事,政治教师也因此被戴上了"政治骗子"的帽子。而民谣一方面具有针砭时弊的特点,另一方面又具有强烈的时代气息和生活气息。将民谣引入课堂教学,既有利于提高学生对政治课的认同感,又能架起社会生活和课堂之间的桥梁,把理论观点的阐述寓于社会生活的主题中。这恰恰也是新课程的基本理念。同时,只要教师加强引导,实事求是地分析问题,既不回避矛盾,不掩盖社会阴暗面,又教育学生用历史的、辩证的、发展的观点看问题,分清主流与支流,就能把负面影响降低到最低限度。

附:民谣在思想政治课教学中的运用例析

例一:农业的基础地位不能动摇

1. 种田的是"3899",使用的是"1077"。("38"指妇女,"99"重阳指老人,比喻农村某些村镇在打工浪潮中保留下来的劳动力。"1"指扁担,"0"指箩筐,"7"指锄头镰刀,比喻农村落后的劳动生产工具)

2. 36顶大盖帽,钉着一顶破草帽。辛辛苦苦大半年,七扣八扣不见钱,哪还有劲去种田?(形容农民负担沉重)

3. 交通基本靠走,通讯基本靠吼,治安基本靠狗,取暖基本靠抖。(形容某些农村落后的生活现状)

4. 出工人等人,干活人看人,收工人追人。上工敲破钟,干活磨洋工,一地一窝蜂,收工打冲锋,分粮兴冲冲。多劳户,你别喜,分配东西不由你;少劳户,你别愁,分配东西按人头。(形容旧的农村经营体制"大锅饭"的弊端)

5. 大包干,不拐弯,交足国家的,留足集体的,剩下的全是自己的。(描述农民对联产承包责任制的赞美)

6. 想的是先富快富,盼的是政策稳住,缺的是资金技术,怕的是摊派到户,愁的是没有销路。土地不要动,负担不要重,粮价不要低,干部不要凶。

7. 早上出门将车推,上午来把"提留"催;中午村里喝几杯,吃罢就去把觉睡;醒来再把"绝育"播,晚饭过后才回归;新闻节目也不看,大家赶快画"乌龟"(打扑克)。(形容某些村干部不干实事,将农民的利益抛到一边)

8. 脚踏一百七(自行车),手挎一百一(表),头戴三十七(保暖帽),身穿大毛呢。(形容由于实行了家庭联产承包责任制,20世纪80年代农业、农村、农民取得了显著的成就)

9. 百姓下乡"桑塔纳",隔着玻璃看庄稼;住的都是"富丽华"(别墅),拿的都是"大哥大"。(比喻90年代乡镇企业异军突起,成为繁荣农村经济的战略重点,尤其是东部沿海地区农村经济一派繁荣)

10. 土地沙化难改造,后劲不足投入少;丰收余粮没人要,靠天吃饭收入糟。(形容农业、农村、农民虽取得了较大的成绩,但仍然存在许多问题,农业抵抗自然灾害的能力差)

简评:中国是农业大国,农业是国民经济的基础。农业兴,全国兴;农业富,国家富;农村定,天下定。农业、农村、农民问题,始终是中国的基本问题。贯彻科学发展观,构建社会主义和谐社会,关键在农村。此番道理许多人都懂,但关键是落实在行动。

用处:落实科学发展观、构建社会主义和谐社会、农业是国民经济的基础、增加农民收入、协调城乡发展等知识点的教学。

例二:全国环保现状堪忧

1. 50年代淘米洗菜,60年代洗衣灌溉,70年代水质变坏,80年代鱼虾绝代,90年代身心受害。(河南讲河流污染的民谣)

2. 太阳和月亮一个样,晴天和阴天一个样,鼻孔和烟囱一个样。(兰州讲空气污染的民谣)

简评:环境问题是一个全球性的问题,发展中国家尤为突出。我国改革开放以来,经济发展了,生活改善了,但天越来越暗了,水越来越浑了,山越来越秃了……我们决不能以牺牲子孙后代赖以生存的环境为代价,来换取经济的一时发展,这无异于"杀鸡取卵""竭泽而渔"。

用处:落实科学发展观、构建社会主义和谐社会、可持续发展战略、普遍联系、尊重客观规律、矛盾的对立统一、意识的反作用、国家职能等知识点的教学。

85

构建激情课堂的几种方法

一、幽默激情

看赵本山、黄宏、陈佩斯等喜剧演员演小品，观众不断被演员们诙谐幽默的语言逗得捧腹大笑，他们在笑声中欣赏小品艺术，领略其中的趣味，也在不知不觉中受到了教育。如果政治教师在课堂教学中，也能巧妙地运用那些内容深刻、耐人寻味、诙谐幽默的趣味性语言，必然使"教学过程更轻松、更有乐趣、更有效、更有激情"（赫布·特鲁语）。因为，政治学科的特点决定了它所讲授的道理的严肃性，而"用幽默的方法说出严肃的道理，比直截了当地提出更易为人接受"（海因斯·雷曼麦语）。还记得笔者高中的政治老师在讲授有关资本主义的内容时，根据教学内容和学生的实际，用生动、幽默的趣味性语言表达比较抽象的道理，取得了良好的教学效果。如在讲"资本主义生产目的"时，他引用了日本某电影公司为其一部专门介绍自杀方法的影片所做的广告："喂——你失恋了吗？你破产了吗？你患艾滋病了吗？你在人生道路上遭到毁灭性打击了吗？那么，请自杀吧！本片谨向你提供最佳的自杀方法，既简单易行，又毫无痛苦，是一种美的享受！"同学们听了这则广告语后，不仅对资本家唯利是图的本性深恶痛绝，而且深刻体会到资本主义生产的目的在于追求剩余价值。

二、理性激情

诙谐幽默的语言固然可以激发学生的兴趣,但同时也具有比较肤浅的缺点。而理性的语言、深刻的思考有时更能激发学生更深层次的情感体验。例如,在讲"对传统文化的继承和发展"的内容时,笔者以案例探究的形式引导学生就"如何正确对待中国传统的孝道"展开讨论。案例是这样的:北京有一位青年从21岁起便辞职全力照顾父亲,10多年来不工作、不恋爱、不娶妻,不会上网,也没有手机,从不与人交往,以照顾植物人父亲为唯一的职责和工作。(摘自《北京青年报》2010年10月31日)这个案例一抛出,讨论之热烈出乎笔者的意料。赞成者有之,反对者有之,辩证分析者也有之。在讨论的最后,笔者也以课堂讨论者一员的身份发表了自己的感悟:"孝行在任何时代都让人感动。孝子的牺牲和奉献精神,在今天这个利他精神稀缺的社会,自然也更会感动众人。但社会对孝子的表彰,却需要理性的指导和格外的慎重,而不能专以极端和感人为最高标准。当这个青年将自己的生命价值奉献给父亲的过程中成为另一个生命的附庸时,这种奉献就有了残酷的意味。今天的中国社会需要文化重建和呼唤传统回归,但尊重每个人的自由意志和生命价值的基本价值观,不能在回归传统、弘扬孝道的名义下被否定。今天的年轻人,首先要尽自己的最大努力和可能为老人提供幸福和安宁,不能成为自私、逃避责任的一代。但孝道也不等于放弃自主和独立。今天的孝子也应该是具有独立精神和自主意志的个体,他的生命,理当在学习、工作和对社会的奉献中,作为一个完整的社会人而体现其价值。"从课后的反馈看,学生认为这种深层次的充满理性思考的分析更具有启迪意义,让自己受益更多,感触更深。

三、"情境"激情

俗话说,触景生情。人的情感总是在一定情境中、一定场合下产生的。直觉的情绪体验是由对某种情境的感知而引起的。情境的各种因素对情感的产生具有综合性的作用,无论是自然环境还是社会环境都会影响人的心境和情感。因而在教学中要有意识地利用和创设各种美好的情境,以激发学生的道德情感。政治教材中讲述的某些内容,由于各种因素缺少一定的意境,学生理解起来难免抽象,影响学习兴趣;有些则离学生生活实际太远,学生也往往会感到枯燥。因此,教师在处理这些教学内容时,如能根据教材实际,巧妙设置一种新的情境,就会进一步激发学生的情感,较好地实现教学目标。例如,在讲"坚持我国的民族平等、团结和共同繁荣的原则"时,笔者针对所在学校是沿海十三所开办内地新疆高中班的学校之一的实际,为了进一步加强坚持民族团结、反对民族分裂的教育,不是采取泛泛而谈的灌输式,而是设置了一个与教学内容相关的情境,要求来自不同民族的同学分别讲一讲本民族的长处和短处,并唱一首本民族的歌曲或跳一段本民族的舞蹈。顿时整堂课教学的气氛就活跃了起来,每个同学在介绍本民族的长处时是那么的自豪,在唱本民族的歌曲或跳本民族的舞蹈时是那么的投入。这时笔者不失时机地进行了总结:"中华民族是一个由五十六个民族组成的大家庭,每一个民族都有自己的长处,又有自己的短处,各民族只有团结起来,取长补短,才能建设强大的国家。正如江泽民同志所说,'汉族离不开少数民族,少数民族也离不开汉族,少数民族之间也相互离不开'。"最后在全班同学合唱《爱我中华》的歌声中,课堂气氛达到了高潮。下课前,笔者在黑板上写了"五十六个民族五十六朵花,五十六个民族是一家"两行大字,师生共同高声朗诵,激起了学生强烈的"中华一家亲,民族团结情"的情感共鸣。

四、手段激情

现代信息技术,增强教学的直观性、形象性,引发学生学习兴趣,激发他们的求知欲。在多年的教学实践中,笔者逐步探索了立体情感感染的方法,即将美丽的画面、震撼心灵的音乐及情感丰富的语言结合起来,充分调动学生的手脑耳眼口多种感官,通过多种艺术手段让学生产生情感共鸣。例如,在讲"可持续发展战略"时,学生面对屏幕上出现的"物种灭绝、土地沙化、草原退化、水土流失、荒山秃岭"等一幅幅触目惊心的画面,无不从内心深处认识到要把经济发展与保持环境和谐协调起来,坚持科学发展观,走可持续发展的道路,是中华民族振兴的必由之路。又如,在讲"如何正确对待逆境"时,笔者播放了贝多芬的《命运交响曲》,在那悲壮激昂、震撼心灵的音乐声中,学生无不感受到了贝多芬不向命运低头,却要扼住命运的咽喉的气概。再如,讲"前进性和曲折性的统一"的原理时,播放歌曲《真心英雄》导入新课,让学生从"不经历风雨,怎么见彩虹,没有人能随随便便成功"的歌声中正确对待人生道路上的困难和曲折。当然现代信息技术的应用不能喧宾夺主,不能上成"影视"课,也不能为多媒体而多媒体。任何教学手段只起辅助作用,不可能取代,也无法取代教师的语言。

五、实践激情

情感的特点之一是实践性。实践是情感形成和转变的基础,也是丰富情感的途径和推动情感发展的动力。因此,教师在教学时必须结合学生日常生活中经常遇到的问题,有目的、有计划地安排一定量的实践训练。例如,苏州作为一个外向型经济十分发达的城市,有大量的外来农民工,班上也有一些外来农民工子女。平时从学生的言谈举止中,发现学生有歧视农民工和农民工子女的现象。为此,笔者有意识地布置学生对苏州农民工的生活状况和对城市的贡献进行调查。学生通过亲身的调查体验,深切地感受到农民工对城市的贡献,深切地感受到农民工生活的艰辛,深切地感受到大多数农民工是那样的纯朴、善良、勤劳,深切地感受到了社会上确实存在大量的侵犯农民工合法权益的现象,从而深切地感受到了党和政府采取一系列"改善农民工的就业环境、维护农民工的合法权益"的措施的正确性。

六、结构激情

课堂结构宜张弛有度。"文似看山不喜平",上课也是如此。平铺直叙的课难以给人留下深刻印象。要善于运用设问、悬念、铺垫等手法,使课堂呈现出起伏、急缓、张弛等变化。在设计教学时,要预留出教学高潮出现的时机,引导学生达到思维力度的高峰,课堂高潮迭起,气氛热烈,学生参与教学的积极性就会增加,课堂就会是一汪活水,而不是一潭死水。例如,在讲"坚持民族团结"的内容时,可以在结束时全班合唱《爱我中华》来形成教学高潮;在讲"人生价值在于对社会的贡献"时,可以通过录像画面深情地讲述新时期优秀共产党员的先进事迹来形成教学高潮;讲"运动和静止的关系"的内容时,可以分组辩论"人能不能两次踏进同一条河流"来形成教学高潮;在讲"投资理财"时,可以让学生设计家庭投资理财方案来形成高潮;等等。课堂结构上的高潮既可以是教师有意预先设置的,有时也可以是随机生成的,是课堂流程发展趋势的必然结果。没有高潮的政治课,就不是成功的政治课。

七、热点激情

政治课是一门时代性和实践性都很强的学科。脱离时代的政治课除了一味的说教之外就是缺乏生气的一潭死水。问卷调查告诉我们虽然有很多学生并不喜欢政治课,但对风云变幻的国内外重大时事却都情有独钟。而时事政治教育不能停留在国内外大事的简单罗列和拼凑,更重要的是要水乳交融地"化"时政知识于政治课的基本观点和原理之中,把两者有机地统一起来。与此同时,还要有目的、有意识地培养学生观察、联系、分析、说明实际问题的能力,轻松愉快地形成对书本知识的综合、迁移、拓宽和加深,从而达到我们预期的教学目标和要求,使"理论联系实际"的朴素真理不只是漂亮的装饰,而真正成为我们行动的指南。引人入胜的讲解,纵横交叉的分析,怎能不令学生感到妙趣横生?声情并茂的语言,明快有力的节奏,怎能不令学生兴趣盎然?

86

自媒体时代：寻觅思想政治课之走向

随着数字媒体技术的日新月异,互联网、博客、微博、微信等新兴媒体"飞"入了寻常百姓家,使得人人掌握话筒、人人成为媒体变成了现实——自媒体时代到来了。自媒体时代的脚步已经走进了校园乃至课堂,正在或隐性或显性地改变着校园里的一切。高中政治课作为理论联系实际最强的学科自然无法置身事外,自媒体时代即将引爆高中政治课堂,激发我们课堂教学的革命。

一、从"脱离"走向"回归"：共享生活馈赠

1. "回归生活",要紧扣时代脉搏

中学政治课是一门时代性与实践性都很强的学科,如果脱离时代内容和特征来进行课堂设计,那将是一潭死水和空洞的说教,自然无法激起学生的学习兴趣。高中生的理性思维日趋成熟,他们渴望用所学知识分析社会、关注社会热点问题,做到学以致用。因此,教师在教学设计中,要把社会热点、重大时事与书本的理论知识有机结合起来,使创设的教学情境具有时代气息,增强探究活动的吸引力,激起学生的探究兴趣。通过联系现实,结合时事,对教学内容重新设计,可使学生完全融入教学全过程,提高学习效率。

2. "回归生活",要立足学生实际

我们应从学生的实际出发,以引起知识上的"共振"和感情上的"共鸣"。教学的对象是年轻的自媒体时代人,获得知识便捷,正处在认识世界的初级阶段,他们好奇心强,认识事物比较感性,受知识结构和社会阅历的限制,我

们只有将抽象的理论化为朴素的生活常识,才能为他们喜闻乐见。教师必须打破传统观念,大胆创新,用真实生活来补充,完善发展课程,教给学生社会生活的真知灼见,这样才能吸引学生,又能达到预期的教学效果。

二、从"灌输"走向"传播":共享学习快乐

"传播"和"灌输"两种模式,在教育内容的设计上,其实是有着巨大而微妙的差别的。"灌输"模式更多地运用"自上对下"的宣传性语言,而"传播"模式则注重运用对受众平和姿态的介绍、陈述性语言;"灌输"模式致力于直接说服或要求受众接受施教者所要传达的信息,而"大众传播"模式致力于诱导受众通过其"自主"信息选择、辨别后,主动接受施教者所要传达的信息;"灌输"模式中,施教者的目的往往是直接显于文字之上的,而"传播"模式中,传播者的内在目的往往是隐于文字之下的。目前,我们的政治教学仍多以灌输为主。很显然,在知识爆炸和信息技术高度发展的自媒体时代,"灌输"式教学方法已不能适应当今的需要。

1. 师生在平等中教学相长

不能使用过于强势性、主观性的语言,而改用大量让受众感觉客观、平等、平民化的语言,如多用事实性语言,多用让学生感觉可以对传播信息有客观性或自我判断空间的语言,以看似平和、客观的方式,巧妙地将自己的观点展示给学生,引导学生以感觉完全自发的状态对此做出积极性的评价。在新时代的新教学环境下,人们以互联网为基础,依托博客、微博客、微信等新媒体,人人成为新闻的生产者和传播者,同时人人又成为新闻的接受者和受益者,人人都掌握着话语权。教师不仅要备教材、备知识,还要备学生,注重学生的参与性与互动性,充分激发和调动学生的学习兴趣。

2. 师生在合作中相互借鉴

社会分工的细化,需要合作。如在讲《新时代的劳动者》中"应该怎样解决我国的就业问题?"时,创设"小王进城打工的困惑"(我国的就业形势严峻,他找不到工作)的情境,试问:怎样解决我国的就业问题?可以从国家、企业、个人的角度回答吗?学生置身于思考探究的气氛之中,教师引导学生对各种答案进行评议、争论,形成自己的看法,最后教师归纳、总结,投影显示参考答案,当学生看到与自己的见解及答案内容基本一致并有新的见解时,由衷感

到成功的喜悦,从而注重学以致用,提高综合能力。

3. 师生在悦读中共同成长

我们应当鼓励学生经常读课外政治读物,或读网上对"热门"事件的分析,并引导学生运用所学过的知识分析各类事件,最后教师再加以点评。当学生看到自己能学以致用并有新的见解时,就会由衷感到成功的喜悦,从而激发学习政治的兴趣。如对美国火星探测器的成功飞行这一事件,绝大多数高二学生都能从经济角度说明,这一事件对人类开发太空资源具有深远的意义;从政治角度看,则反映了美国继续维持其世界霸权的政策;从哲学的角度看,再次证明世界是客观存在的物质世界,人类能发挥主观能动性,运用规律认识和改造世界。

三、从"独尊"走向"互动":共享探究过程

传统课堂教学的基本程序是"复习旧课—导入新课—讲授新课—巩固运用—检查评价",特点是教师主宰教学过程,学生处于被动接受知识的地位。而师生互动教学模式的操作程序是:教师创设情境—师生互动学习—师生共同建构知识。在自媒体时代,教师是学习的参与者、促进者、组织者、引导者,师生之间是一种互为主体的互相对话、包容和共享的"伙伴"关系。这种关系并不否认教师的积极引导作用,而对教师提出了更高的要求。

因水平和能力的差异,课堂上学生对某个问题的认识或理解常会出现截然不同的矛盾观点。对此,教师如果总是简单地予以否认,则难以让学生信服,有时甚至会使学生产生逆反心理。教师若能抓住契机,从中点拨他们的思维,充分发挥学生的主体作用,鼓励学生大胆发表自己的见解,相互辩论,相互质疑,相互点拨,则能帮助学生统一认识,获得理解。

87

"未来教室"为政治课搭建多功能平台

"未来教室"是一个广义的概念。它是一种新型教学模式:利用云平台丰富的数字教学资源和手段,改变传统教学模式,建立师生间的双向互动和学生间的协作互动关系。它是一种新型教学环境:多媒体教室、计算机教室、微格教室、校园电视台等多种环境和谐共存,这些信息化媒体的相互整合,使教学活动丰富生动。它是一种新型教学手段:使用电子白板、实物投影仪、无线网络、数字摄像、pad、clicker答题器等在内的多种技术,提高教学的时效性、交互性和共享性。

由于学科的特点,政治教学在许多人看来比较抽象,甚至比较枯燥。在课堂教学中有些教师单纯平铺直叙、以例说理,学生往往很快就会感到倦怠,课堂上昏昏欲睡,缺乏对知识的探索欲望。而"未来教室"是依托于StarC云端一体化学习平台的运用,这套由华中师范大学国家数字化中心研发的软件实现了多媒体软件的整合,具有良好的操控性,可利用双屏进行多维度展示,打破原先线性的教学模式,将传统的教学模式与现代信息技术有机整合到一起,促进教育与技术的双向融合,从而给学生带来耳目一新的感受。

一、"未来教室"让学生参与更深入

素质教育下学生作为教学主体,其作用的发挥在"未来教室"的平台上被赋予了更多的可能。未来教室的出现,为我们教师在课堂教学中运用好视频信息提供了良好的硬件平台。不仅如此,如果让学生自己参与到视频的拍摄

和录制中，成为导演、演员，这种自编自导自演的自媒体方式，其效果完全可以用印象深刻来形容。传统教室的课堂上，想要上网，只有教师的电脑可以实现，教师是操作者，学生最多只是观察者，而在"未来教室"的课堂中，每个学生都可以成为操作者和参与者。

二、"未来教室"让信息呈现更丰富

我们现在教学用的 StarC 平台有一个显著特点——双屏，一个屏幕展示给学生的只是一部分信息，双屏带来的信息展示不仅仅是量的提升，更是"一加一大于二"的效果。结合"$n-1$"功能，教师在分析材料、讲解试题时可以主屏保留试题，副屏显示材料，也可以主屏显示材料，副屏显示答案；播放视频时，可以一块屏幕播放视频，另一块设置问题，让学生带着思考观看视频，使视频观看更有针对性。副屏还可以任意调取课件中的某一页并锁定。StarC 平台还有一个很强大、使用率也高的一个功能，就是"随手写"，即电子化的板书功能，这个功能实现了随处写、随时写的效果。教师可在电子屏上随手点、圈、画，包括在播放的课件上也可随意画线、做标记、写字等，使课件从一个二维、呆板、机械的教学展示，变成立体、灵活、生动的教学工具。

三、"未来教室"让结果反馈更及时

布劳在《社会生活中的交换与权力》中明确指出，交换是一种以期待回报和换取回报为目的的行动。他认为社会交换有如下特征：参与交换双方都期待他人回报，一旦他人停止了所期待的回报，这一交往关系便会终止。作为课堂教学的不对等关系，教师和学生之间往往是一种期待回报或者换取回报的授课关系，传统的课堂训练，一般是习题展示、学生回答，然后教师讲解。教师对学生回报的期待成为教师教学热情得以维系的关键动力，然而教师对于班级每个学生的知识接受情况是没有概念的，这种传统的反馈手段也往往难以调动起学生的反馈热情。所以，很多时候课堂容易陷入学生没有动力，教师没有热情的死循环中。而在"未来教室"，学生答题正确率的实时统计得以实现。笔者在课堂练习环节中，使用 clicker 答题器，操作很方便，学生只需按下按钮，StarC 云端平台就能实现数据的即时传输和统计分析。它会以柱状图的形式展现在屏幕上，让教师及时了解学生对于知识点的掌握情况，并

能通过后台操作准确了解每个学生的答题情况,以便教师及时跟进帮助。通过 clicker 答题器的交互,极大地方便了教师对课堂的掌控,并能及时调整教学方法、教学内容和教学进度,使教学更具符合学情的针对性。同时,学生面对这种及时的反馈呈现也能更好地发现自身在思维方向和答题内容上的问题,提高了反馈的积极性,使得课堂的气氛和教师的教学热情始终维系在一个较高的水平上。

21 世纪的中国正在以一种前所未有的发展速度,急速迈向更高级更文明的社会形态。庄子说:"吾生也有涯,而知也无涯。"只有跟上时代的快节奏,主动尝试科技飞跃带来的教学方式革命,才能真正在有限的空间里打开一扇窗,放飞出莘莘学子一个又一个孕育着无限可能的美好未来。

88

对高中政治学科移动学习的尝试

高中政治的学科独特性,要求将学科学习与学生的思想发展相结合,与生活实际相结合,与现实世界相结合,与国家大政方针相结合。我们遵循的是需求导向、问题导向和效益导向,通过移动学习发展的是学生在任何地方发现信息、找到有用资源的技能,是使学生掌握在"互联网+"背景下自主学习的能力。围绕提高政治课教学效率,可以从多个角度充分发挥移动学习的作用。

一、引入电子书包,实现可移动式常规学习

移动学习在理念和技术上都有助于推进政治学科常规课堂教学改革。"互联网+"时代,主要从引入电子书包,使用 Blackboard 教学平台和在线教室等方式开始起步,其特色是"常规+移动"。

把移动设备"电子书包"作为涵盖教科书、练习册、电脑乃至纸笔等一切学习必需品的电子集成体配置给每位学生,实现课堂无纸化和网络化的常规教学。电子书包(Electronic schoolbag)即利用信息化设备进行教学的便携式终端,实际上是安装特定学习软件的 iPad,功能包括收发通知、账号管理、班级管理、收发消息、课堂互动、发布作业、考勤管理、家教秘书等。上课时,学生终端依靠 Wi-Fi 与教师主机无线联网,可同时参加教师发起的讨论,教师也可以看到任何学生的即时状况。学生的课后学习完全具有移动特点,例如作业可以自己随时做随时保存,完成后集中发送给教师。

从网络技术上支撑电子书包功能的是 Blackboard 教学平台(以下简称 Bb),它涵盖了课程管理、课件管理、网上练习、网上交流、网上测验、网上评估(包括对教师以及对学生的评估)。教师还可以把课件放上去,布置作业让学生到 Bb 上去做,在 Bb 上批改、评分,也可以在 Bb 上进行考试、小测试。另一方面,教师可以在 Bb 上面开设完全的网络课程和基于互联网的在线电子教室,多人同时在线音频视频的交流,让所有的课堂人员都能相互看到和听到其他同学的视频和音频,每次课程允许多名学生同时参加,让大家在网上教室小课堂里面学习和成长。

二、发挥移动网络优势,打造"互联网+"背景下探究性学习移动版

高中政治学科探究性学习作为情境认知学习活动,立足于提高学生寻找问题、发现问题和解决问题的能力,使我们的教学真正从生活中来,到生活中去。主要通过学生在现实的问题情境中去"做"、去"尝试"、去"感觉"、去"体验"、去"反思",从中形成自己的看法和理解。移动网络为组织探究性学习活动提供了极大的支持,它突破了学生在探究性学习中因时间、空间或精力、财力、阅历、家庭背景等因素带来的一些局限,极大地丰富了学习资源。除了借助网络对研究内容的相关搜索,特别是对已有资料的统计、分析外,可以更好地利用移动网络公共社交平台(如微信)的功能,把移动版作为"互联网+"背景下探究性学习的升级版本。

三、开发 APP,实现完全自主、相对独立的移动学习

研发出可以下载到手机、iPad 上的学科 APP 是推进移动学习从 IT(信息技术)到 DT(数据处理技术)的主要标志,这需要学科教师与 IT 行业专业技术人员携手研发。政治学科 APP 主要包含六大模块:① 知识、原理简析模块:供学习者自学。其剖析只需点到为止,作为对课堂的补充,但同时提供对应知识点的微课链接,服务于需要强化学习的用户(微课录像在这里才体现出价值)。② 综合应用模块:对学习内容进行整合,提高技能。根据研究性学习小课题设计网络游戏,提供情境探究。③ 测试模块:由题库随机出题,即时评分、评价。不但反馈正确答案,还要附纠错建议。提供根据统计参测者数据生成的易错题集供学生强化训练,也可以根据练习者特点提供个性强化训

练。④学习者互动模块:设立展示区,介绍自己学习的成果如小论文,介绍学习心得,讨论共同关心的话题,组建研究性学习小组,实施课题研究。⑤求助模块:学习者在遇到困难时可以求救,向群内求助或搜索正在提供咨询服务的教师(名师在线导学服务)。对确需向教师当面咨询的,通过APP找到最近地点的在线教师,并提供地点导航,真正实现学习无疆界(校界、班界、身份界)互动。⑥评价模块:对学习者表现进行综合评价,并提出建议。学习系统具有动态生成的特点,学科教师在研发初期为IT编程员提供构思,在系统运行后,则需要参与诸如在线评卷和在线辅导等工作;学生用户则在运行中为大数据提供基础,即用户越多,其生成的基础数据越具有参考价值,用户反馈也为系统升级提供参考意见。

"互联网＋教育"的重要理念包括开放、联结、参与、共享,移动学习打通了学校教育和社会教育的界限,打通了课堂教学与开放教学、远程教学的界限,把学历教育引向终身学习。作为以立德树人为目标的思想政治学科,应该率先融入"互联网＋",以实际行动诠释党中央决策的科学性和紧迫性,也为新环境下政治教学探索新模式、新路径。

89

"互联网＋教育"背景下中学德育教学改进方法

随着互联网、云计算、大数据等现代信息技术的飞速发展以及智能手机、平板电脑等移动智能终端的迅猛普及,"互联网＋"对包括教育在内的许多领域均产生了极其重大的影响。笔者就"互联网＋教育"背景下中学德育教学的改进问题做些粗略思考。

一、实现"互联网＋德育教学"须从"德育教学＋互联网"做起

要实现我们所期望的"互联网＋德育教学",必须首先从"德育教学＋互联网"做起。因为只有当"德育教学＋互联网"成为德育教学的常态后,大家才能普遍感受到互联网在教学中可能发挥的巨大功能,只有有了切身体会后,大家才能慢慢发现原来互联网的作用不仅仅表现在教学的辅助工具的层面,它对教学本身所发生的作用是全方位的,对教学主体的影响也是全面的,随之互联网才会逐渐成为教学的主体和中心,如此,"互联网＋德育教学"才能最终实现。

二、"互联网＋"国家战略为改变中学德育教学现状提供契机

"互联网＋"国家战略可以为改变目前中学德育教学的现状提供大好契机。而在"互联网＋教育"中,课程教学必然会分割为线上与线下两部分,一般认为,线上主要偏向于知识教学,线下则主要偏向于教育,这就为发挥德育课程的德育功能腾出了一定的时间与空间。德育教师可以在知识点的教学

上向学生推介互联网教育云平台上的相关德育课程资源,让学生自行利用时间与地点进行自主学习,学生也可以根据自己的情况在互联网教育云平台的德育课程超市中进行自我选择、自主学习,以满足自己个性化的学习需要。而课堂上德育教师则可以集中询问并解决学生与知识内容相关联的有关思想迷惑与道德困惑,可以进行所谓的情感态度价值观方面的教育,进行核心素养的培育。如初中思想政治课教材中的大量的德育教育素材就可以在德育课堂上得到充分的感性体验与情感渲染,从而发挥出德育课程本身的德育功能与教育价值。

三、"互联网+教育"助推德育教学由"知识导向"向"素养导向"转型

当下,在学科教学中要真正落实对学生核心素养的培育这一教学目标,需要变当前教学的"知识导向"为"素养导向"。这已经成为大家的一种共识。中学德育课程教学也不例外。必须承认,就学科课程教学而言,从过去的"知识至上"转向"核心素养"导向并不是一件简单的事情,这需要做好方方面面的准备。比如,学科核心素养的确定就不是一朝一夕能够完成的,中学德育课程的核心素养究竟有哪些,目前尚无定论,更无正式权威文件规定,那么教师在课程设计和教学过程中对学生核心素养的培育就必然缺乏具体的抓手。再如,与核心素养培养目标相匹配的课程教学质量评价体系在哪里,评价的标准又如何予以量化?这个问题不解决,对课程教学如何进行评价就缺少了衡量的标尺。但是,用核心素养去引领课程教学实践,或者说课程设计与教学、教学评价体系当以核心素养为导向,课程教学变过去那种"知识本位"为"以核心素养为旨归"的大趋势,这是肯定与明确的。

四、"互联网+教育"必将重构中学德育课程教学的新生态

"互联网+教育"不是简单地把教育搬到网上,而是要通过教育与信息技术的深度融合,用互联网思维重构教育的新的系统生态。它跟以往单向度传输信息的技术的根本区别在于,它倡导一种技术的生态观,即从技术和人的融合共生关系的视角来考察教育,促进了教育中人与人之间关系的变化,提升了群体互动的深度与广度,凸显了学生的主体地位。同样,"互联网+德育教学"也必将对德育课程教学进行系统性的重构,形成基于互联网的中学德

育课程教学的新生态。

一是德育教学环境的彻底改变。"互联网＋教育"对整个教学环境的重构是必然的。学校将不再仅仅是目前的数字校园,而要转型升级为智慧校园,学校教学系统在大数据教育云平台的支持下与师生教与学必备的智能移动终端通过互联网实现互联互通、无缝对接,从而构建了全新的学校智慧教学空间。二是德育教学内容来源更为广泛。"互联网＋教育"必将带来教学内容供给上的重构,因为此时将会彻底改变教学内容的来源及构成,教材与教师尽管依旧是教学内容的来源,但已经不可能是唯一来源,甚至可能不再是重要来源,线上的课程配置或将成为每一所学校课程设置上的常规性配置,再加上互联网企业与社会教育机构也会根据市场需求开发出一定数量的数字教育资源,提供网络化的教育服务产品,而且学校本身也可能主动与互联网企业进行合作,寻求线上与线下教育资源的对接与互补。三是德育教学方式的转变与重构。而"互联网＋德育教学"就是要通过互联网的开放性特点去打破原有的德育教材与德育课老师的中心地位,甚至会打破组织德育教学的时间与空间,使得德育教学从仅仅关注设备技术的应用转变为更加关注教学任务本身,这样的教学显然才是以人为中心的教学,才是以学习任务为关键的教学。

90

"翻转课堂"教学模式在中学政治课上的应用

"翻转课堂"这一教学模式应用在中学政治课教学中,能够有效地提升政治课的吸引力,并不断地增强学生的广泛参与意识。在实际教学的过程中,教师以"学"为中心,将教学形式和教学内容完美结合,并实现师生之间的互动,将思想政治课堂从传统的形式翻转过来,更好地实现互动教学。

一、技术支持下的"翻转课堂"

"翻转课堂"这一教学模式在具体的应用过程中具有鲜明的特点,具体表现在以下几个方面:第一,教学所应用的视频短小精悍;第二,教学信息的明确性;第三,学习流程的重新构建。

二、全面理解"翻转课堂"教学模式对传统课堂的修正

1. "翻转"改变课堂的结构与功能

结构影响功能。"翻转课堂"借信息技术之力,重构教学流程,改变教学结构,凸显"学为中心"、以学定教,将课堂教学改革推向更核心的地带。以"法律保护公民的隐私"的"翻转课堂"为例,前一天,教师将预习材料、微课程视频、自主学习任务单发给学生,要求学生在家自学,并将无法解决的问题或产生的新问题传到"师生互动"平台;课上,将学生分成四个学习小组,教师在把握学情的基础上,组织交流,达成教学目标;课后,学生则通过自主学习任务单和视频平台进行拾遗补漏、复习和拓展提升;家长则可以通过自主学习

任务单和视频平台对学生的学习进行拓展和提升方面的有效辅导;教师则利用信息技术对反馈的教学数据进行统计、反思。

2."翻转"最大的优势是让师生之间、生生之间交互更趋于有效

一方面是因为学生事先在课外或回家已看过教师的视频讲解,有备而来,参与讨论更主动,发问的层次不一样。案例"法律保护公民的隐私"的"翻转课堂"上,各小组争先恐后地向对方发问:"隐私和隐私权有什么不同?""警察对监狱中犯罪人员寄出的信件进行检查,是否侵犯了公民的通信自由和通信秘密?""警察路上抽检司机合法吗?"这些比较有深度的问题以前学生很难提出来,这样的课堂讨论是以前的课堂讨论不能比的。另一方面是因为"翻转课堂"中教师和学生的角色发生变化,教师从传统课堂中的知识传授者成为学习知识的指导者和促进者。这让教师在课上就有时间与学生互动,回答学生的问题和进行个性指导;尤其是在学生当堂完成作业这一环节中,教师会通过信息技术及时注意到部分学生会被相同的问题困扰,从而当堂及时地给予指导。

3."翻转课堂"教学模式实现了教学形式和内容的充分互动

由于政治课程的理论性较强,教师在课上单纯的教授不能够发挥良好的效果,必须要采取有效的方式将教学的形式和内容结合起来,实现二者的互动,"翻转课堂"则最大限度地满足了这一要求,在教学形式上更加丰富,在教学内容上更加吸引人。案例"法律保护公民的隐私"的"翻转课堂"中,教师针对八年级的学生正处于心理和生理发生巨变的时期,他们的社会生活经验相对缺乏,辨别是非能力不强,自我保护能力较弱,自身合法权利受到不法侵害时往往意识不到,或者由于法律知识的匮乏,会产生错误的想法或做法,而在现实生活中侵犯他们隐私权的事情有意无意地时有发生,于是制作了"微博晒孩子照片引来人贩子"视频,课堂上让学生现场运用所学基本理论进行案例分析,不但使学生明白了保护隐私权的必要性和重要性,更为重要的是将理论和实践相结合,帮助学生增强法律意识,并且转化为自觉维权的行为,自觉地尊重他人的隐私权。

4."翻转课堂"教学中教师的考核方式发生深刻改变

采用"翻转课堂"进行教学,可以改变考核方式,可以通过学生在生活中的具体应用来进行考察,或者教师提供案例,让学生通过学到的政治理论去

分析讨论,最后教师总结。分析案例"法律保护公民的隐私"的"翻转课堂",教师逐渐深入依序呈现任务单中9个生活中存在的家庭、学校和社会三方面的案例让学生去运用书本上的知识去分析,这样一来,就改变了传统的死记硬背的模式,让政治学习充满了挑战性和新奇性,从而激发了学生学习动力。

三、"翻转课堂"教学模式下中学政治教学实践思考

1. 不是所有的政治课都需要"翻转"

对于一些基础性的且较简单的问题,可以采用传统的讲解模式传授给学生,对于较难理解的知识内容,可以采用"翻转"和传统相结合的模式,建立起科学的问题探究方式,结合学生的学习情况开展具体的教学工作。目前就政治课而言,基础课、训练课中的难点以及复习课中的重点比较适合"翻转"。

2. 提供学生学习的微课达不到要求,课堂不该"翻转"

"翻转课堂"不是简单的教材"搬家",不是外加环节,增加学生的学习时间和负担,更不是利用技术强化对学生在课外校外的控制。"翻转课堂"得以实现,最基础的保障是要拥有适合学生学习的微课。这样的学习方式对学校、家庭的教育环境都提出了较高的要求。最重要的是政治教师要能为学生学习提供高质量的微课。

3. "翻转课堂"教学活动中,教师要更多地关注学习有困难的学生

自主探索的学习方式,有助于学生"学会学习",但这种学习能力的提高需要一个过程。如果考虑到一部分学生由于在知识技能、能力和人格方面实际存在着缺失,他们难以进行有效的探索活动,那么这些学生的学习有可能更加困难。因此,教师在课堂教学活动中,要更多地关注学习有困难的学生,真正实施有差异的教学。

4. "翻转课堂"不代表可以忽视课后的作业

学习不只是教师讲、学生听,而是学习者主动建构的过程,是理解、运用、在交互中解决问题的过程。要让学生利用信息技术扩展学习空间,在解决问题的过程中收集信息、获取知识、交流经验、批判反思。在教学形式上,"翻转课堂"主要采取的是课前学习加课堂研究的形式,没有对课后作业环节进行要求,但是并不是所有的内容都可以忽视课后的作业,需要根据具体的情况进行分析。

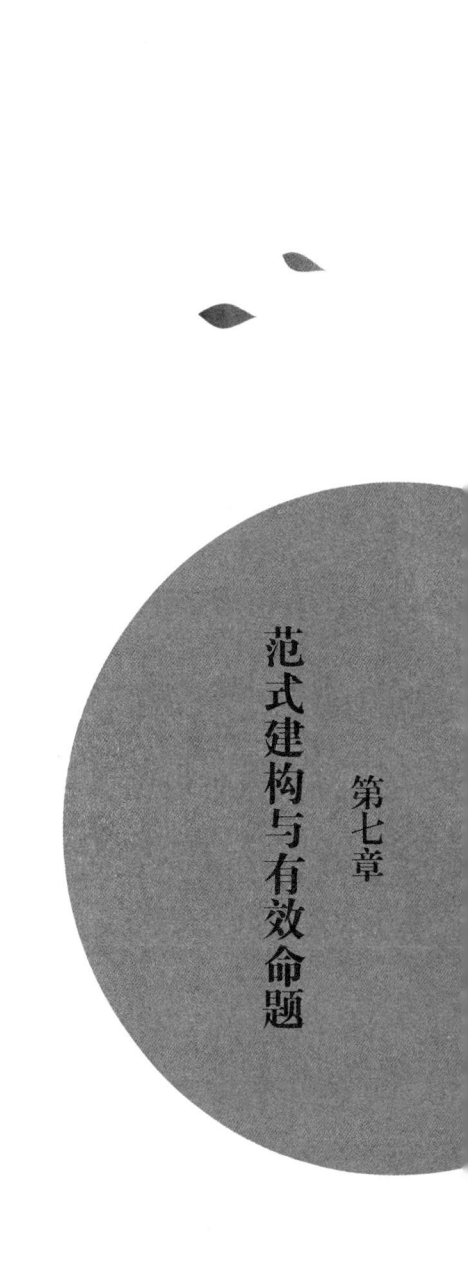

第七章 范式建构与有效命题

91

主题情境探究式教学的基本范式

一、中学政治主题探究式教学的内涵

主题探究式教学是一种以主题为中心,问题为中介,以立德树人、培养学生的社会责任感、创新精神和实践能力为价值取向的教学。它是指教育者依据生活逻辑,精心选择一个真实的人物、事件或话题(特殊情况下也有部分基于真实情境的模拟式情境),将主题情境预设成与教学内容相关的一个主题系列,通过一系列将情境与教学内容紧密联系的问题设计,引导学生在现象和本质的统一中进行探究,培养学生正确的政治认同、科学的理性精神、强烈的法治意识和较强的公共参与的意识及能力(中学政治学科的四大学科核心素养)。

二、中学政治主题探究式教学的理论建构

理论基础:系统理论、建构主义理论、情境教学理论、文道统一理论等。
核心理念:以"乐学"为前提,以"善思"为核心,以"立人"为宗旨。
内涵界定:在第五章的核心概念中已有详细表述,这里就不再赘述。
实施原则:儿童视野、价值引领、问题导向、资源整合。
核心要素:激发兴趣,激发主动性;精选主题,增强科学性;情感体验,渗透教育性;资源整合,体现系统性;问题导向,强调探究性。

三、中学政治主题探究式教学的实践操作

1. 中学政治主题探究式教学的类型

从不同的维度来划分,项目可以包括以下课型:章节新授课、单元复习课和专题探究课;预设性主题教学和生成性主题教学。

2. 中学政治主题探究式教学的流程

主题探究式教学可分为展示主题、探究主题和拓展主题三个环节。

展示主题就是通过文字、图片、视频、网络链接等多种呈现方式,呈现主题的相关内容。

探究主题就是将主题分解为若干片段或环节,并通过探究性问题的设计、现实场景的模拟,通过师生之间的互动,将主题情境与教材的主干知识有机连接,让学生在真实的情境、开放性的问题中去习得知识、提高能力、树立正确的情感态度价值观。

拓展主题可以通过两种形式,一是教师为满足学生对主题更深层次地了解和探究的欲望,本着基于教材与高于教材、基于主题又超越主题的原则,提出一些拓展性的主题,并设计相应的探究性问题,进行更深层次的学习和研究;二是在学生的学习、探究、质疑的过程中,生成新的主题、新的问题。

3. 中学政治主题探究式教学的四条主线

主题情境线:师生合作探究的载体。教师通过将与学生生活及所授知识紧密关联的热点情境、生活情境和模拟情境整合成主题,并与相应的书本知识有机连接,给学生提供富有时代性、生活性和趣味性的探究载体。

主体互动线:师生合作探究的舞台。教学过程从本质上说是师生交往、对话、互动、发展的过程。主体互动线就是让主体的互动形成一个贯穿课堂始终的系列,使学生在持续的互动中层层探究。这种互动一般又包括基于问题的问答式互动、基于对社会生活中的某种场景进行模拟的场景仿真性互动和基于课题研究的研究性互动。

主干梳理线:师生合作探究的落脚点。主干梳理线是将教学内容作为一个完整的系统进行的提纲挈领式的归纳。

价值引领线:有机地渗透于各环节的教学过程中。

四、主题探究式教学的实践价值

主题探究式教学弥补了"碎片化"探究的缺陷。探究式教学已广泛地存在于中学政治课教学之中。但目前很多的探究式教学是"碎片式"的,缺少逻辑性、整体性和系统性的要求。执教者往往轻易地将未经或稍经整理的新闻或见闻拿到课堂上"即兴"使用,使教材上原本有着内在联系的原理散落在无主题的事例或情境之中。这种"满天星斗,不成气候"的课堂探究不利于培养学生系统地思考问题的能力和宏观把握知识之间有机联系的能力。

主题探究式教学具有深度学习的特征,顺应了培养学生核心素养的呼唤。主题情境探究式教学的主要特征在于基于情境、基于问题、基于探究、基于问题解决、基于价值引领,这与核心素养的改革指向完全一致,具有深度学习的特征。

五、主题探究式教学的典型课例两则

课例一:"市场配置资源"

面对阳澄湖之滨的学生,以时鲜上市的螃蟹为主题,用谜语导入后,教师通过"螃蟹太贵了,为什么?"的探究得出由于人类需求的无限性和资源的相对有限性存在矛盾所以要合理配置资源的结论;通过"阳澄湖大闸蟹贵了,会怎样?"的探究引出了价值规律的作用和市场经济的弊端的知识;通过"螃蟹市场怎样才能有秩序?"的探究得出了国家、企业、消费者在形成市场秩序中的正确做法。由于课堂情境的生活性,使学生能够并真实地参与在生动有趣的探究之中;由于课堂情境的主题性,使书本知识的系统性和生活情景的系统性达成有机的统一;由于课堂的探究性,使课堂行进在活跃的师生双边活动之中。

课例二:"树立正确消费观"

在平时的生活中,一个教师注意到了那些穿校衣校裤的中学生们往往把感情和炫耀点放在运动鞋上,于是在教学"树立正确消费观"一框内容时,把情境主题设在这一和中学生有着密切关系的运动鞋上。课一开始他向学生

推介两款价格不一、功能不一的运动鞋,问学生若是顾客会买哪双,从中得出影响消费的因素;接着请学生任选一款运动鞋推销,为此款设计一条广告语或广告创意,并说明所迎合的顾客的消费心理。四人一组进行讨论,每组派出一位代表将广告语或创意写在黑板上,教师相继点评,在点评中得出影响消费的心理;最后围绕运动鞋的主题给出几个议题,包括:为何要选择价格适中的运动鞋?买鞋穿鞋中怎样做到绿色消费?当前人们收入增加了,鞋还需要省着穿吗?等等,请学生选择自己感兴趣的议题做答。通过这一系列议题,引出教材中的四个正确的消费观。

92

"双背景教学"实践的实施

一、缘起:教学之难

对于学习者来说,教材上的知识只是一种"静态"的存在,是一种"工具",而不是一成不变的"权威"。这些权威性的东西(教学内容)源于当时的情境,可能远离现在的情境。要让"静态"的教材知识成为学生实现自我成长的"动态工具",必须拉近教学内容与教学对象之间的距离,实现主体和客体的统一。目前,在课堂实践中存在较为普遍的现象,就是教学内容与教学对象之间的"代沟"明显,存在脱节现象。"教材不易引起学生的兴趣,学生不想走进教材、不愿参与课堂"是目前新课改尚待研究和破解的重要课题。

二、尝试:拨开云雾

试图从根本上解决这些教学之难,就必须澄清传统教学论中的一些片面认识。传统教学论把教学看作一个个具体活动,关注的是教学活动的结果,而不是把教学看作一个动态平衡的过程;传统教学论所用的教学方法较为单一,易受机械论和形而上学的局限,而不是把教学看作一个有机整体;同时,传统教学论也偏向从认知的角度去分析、研究教学,而忽略了影响教学的生活情境和学生的意志、情感等因素。基于这些认知,笔者在政治课教学实践中初步尝试了"双背景教学法",旨在强调以生活为教学的切入基点,将教学内容与教学对象结合起来,将静态的教学内容与活化的、发展的生活知识结合起来,将生活情境和智力储备结合起来,将感性和理性结合起来,构建真正意义上的学科教学。

三、操作实施:以"收入分配与社会公平"一课为例

1. 结合生活背景

笔者用一份调查问卷贯穿整节课。通过学生课前填写家庭成员养老收入或在职收入的调查问卷,使养老制度改革这个真实而又高于学生生活的问题进入学生视野,引发学生的思考,也是为这节课进行了预学习。对本班学生的调查问卷进行汇总分析后,产生了一系列数据和资料:① 不同职业人员的养老金有差距,公务员养老金比较高,企业职工普遍较低。② 不同职业人员在职的收入有差距,公务员普遍比较高,事业单位比较稳定,不同企业的职工收入高低差距比较大。③ 家庭成员对这些差距的看法主要两种,一种认为应该消除差距,大家一样,一种认为差距的存在是必然的,但要缩小差距。

整个教学过程始终围绕调查问卷中的信息展开,学生通过调查问卷汇总信息掌握了社会公平的要求和意义、按劳分配为主体、多种分配方式并存的分配制度、再分配更加注重公平这些知识。当然,本节课也有一些书面术语,学生建构时有困难,笔者结合真实的社会生活,贴近学生的认知,提供了国家、企业、个人分蛋糕的视频,形象地从占比和增速两个方面解决了实现收入分配公平要努力提高两个比重、实现两个同步的难点;通过一个以淘宝为销售平台的企业的发展变化,分析了效率与公平的关系以及如何兼顾效率与公平。通过视频、数据和资料,让学生发现问题、提出问题、解决问题,然后适当引导,让学生自主建构知识体系。

2. 铺垫智力背景

一个概念、一个原理必然是由相关的其他概念构成的,如果对构成它的概念不理解,那么对这个概念或原理就无法理解。在本节课的教学中,笔者发给学生阅读资料,涉及国民收入、国民收入的初次分配和再分配三方面的内容,这些概念在教材里没有解释,学生也不明白。因此,笔者通过让学生自主阅读、讨论,帮助他们了解这些概念,为新知建立了相应图式,学生在理解"提高居民收入在国民收入分配中的比重、提高劳动报酬在初次分配中的比重,再分配更加注重公平"这些知识时就方便多了,参与的劲头也很足。

3. 主体真实参与

本节课采取小组合作学习的方式,放手让学生通过教师提供的背景材料去探究,突破教材重点和难点,学生真正有参与课堂的时间和空间,成为知识、能力和生活的主人,课堂教学真正成为学生的生活过程。笔者设置了下面三个环节。

环节一:"辩观点,明道理"。根据学生家庭成员养老和在职收入调查信息的汇总,针对家庭成员的两种观点,小组合作探究:如何看待养老制度改革?如何看待社会公平?

环节二:"摆事实,探对策"。观看专家访谈的视频,小组合作探究:我国当前国家、企业和个人在国民收入分配中的现状如何?怎么解决存在的问题?

环节三:"析关系,促和谐"。阅读一个企业的发展变化史,小组合作探究"从收入分配角度分析该企业存在的问题"。

这样一来,教材的三大块知识就在小组互动合作中完成了建构,实现了教学内容与教学对象的完美结合。

4. 升华学科价值

关于社会公平,远不止教材中涉及的知识,如果仅局限于教材内容,思想政治课就会走入死胡同。因此,笔者在教学中,从学生生命成长的高度切入,结合更宽阔的生活,放开课堂,延展生命触角。例如,在教学"实现收入分配公平的措施"这部分内容后,笔者用一段关于2013年淘宝、天猫"双十一"销售创造的消费奇迹的材料,让学生更加靠近生活(相当一部分学生都是淘宝顾客),看到国家与社会发展的繁荣,并拓展思考电商与实体企业发展的前景。在结尾时,引用了《三联生活周刊》的一段话作为结语:"收入分配是衡量社会公平的直接标准。在理想的小康社会,强者有发挥自己聪明才智的机会,有自己施展才能的平台,能够得到相对合理的报酬;弱者也能各尽所能,找到自己生存的位置和价值,得到社会相应的尊重和关爱,有生存和发展的基本保障。"这呼应了开头"什么是社会公平、社会公平的要求"部分,激发了学生的情感,引起了学生的共鸣,引导学生做负责任的公民。

四、驱动:且行且思

教学模式具有潜在的被僵化的倾向性。因此,在生活背景选择上,必须要符合学生成长认知规律,符合"最近发展区"原则。在精心设置和选用生活背景的同时,要关注学生智力背景铺垫,通过课内和课外阅读等形式,提高学生理性思维能力,善于贯通和整合智力背景。在课堂教学中,尤其要关注培养学生的问题意识,把智力铺垫与生活实践、教材内容结合起来产生问题空穴,让学生"能问""想问""会问""坚持问",通过长期的积累,使学生的智力成长能够与所授教材内容同步。"双背景教学法"是课改背景下的一朵"浪花",其存在的生命力就在于国家推进课改的大背景以及我们有且行且思的勇气和毅力。

93

思想政治课"导学式"教学模式的应用

我们在教学实践中探索实施"导学式"课堂教学模式的改革实验,力图通过让学生动起来、说起来,燃起思考的火焰,使学生的主体地位在课堂教学中落到实处,真正让学生"学会学习"。

一、"导学式"教学模式的具体内涵

我们对"导学式"目标教学模式的内涵做如下表述:在现代教育理论指导下,坚持以教师为"主导",学生为"主体",思维训练为"主线",目标教学为主要方法的教学方法。

二、"导学式"教学模式的常用策略

1. 目标导学(提示目标,引导方向)

学习目标是指学生的学习行为所要达到的预期结果,它具有导向、激励、聚合等作用。教师应引导学生制定学习目标,以目标指导自己的学习行为,达成学习目的。

2. 纲要导学(提纲挈领,自主探究)

纲要导学就是运用文字、线条、字母、符号、表格等纲要图示,将教学内容勾勒为简明、形象的框架,以反映课文主旨。学生在学习过程中,根据这一知识结构图,顺藤摸瓜,开展自学活动。

3. 设疑导学(设置疑问,引发思维)

学起于思,思源于疑。教师有目的地设疑问难,引导学生有序学习,尤其是教师提出的系列化问题,为学生指明了学习、思考的方向。

4. 情境导学(创设情境,生疑探疑)

要激发学生的学习兴趣,就要补充一些新材料,创设新的问题情境,让学生运用所学知识来分析和解决新情境、新问题。这样,对学生的"学"也可以起导向激励作用。

5. 点拨导学(点拨精讲,释疑解难)

导学式教学中的"导"是"引导"。"引"者,"引而不发,跃如也"。"导者,多方设法,使学生能逐渐自求得之,卒底于不待教师教授之谓也"(叶圣陶语)。教师适时巧妙的点拨,可以拨动学生思维朝一定的方向、按一定的频率做功。

三、"导学式"教学模式的基本程序

"导学式"教学模式在不同教学内容的教学过程中,会展现出多种多样的风貌,但"万变不离其宗",它的基本程序为:课前,自学;课堂,解疑、精讲、训练、归纳。

自学。"学先于导"(或"学在导前"),是导学式教学的本质特征和首要环节,也是导学式教学成败的关键。学生的自学,绝不是放任自流,它要求教师的精心指导或引导。自学可采用预习阅读、上网感知等方式来进行。仅就预习阅读而言,其具体要求和措施有:阅读引言,把握整体;咬文嚼字,理解概念;集中力量,把握重点;精思善问,质疑问难;总结课文,编拟纲要。

解疑。"夫子循循然善诱人。"学生自学提出了疑问,需要教师在课堂教学中解答,以"传道、授业、解惑"。当学生的疑惑解决之时,就是学生知识增长之时,也是学生获得成功之时。

"解疑"并不是什么问题都由教师回答。"解疑"应坚持这样的原则:识记性问题可由学生直接回答;理解性问题应启发学生回答。

精讲。课堂上的"精讲"并不仅仅是数量上的少讲,而是质量上的"精"。它要求教师的讲授内容精要、分析精辟、语言精练。

(1) 内容精要

言之无物,不得要领的少讲,绝不是"精讲";言之有理,既揭示了教材的精华,又精彩纷呈的多讲,也未必不是"精讲"。

(2) 分析精辟

思想政治课教师的"精讲"也莫不如此。教师要使自己在讲授过程中的分析精辟,尤其要坚持系统分析、辩证分析、比较分析等分析方法。

(3) 语言精练

课堂教学时间的有限性,迫切要求教师讲究时间效率,提高自身的语言精练程度。为此,教师应做到——文约而事丰、辞切而意明、言简而情真。

训练。导学式教学强调学生的学习过程也是实践过程。因此,它不可缺少"训练"这一环节,通过检测达成,实现反馈矫正。学生自读课文已经领会的,可由学生自己复述、答题、演练。"训练"同样离不开教师的"导",同型归类训练就是一种有效策略。

归纳。一般而言,经过前面几个环节的教学,学生对当堂课的各个知识点已基本掌握,但还不太深刻、不太系统。此时,教师要利用个人的知识优势,使学生的知识由点到线、由线到面、由面到体(即立体认识阶段),形成一个系统化、结构化的知识网络。

四、"导学式"教学模式的注意问题

1. 正确把握"导学式"教学模式的本质特点

"导学式"目标教学模式坚持以"立人"为宗旨的价值观,它努力挖掘学生的潜能,发展学生的创造能力,达到提升人、完善人的最终目的,实现从"分本""文本"向"人本"的根本性转变;坚持以"实践"为本位的训练观,它强调将阅读权、思考权、发言权还给学生,重视通过调查、读书、感悟、论证等实践活动激发学生的内在愿望,保证在探索活动中学生始终能主动实践,坚持以"民主合作"为基础的师生观。

2. 必须提高教师的自身能力

教师的素质能否适应教学要求是"导学式"目标教学模式能否成功的关键。新的课堂教学模式要求教师具有先进的教育观念和渊博的知识,要求教师把握丰富的教学材料,运用先进的教学手段,编制符合学生实际并能调动学生思维的问题,创建激发学生学习兴趣的教学情境,具有较强的课堂调控能力、应变能力、语言能力、释疑解惑能力。

"自主—合作—创新"三维教学模式实践

在课程改革的大背景下,构建新的课堂教学模式,是应试教育向素质教育转轨的需要,是提高思想政治课教育实效从而扭转政治课形象的迫切要求。思想政治课"自主—合作—创新"三维教学模式的构建,正是顺应这种形势的需要而进行的有益尝试。

三维教学模式以素质教育思想和建构主义学习理论为指导,遵循学生的认知规律,坚持以教师为主导,学生为主体,以学习方式的变革为主线,构建在教师导学情境下的学生"自主学习—合作学习—创新学习"三维一体的课堂教学活动程序。其具体操作流程如图7-1:

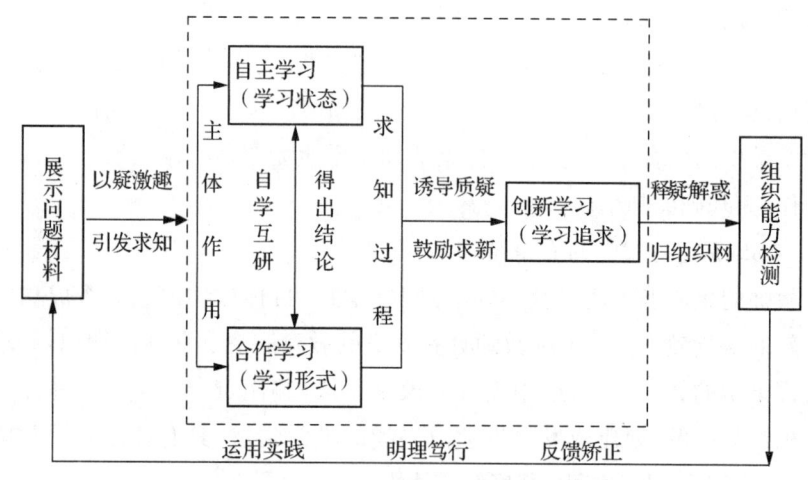

图7-1 三维教学模式具体操作流程

一、入课：精选材料，设疑启思，引发求知

立足于学生对重大现实问题普遍关注的学情，精选背景材料，巧妙构思问题，将教学目标问题化，引发学生求知的兴趣和热情，是本模式的操作起点。学起于思，思源于疑。因此，精选什么样的材料、提出什么样的问题和怎样提出问题是本环节的关键。

就理论层面而言，作为教学起点的材料必须是紧扣教材的重点与难点，能激发学习兴趣；设置的问题必须能引导学生认真阅读、钻研教材，是能实现预定教学目标且能培养学生思维能力的具有"导学"功能的问题。

二、授课：自学探究，合作互研，探索创新

经过选材设疑、以疑导思环节，模式进入核心阶段：授课过程。在这一阶段，教师的角色定位是"导"师，不是"教"师。作为导师，就应尊重学生的主体性，应努力创设让学生自主学习、合作学习、创新学习的环境来完成新授。

1. 自主学习：自学探究的学习状态

培养学生自学探究的学习能力是本模式的价值取向之一。学生的自学探究由学、思、疑、问四个相互联系的学习要素组成。学有所思，思有所疑，疑有所问，是现代教学提倡的科学学习方式。自主学习要求教师的角色是一个辅导者、支助者，而非灌输者、支配者。教师既要保证学生自学探究的必要时间，让学生在自究中感知，在感知中自悟，在自悟中生疑，更应预置自学任务，教给学生自学的方法，避免自学的盲目性。

2. 合作学习：合作互研的学习形式

学习过程中产生的浅层次问题均可在自学探究中解决，不理解或解决不了的疑难问题就需要采用合作互研的学习形式加以解决。就其组织形式而言，一般可采用三种形式：一是生生合作互研，即让同桌学生发挥各自的学探优势，就相关疑难问题相互启发，相互研讨；二是小组合作互研，合作小组以4—6人为宜，把前后排邻座学生组成学习小组，便于进行合作学习活动；三是大班集体互研，抓住中心议题或关键性问题，让学生各自发表见解，集中解决难点。

3. 创新学习：探索创新的学习追求

在自学探究、合作互研的基础上，引导学生对教材知识和丰富多彩的社

会生活实际进行深入探索,寻因究果;让学生自己提问题,找规律,推逻辑关系;在体验知识生成的过程中形成标新立异、追求卓越的竞争意识和发散、聚合、逆向等思维品质。这就进入模式的探索创新环节。在此环节,教师主要应做好诱导质疑、鼓励求新的工作。诱导质疑就是要让学生独立地去分析与思考,允许对现有结论的怀疑与否定。鼓励求异就要鼓励学生不唯书、不唯师、不唯上、不迷信、不盲从,不满足于现成的方法和答案,打破常规,敢于超越。

三、收课:释疑解惑,归纳织网,提升能力

通过上述诸环节的学习,学生一般已能够掌握主干知识,但也会有一些疑难问题需要教师精讲点拨,释疑解惑,以提高学生对知识的分辨和修正能力。教师在备课时就应在教材知识和重大社会热点结合上下功夫,考虑学生可能存在的疑问,做到有备无患。就"解惑"的方式而言,创设问题情境、开展师生论辩、摆出事实论据、进行逻辑推理等方法都是行之有效的。但总的说来,要以启发为主,以提示思路为主。同样,学生经过上述诸环节后所习得的知识往往是感性的、零散的、不成系统的结论。教师既要利用个人的知识优势,归纳梳理,提炼概括,勾勒出所授知识的结构,更应引导学生进行总结归纳,寻求知识间的内在联系,构建知识网络图,使各种能力得以有效训练和提升。

四、结课:组织检测,反馈矫正,明理笃行

组织检测是课堂教学中必不可少的一个环节,本模式也不例外。一方面,学生通过完成测评试题,检验自己运用知识解决实际问题的能力。另一方面,教师可根据测评中学生暴露出来的薄弱甚至错误的反馈信息,及时调整教学策略,制定补救措施。就检测的形式来说,可以是口头检测,也可以是书面检测;可以是当堂检测,也可以是课后检测;甚至还可以把学生整理听课笔记作为检测形式。就检测的内容而言,既要有书本知识,更要有联系社会实际的内容,要体现多样性、典型性、时代性的特点。同时在测评时,要注意学生互评和教师评定相结合,从而培养学生的自我评价能力。明理笃行是思想政治课的重要教育目标,也是本模式的最终价值取向。教师应当帮助学生架起理论通向实践的"桥梁",即开展行为教育活动,以保证教育的实效性。

95

"学案教学"探索

随着应试教育向素质教育转变及教学改革的深入,主体论的教育思想和理论已渐近人心。素质教育的大目标,决定了必须改变以教师为主体的课堂教学结构。因此,作为课堂教学基础工程的备课工作,就必须从以备教为主改为教学结合,以备学为主。因此,过去那种片面强调教师的教而忽视学生学的学堂讲义式的"教案",也必然向教学结合、以备学为主的"学案"转变。

一、"教案"与"学案"的不同点

"教案"是教师认真阅读教学大纲和教材后,经过分析、加工、整理而写出的切实可行的有关教学内容及教材组织和讲授方法的案例。它的着眼点和侧重点在于教师讲什么和怎么讲。"学案"则是在教案的基础上,为了开启学生智慧、发展学生能力而设计的在教师引导下,由学生直接参与并完成的一系列的问题探索、要点强化等全程学习活动的案例。它的着眼点和侧重点在于如何充分调动学生的学习主动性,如何引导学生获取知识,习得能力,求得创新和发展。

由"教案"和"学案"的不同内涵可知:一个着眼于教,一个着眼于学;一个着眼于教师本体,一个着眼于学生主体;一个侧重于教师"给予",一个侧重于学生"拿来";一个侧重于"学会",一个侧重于"会学"。两者虽紧密联系,但在目标要求、课堂角色、教学方式方法等方面却有着本质的不同。

二、"学案"设计要遵循的基本原则及必须实现的四个方面的观念转变

1. 主体性原则

就是要尊重学生,注重发挥学生的主观能动性,以激发其主体精神;要依靠学生,注重引导学生直接参与并完成一系列学习活动,以发挥其主体作用;要信任学生,注重用足够的时间和空间,让学生自主学习和发展,以确立其主体地位,做学习的主人。

2. 主导性原则

强调学生的主体作用,并不意味着教师可以"放群羊",撒手不管。恰恰相反,教师要立足于"主导"地位,切实肩负起"导演""教练""主持人"的责任。课前要精心设计教与学;课上要积极施教,"煽风点火",设疑引路,精讲点拨,应变有术,反馈及时。唯有如此,师生才能默契配合,和谐相处,共同实现教学目标,创造教学的最佳境界。

3. 探索性原则

要热情地鼓励学生勇于探索,科学地设计问题引导探索,适时地引线搭桥帮助探索,让学生在探索的长河中劈波斩浪、奋勇前进,直到登上成功的彼岸。

4. 民主性原则

在"学案"设计者的心目中,教师不再是课堂教学的主宰,而是学习活动的经纪人,学生自主探究活动的引路人,讨论问题的平等参与者,学生疑难问题的解答者,在课堂上师生之间的关系是平等的。教师已经没有了满堂灌和注入式的陋习,呈现在课堂上的是以教师为指导,以学生为中心的生动活泼的学习场面。

5. 问题性原则

现代教育理论和教育心理学的研究表明,思维起始于问题,问题是学生学习的心理动力,正是由于问题的不断出现,才推动学生去探索新知,使思维不断向深度、广度上拓展。据此,在教学过程中,问题的科学性、启发性、针对性和趣味性直接影响着课堂教学的成败。

6. 层次性原则

要针对不同层次的教育对象,确立不同的教学目标,设置不同的教学内容,采取不同的教学策略。例如,在教学目标的确立上,要分析学生的起点水平、适应能力及个性特征,又尽可能地满足心有余力的学生的需要。教学目标的区分,不是一味地拔高或降低教学要求,而是对学生进行有区别的帮助,使教学有更强的针对性和激励性,既为成绩好的学生插上腾飞的翅膀,也为成绩不好的学生装上起跳的助跑器。

观念是行动的先导。要实现由教案到学案的转变,教师必须实现在教师角色、学生地位、教学过程、媒体作用等四个方面的观念转变:① 教师的角色由原来的知识讲解员、传授者转变为学生学习的指导者、学生主动建构意义的促进者。② 学生的地位由原来的被动接受转变为主动参与,学生将成为知识的探索者和学习过程中真正的认知主体。③ 教学过程由原来的知识归纳型或逻辑演绎型的讲解式转变为创设情境、协作学习、会话商讨、意义建构等新的教学过程。④ 教学媒体由原来作为教师讲解的演示工具转变为学生学习的认知工具。

三、学案的基本要素

一份完整的学案,除了具有传统教案中的学习目标、重点难点、教学过程等要素外,更重要的是具有以下五个方面的分析和设计。

1. 教材与学情分析

教材和学情,是课堂教学活动的出发点,也是确定教学策略的主要依据。因此,"学案"首先必须对教材和学情进行科学的分析、准确的定位。其内容主要包括:所教内容的地位作用、知识结构、重点难点、与前后知识的联系,学生的认知水平、认知结构、思维状况、心理特点等。

2. 问题设计

"学案"本身就是一份引导学生探索的自学提纲。设计问题是引导学生探索求知的重要手段,是"学案"设计的关键所在。因此,教师要依据教学目标、教学内容,依据学情,精心构建问题链。问题的设置要考虑一定的难度、跨度、梯度、广度和密度,注意问题的科学性、针对性、启发性、层次性和趣味性。

3. 情境设计

人的活动总是在一定的情境中进行的。创设一定的情境,就能使学生身临其境,进入角色,激起兴趣,调动学生的学习积极性、主动性。因此,情境设计便是"学案"的必要工作。教师要依据学习内容,把握学习环节,适时地、恰当地采用多种方式学习。譬如,或介绍知识背景,或借用生动的语言、丰富的表情、恰当的体态动作,或借助各种媒体等,创造出浓厚的情境氛围,激发学生的情感,引起学生的共鸣,以取得良好的学习效果。

4. 教法和学法设计

"学案"不仅需要设计教师如何教,而且需要设计学生如何学,只有把教师教的最优化与学生学的最优化融合在一起,才能保证整个教学过程的最优化。因此,教法和学法设计,便成为"学案"设计的重要工作。

5. 媒体使用设计

教学媒体是课堂教学中教师向学生传递信息的工具,广泛正确地使用媒体,特别是现代电教媒体,可以变干巴巴的说教为生动形象的教学活动,激发学生的学习兴趣,调动学习的积极性;可以变"少慢差费"的低效性教学为"多快好省"的高效性教学。因此,使用媒体的设计,也是"学案"设计不可缺少的工作。教师应依据为教学服务的目的,针对学生实际,正确地使用媒体,既注意多样化、综合性,又注意适度性、恰当性,克服盲目性和随意性,以充分发挥媒体的效用。

96

向 PISA 学习试题命制

国际学生评价项目(Programme for International Student Assessment,简称 PISA)是经济合作与发展组织发起并组织实施的教育质量评价研究项目。该项目从 2000 年开始,每 3 年进行一次测评,它不以各国义务教育阶段的课程标准为基础,也不以学科知识为中心,它研究的是义务教育末期的学生(初三与高一为主的 15 岁学生),即未来社会公民,在个人、工作和社会生活中,运用已学知识和已具备的技能态度去解决问题的能力。作为中学政治教师,应从国际学力测验中汲取教育智慧,并向 PISA 学习试题命制。

一、将"素养"立意落到实处,关注学生发展

【例1】 2012 年 PISA 财经素养测试第 4 题

在市场上,你可以按重量(2.75zeds/kg)或按箱(22zeds/箱,10kg),购买番茄。

问题一:箱装的番茄比散装番茄价格更实惠。请给出一个理由来支持该观点。

问题二:对某些人来说,买一箱番茄可能不是一个明智的财务决策。请解释下为什么。

同样是有关"消费"的试题,我们的模拟题如:

【例2】 近日,彭丽媛陪同习主席出访欧洲期间用手机拍摄的图片在网上掀起一阵浪潮。她使用的手机是国产努比亚 Z5Mini。这款手机外形简约

时尚,功能强劲,价格却不到 2 000 元。受此影响,京东商城的该款手机日销售量较以前翻了一番。这表明

A. 消费对生产具有反作用　　B. 消费者受从众心理影响
C. 消费者受攀比心理影响　　D. 价格变化影响商品需求

PISA 试题实实在在地考查了学生在市场上对价格问题的全面认识及通过对购买箱装番茄利弊得失的分析从而做到理性消费的行为能力。与例1相比,模拟题根本的问题在于很难走出知识立意,虽然一道题牵涉到四个知识点,其实考查的还是学生的知识再认水平,就思维能力而言,最多考查了学生对情境材料的理解力。同时了解了消费心理,还不是关键,也不是学科主干知识,对于消费者而言应该是树立正确的消费观,对于企业经营者而言是如何更好地为消费服务,形成自己的竞争优势。向 PISA 学习,例 2 的情境之下还应增加一问:

受这一案例启发,作为企业经营者应该高度重视

A. 准确的战略定位　　B. 较大的价格优势
C. 掌握独特的技术　　D. 产品的品牌效应

这样对学生所学《经济生活》知识的考查才能落到"素养"的实处。向 PISA 学习,我们在试题命制时,从思想政治学科素养立意方面可从以下三个维度来衡量:

1. 认知维度

对学科主干知识的认知与思维的全面性、深刻性、准确性、灵活性。

2. 情感态度价值观维度

民本性、怜悯性、政治敏锐性、以马克思主义基本观点分析解决问题的自觉性。如对社会热点的关注度等。

3. 行动维度

行动举措、学科理性、政策水平、社会规范的契合性、抗诱惑性、坚持性。如对形势的判断、预测力,从社会生活或情境中捕捉有效信息,并据此审视和提炼社会生活问题,或阐释和证明观点,或提出行动对策的能力。

二、创设必要的生活情境,体现命题立意

将知识运用到情境中去,在一定的情境中解决问题是 PISA 极其重要的

特征之一。为了考查学生的素养,PISA 大部分测试都是基于问题解决的情境性试题。

【例3】 2012 年 PISA 财经素养测试第 6 题

戴维在 Zed 银行存钱,他收到一封电子邮件。

> 亲爱的 Zed 银行会员,由于本银行的服务器出了点问题,造成您的网上登录信息遗失。因此,您将无法使用网上银行,最重要的是您的账户将变得不再安全。请点击一下链接,根据提示来恢复使用。http://ZedBank.com/
> 到时请提供您的网上银行信息。
>
> ZedBank

问题:对戴维来说,以下哪个观点可能是好建议?在每个观点后圈"是"或"否"。

观点	这是个好建议吗?
回复邮件并提供他的网上银行信息	是/否
联系银行询问邮件信息	是/否
若该链接和银行的网址一样,点击链接并根据提示操作	是/否

满分答案为否、是、否。

PISA 的"素养"立意,以各种错综复杂、真实再现的问题情境为载体。试题依据学生对课本知识的掌握和理解,测试其广泛、灵活运用知识的情况,强调学生对知识在真实情境中的运用。离开各种具体的生活情境,任何自我保护、安全意识都是空洞抽象的。该 PISA 试题,不仅考查了学生妥善处理金融诈骗邮件信息方面的意识性,更为重要的是考查了学生的行为能力。向 PISA 学习,我们在创设情境时,应尽可能做到如下几点。

1. 还原生活本真

真实性是情境的首要条件,若将"创设情境"异化为"虚构情境"甚至"捏造情境",那就陷入了误区。情境越真实或接近真实,就越能使学生产生一种熟悉感、亲切感,越能有效地评估出学生利用所学知识,发现、处理和解决真实情境中的问题的能力。

2. 服从立意表达

问题情境必须有利于考试意图的实现,为了情境而创设情境或者情境与考试意图关系不大,就违背了情境设置的初衷与主旨。服从对学生思想政治素养考查落到实处的情境材料最好从细微处、从个体、从生活切入,多一些具体、感性的事物,少一些笼统、抽象的理论和教条。

3. 富有文化内涵

情境既是思想的载体、信息的载体,也是文化的载体。学生梳理、整合素材和信息的过程,也可以是感受与获得民族文化精神和民族审美情感的过程,让学生在答题的过程中学会做人。

三、灵活运用设问方式,真正考查学力

PISA试题往往通过问题产生的刺激将学生带进一个全新的情境中,让每个学生尽可能在问题中发现自己感兴趣的东西,产生必须直抒胸臆的感觉。例1在一个极其简洁的情境下,设置两问,既单刀直入,又达到让学生学会全面地看问题的目的。或许,按照我们固有的命题思路,该题只需设置一问:如果是你,在市场上会做出何种选择呢?事实上,这样的设问缺乏铺垫与梯度,大多数学生会因为没有生活体验,很难做出真实而准确的回答。同样,例3在给出戴维收到一封银行电子邮件的情境后,没有直接提问:戴维这时应该怎么做?而是给出三个备选答案。虽然大多数学生可能知道这时应该联系银行询问邮件信息,但是,对于若该链接和银行的网址一样,是否要点击链接并根据提示操作没有把握。因而PISA试题通过灵活巧妙的设问,在更广阔的视域中考查了学生的安全意识与行为选择能力。学习PISA的设问技巧,从逻辑思维方式上把握,必须做到归纳与演绎的辩证统一;从具体与抽象的平衡点上,尽量向具体倾斜,抽象的问题以形象的面目出现;从小处切入,小中见大。

任何一种教学活动最终都要回归到教学目标的落实和反馈上,我们必须学会选择并设计有效的试题来鉴别自己教学的优劣,诊断学生的学习情况,矫正学生的知识、能力及价值观缺陷,提高学生的学习效果。PISA测试的一系列理念为我们的试题命制带来了新的思想,我们应充分吸收,使试题命制更加科学规范精致,更多地关注学生的感受与创造性,更好地培养学生应对未来挑战的能力,促进学生将所学思想政治内容内化为他们智慧的一部分。

97

实现由"能力立意"向"素养立意"转变

立意、情境、设问、答案是命题的四个基本要素,其中命题的立意是指命题的主旨,即命题者的主要考查意向,侧重解决"考什么"的问题。命题中,试题立意要符合立意的大方向,目前,我们需要摒弃"知识立意",逐步由"能力立意"向"素养立意"转变。

1. 命题要坚决摒弃"知识立意"

知识立意,重点强调对学科基础知识的考查,关注记忆的准确性、完整性和熟练程度,答案具有标准化的特点。

【例1】(2007 苏-12)哲学基本问题在人们的现实活动中表现为

A. 人与人的关系　　　　　B. 社会与自然的关系
C. 人与世界的关系　　　　D. 主观与客观的关系

【例2】(2004 苏-34)据报道,当前在一些农村,"算命先生"生意兴隆,"巫婆神汉"收入丰厚,封建迷信有卷土重来之势。中国科协在全国范围内进行的一项抽样调查表明,有20%的人行为倾向受算命结果支配。令人担忧的是,有些人还认为,"算命先生""巫婆神汉"的活动属于正常的宗教活动,应当保护其自由。

问题:针对这一错误观点,请你简述正常的宗教活动与封建迷信活动的区别。

例1、例2这两道试题属于典型的知识立意,试题主要考查学生对教材知识内容的记忆,这种知识立意的命题取向容易将教学引向机械识记,这是需要我们坚决摒弃的。

2. 命题要坚持"能力立意"为主导

在能力立意中,首先考查目标应独立完整,即具体考查哪些知识,具体的能力要求有哪些。其次,立意要重点突出,考查目标应有层次性、相关性,要减少孤立琐细的知识点考查,引导学生重视从结构上把握知识,并体会综合能力的要求。即使是对单个考点的考查,也要注重知识与能力的结合,避免那种单纯记忆性知识的考查,减少单纯记忆再现的比重,重在运用知识解决实际问题。再次,立意要具有综合性,试题尤其是主观性试题不能偏重考查考生某一个方面的能力,必须是多种能力的综合体,强调对学生综合能力的考查。以主观题为例,一份试卷中的若干题目能够从多个角度、多个层面综合考查相关能力,才能形成对考生能力综合体的有效测试。

如2016年全国文综卷Ⅱ第39题,试题以"精准扶贫"为背景,以某地区扶贫实践的典型案例创设情境,设置了三个问题:① 十八洞村扶贫实践是贯彻精准扶贫思想的成功案例,运用矛盾的普遍性和特殊性辩证关系原理加以说明。② 扶贫先扶"精气神"是十八洞村精准扶贫的重要经验,运用文化对经济作用的知识说明这一经验的合理性。③ 借鉴十八洞村经验,就推进精准扶贫提出两条建议。试题要求考生在阅读材料的基础上能正确解读材料中的信息,并能准确调用矛盾普遍性和特殊性辩证关系原理、文化对经济作用等知识,将材料和观点有机结合起来加以分析,试题综合考查了学生多方面的能力。

3. 命题要逐步向"素养立意"转变

目前,学科专家将思想政治学科核心素养初步界定为:个体在面对复杂的、不确定的现实生活情境时,综合运用本课程的学习所孕育出来的学科知识与技能、学科思想与观念,在分析情境、应对挑战、发现问题、确认问题、思考问题、解决问题的过程中,表现出来坚持正确世界观、人生观、价值观,参与经济、政治、社会、文化生活的关键能力和品格。这一界定为素养立意确定了方向,为学科关键能力的确定找到了依据。素养立意要关注学生参与经济、政治、社会、文化生活的关键能力和品格,由于纸笔测试很难测量出学生的道德水准,所以目前纸笔测试下的素养立意重点在于测试学生的关键能力,由关注学生学到了哪些内容转向关注学生学到的内容在现实生活中能做什么，以促进学生应对今后社会发展需要。素养立意下的政治学科命题应强调发现问题、确认问题、思考问题、解决问题中表现出来的关键能力，而这里的问题更应具有现实性。素养立意是对能力立意的继承和发展，我们的命题立意要努力向素养立意转变。如2016年北京卷选择题的第27、29、31、34题等；2016年江苏卷，4道主观题分别针对如何认识现实生活中电影"叫座"和"叫好"的矛盾、我国制造业企业资本回报率低的问题、我国企业面临的海外投资纠纷、智能机器人产业发展中面临的风险是否可控。这些试题以社会热点为背景，直面社会现实问题，以引发学生思考，这一命题思路是对从能力测评对向素养测评转变的积极回应和有益尝试。

【例3】（2016年北京卷）"跑步热"的兴起，使一些城市的马拉松比赛吸引了众多的爱好者，赛事组织者常常面临报名者众多而参赛名额有限的困扰。在解决参赛名额这一稀缺资源配置的难题时

① 先到先得的排队法能缓解供求矛盾
② 随机分配的抽签法能实现资源的优化配置
③ 价高者得的拍卖法违背了市场竞争的公平原则
④ 优先本地报名者的做法是采用计划手段配置资源

A. ①②　　　　B. ①④　　　　C. ②③　　　　D. ③④

本题的命题者突破了以往选择题命题的禁锢，以马拉松比赛中报名者众多而参赛名额有限为例，要求考生为解决参赛名额这一稀缺资源配置的难题做出科学选择。在这里，学科知识成为解决现实生活中"参赛名额这一稀缺资源配置的难题"的有效工具，真正发挥了学科知识的工具作用。这类选择题的价值要远高于"这说明""这表明"的知识验证类选择题，是由能力测评转向素养测评的有益尝试，也更有助于培养学生的学科核心素养。

由能力立意向素养立意转变不是不要考查知识和能力，而是怎样考查知识，考查哪些能力，这样的能力对学生终身发展和长远发展是否有用。我们的命题要让学生面对现实生活中的实际问题，促进学生提高解释或解决现实生活中实际问题的能力，培养对学生终身发展和长远发展有用的能力，实现由能力测试向学科素养测试的转变。

98

提高命题情境创设的质量

在高考政治试题中,选择题占据着半壁江山。随着新课程改革的深入,单纯考查识记能力的选择题已经淡出,材料型选择题成为选择题的主导。命题者越来越重视选取各种材料创设情境,考查考生获取和解读信息、调动和运用知识的能力。然而,各地的高考模拟题中的一些选择题题干的材料质量不高,不仅直接影响着选择题的质量,而且不利于测量目标的实现。

一、信息冗余,黏合度低

我们经常看见一些选择题的题干材料很新,特别是有时命题者为了突出时效性,喜欢从社会热点新闻中取材,但仔细分析却发现,这个新闻或时事是给试题硬套上的一个"新"的时政材料,从实质上看是多余的,和选项之间是剥离的。对学生答题来说,这些内容与考生应答无关,对考生答题没有任何帮助,是一堆无效信息。题干材料与选项的黏合度低,一方面浪费了考生有限的答题时间,甚至会对学生答题造成不必要的干扰;另一方面也无法实现考查考生获取和解读信息、调动和运用知识能力的测量目标。

【例1】 十一届全国人大常委会第十一次会议审议选举法修正案草案等。据此选举法修正案草案规定,全国和地方各级人民代表大会代表实行差额选举。"差额选举"与"直接选举"共同的特性是

A. 充分考虑当选者结构的合理性

B. 为选民提供了一定的选择余地
C. 能更充分地体现选民的意志
D. 容易发生虚假宣传、贿赂选民的情况

题干材料中的前两句话对答题并没有任何直接的意义和价值,如果删去这两句话,考生选择正确答案不受任何影响。这对学生思维能力的考查没有任何帮助。

二、简单复制,精练性弱

有的试题选中一段材料时,这段材料本身并非专门为命题准备的,而且从作为选择题题干角度看,材料往往显得繁杂臃肿。此时,就要对所选择的材料进行必要的加工,力求题干简明易读,并直接指向待测查要素。我们可以比较两道以同一素材命题的模拟题,细究两道题在素材的加工和题干的精练程度上差异到底有多大。

【例2】 在美国期间,钱学森仅仅为了解决一道薄壳变形的难题,研究的手稿就累积了厚厚一大摞,在工作进展到五百多页时,他的自我感觉是:"不满意!!!"直到八百多页时,才长舒一口气。他把手稿装进牛皮纸信封,在外面标明"最后定稿",继而觉得不妥,又在旁边添上一句:"在科学上没有最后!"这表明

A. 追求真理是一个永无止境的过程
B. 实践是客观物质性的活动
C. 改造客观世界与改造主观世界的统一
D. 事物的发展是前进性和曲折性的统一

【例3】 钱学森先生在美期间,撰写的一篇文章封面先是写上"Final"(最后的定稿),后又在旁边添加了"Nothing is final !!!"(没有什么认识是最后的)。这是因为

① 真理是具体的、有条件的　　② 认识具有反复性和无限性
③ 真理是主观见之于客观的活动　　④ 认识是圆圈式的循环运动

A. ①②　　　B. ①④　　　C. ③④　　　D. ②③

上面这两道选择题题干都取材于《手稿中的钱学森》这一篇新闻报道,例

2中命题者原文照录了新闻报道中的内容作为选择题的题干,材料不精练。例3则对材料进行了加工,精简后的材料在没有改变材料原意的基础上使得考生更容易把握材料信息。这启示我们,在命题过程中我们应该将原始材料加工成适合命题要求的材料。在不改变原文意思的前提下,题干材料长度要适中,避免文字冗长;题干要简明,尽可能删除无关材料。

三、材料直白,思考性差

选择题是以题干材料为基础,要求考生有所思维的。如果题干材料过于直白,会导致材料的思考性下降,考生根据材料中某些直白的词语就可以直接确定正确选项,而无须经历上述的思维过程,选择题的测量目标就无法真正实现,题目的质量也就大大降低。

【例4】 "人的思维是否具有真理性,这并不是一个理论的问题,而是一个实践的问题。人应该在实践中证明自己思维的真理性,即自己思维的现实性和力量,亦即自己思维的此岸性。"这一论断说明了

A. 实践是认识的来源和动力

B. 实践是检验认识是否具有真理性的唯一标准

C. 思维的真理性不需要理论的证明

D. 认识活动与实践活动具有同样的作用和力量

概括例4题干,题干中"思维是否具有真理性""是一个实践的问题""在实践中证明自己思维的真理性",本题题干部分的上述信息与正确答案"实践是检验认识是否具有真理性的唯一标准"存在过于直接的解题联系,即正确答案变相重复了题干,向考生直接明示了正确答案。从思维过程看,考生由获取信息即可直接得到正确答案,不需要经历对信息从感性到理性的解读,也不需要经历知识的调用这一思维步骤。这大大降低了试题的思考性,缺乏对思维能力的考查,无法实现本题预设的测量目标。由此,我们在命题过程中要避免题干材料中直接出现与选项正确答案之间存在语言明示的词,导致题目无法考查考生的思维能力。

四、人为编造,可信度低

选择题试题材料是通过创设问题情境考查考生的相关能力。在命题中

我们可以虚拟情境,虚拟情境是通过复现、模拟方式创设情境。但这种虚拟的情境不能凭空臆造、无端想象、牵强附会,如果虚拟情境可信度低,站不住脚,就会大大降低试题的质量。

【例5】 某小企业上年生产一件甲种商品的劳动耗费价值8元,产量为10万件,甲种商品的社会必要劳动时间价值6元。如果该企业今年的劳动生产率提高10%,其他条件不变,那么,该企业今年甲种商品的销售收入与上年相比

  A. 增加8万元   B. 增加6万元
  C. 减少14万元   D. 不变

创设虚拟问题情境时一定要尊重事实,立足实际。如本题情境缺乏合理性,违背了客观规律。因为,企业的个别劳动时间比社会必要劳动时间高,在市场竞争中处于不利地位,是难以生存的,在这种情况下,企业如何将产品销售出去,提高10%的劳动生产率后,该企业的劳动生产率还是低于社会劳动生产率,该企业又谈何实现销售收入呢?

99

打造"秀外慧中"的优质选项

近年来各地高考题和模拟题中的有些选择题,选项编制上存在不足,影响了试题整体质量。选择题由题干和选项构成,题干创设了情境、规定了选择方向,选项则提供了旨在鉴别考生水平差异的备选内容。在选项编制过程中,一方面要确保正确选项的科学性和思维适切性,保持干扰选项的适度迷惑性,提升选项的内在品质;另一方面要提高选项的规范性,塑造选项的外在形象。命题时可以按照以下四步操作。

1. 切忌模棱两可,确保正确选项科学性

为确保正确选项的科学性,命题中必须注意可能导致答案产生争议的几种情况:

首先,对理论观点的变通、引申要谨慎。将教材观点进行变通、引申作为正确答案时,其观点要明确、清晰,与本意一致,而不能模棱两可,产生歧义。

【例1】 某企业某年利润1.2亿元,称之为私人收益,但污染造成居民的经济损失约0.4亿元,这样社会收益约0.8亿元。由于政府新颁布了环境保护条例,在同样情况下,该企业为避免可能面临的0.4亿元的罚款,投入0.2亿元解决了污染问题,此时社会收益为1.0亿元。这一过程表明

A. 法律法规是资源配置的基本手段

B. 污染是公共物品,必须由政府治理

C. 市场在政府调控下对资源配置起基础性作用

D. 市场调节具有滞后性的弊端

C选项包含"市场对资源配置起基础性作用"和"市场的基础性作用是在政府调控下进行的"两层意思。如果强调前者,则与题干中面对市场调节的自发性("污染造成经济损失"),政府采取宏观调控措施("政府新颁布了环境保护条例")不吻合。如果强调后者,"市场在政府调控下对资源配置起基础性作用"则被理解为市场对资源配置起基础性作用是以"政府调控"为前提。显然,由于命题者对教材观点进行变通中设计的选项语意模棱两可,因此本题的科学性应该打上了问号。

其次,对新现象、新问题的研究要全面、深入。以新现象、新问题为背景编制试题,命题者必须切实了解、全面把握,避免由于自身理解不到位,产生科学性错误。此外,对存在争议或尚无定论的观点要回避。这要求命题者不断提高理论水平,对教材观点的把握准确到位,对学术争论情况比较清楚。

2. 准确把握主旨,提高正确选项适切性

正确选项的表述要努力实现知识的本质含义(不是教材原话)与题干材料的本质和立意主旨融为一体;要努力使学生答题的过程成为运用正确方法获取题干信息,由事及理或以理析事的思维过程,反映考生对知识的理解、掌握的程度及对实际问题的分析能力。正确选项的思维适切性在度的把握上要视命题的具体要求而定。

(1) 避免正确选项对题干的解释过于肤浅或简单重复

如果提供的材料已经足够充分地点出了问题的答案,或者选项在某种意义上只是题干的同义反复,那么这种选项就缺乏应有的思维含量,学生无须调用学科知识,也不必进行由事及理或以理析事的思维过程。

(2) 防止正确选项对题干的解释分析过于复杂

如果解答选择题的思维过程过于复杂,考生答错时,我们就无法根据思维结果推断学生在哪个环节存在问题。

【例2】假定某国一定时期内市场上流通的货币量为30 000亿元,为扩大生产,刺激经济发展,需增加20%的货币供应量,但实际执行的结果,却使流通中的纸币量达到了50 000亿元,那么,此时的货币贬值度为

A. 72%　　　　　　　　B. 28%

C. 12.8%　　　　　　　D. 18%

解答本题第一步需要计算出流通中需要的货币量[30 000×(1+20%)=36 000亿元];第二步要计算出多发行的货币量(50 000－36 000＝14 000亿元);第三步才能计算出货币的贬值度(多发行的货币量÷实际发行的货币量＝14 000÷50 000＝28%)。本题的思维过程较为复杂,学生选择错了,我们无法知道他究竟在哪个环节出了问题,测量的结果不具有推断意义。

(3) 保持选项独立性

所谓选项的独立性是指各选项尽量不要相互排斥或相互重叠。如两个选项从正反两个相互排斥的方向设置,或两个选项表面不同,考查的内容或角度是相同的,相互重叠。如果选项缺乏独立性,就降低了考查知识内容的覆盖面和试题的思维含量,影响测量结果的效度。

3. 适度"似是而非",保持干扰选项迷惑性

在提高正确选项质量的同时,切不可忽视干扰项的质量。干扰项必须具有合理、有效的迷惑性,以发挥考试的诊断功能。干扰项应是考生在实际答题中因错误理解或思考可能出现的结果,因而不能简单拼凑,不能与分析过程完全无关。在选项同质性的前提下,实现有效干扰的具体方法有如下几种。

(1) 鱼目混珠干扰法

以学生学习中的典型错误做干扰项,以考查考生对学科概念、观点的准确理解能力。这种干扰项的设置要以同质性为前提,不能随意找一个易错、易混知识作为干扰项。在确定试题干扰项时,要考虑考生做试题可能暴露出来的知识漏洞和能力差异,设计的选项要对正确选项构成干扰。

(2) 答非所问干扰法

以说法正确,但和题干无关的选项做干扰项,考生在不理解题干材料信息或指向的情况下,会因其本身表述正确而误选。尤其是使用教材中的语言或真理性的措辞,当干扰项大多数由正确表述组成时会加强干扰性。这种干扰项的设置也要以同质性为前提,选项与题干要有联系,不能是"风马牛不相及"或"答非所问",应该是"貌似有关却无关",表面有关,实质无关。

(3) 望文生义干扰法

干扰项与题干中某些部分有语义上的联系,没有全面而准确把握题干的

考生容易误选。

以上三种干扰方式可以单独使用,也可以综合使用,在命题中,干扰项采用何种干扰方式,达到什么干扰程度不能一概而论,应该根据命题的难度要求确定,也离不开命题经验的积累及有关测试数据的参考。但要强调的是,决不能离开同质性这一基本原则设置干扰项,否则是没有意义的干扰。

4. 重在"精雕细琢",提高选项规范性

在命题中提高选项规范性主要应注意以下几个方面:恰当处理共同表述;杜绝无效组合因子;防止选项长短不一。

100

基于真问题的主观题设问

把握真问题的命题理念和风格有助于我们更好地理解高考命题的新走向。具体来说,其理念和风格主要表现在以下三个方面。

1. 关注"问题"而不是"话题"

真问题的显著特点在于,基于现实问题,提出需要学生回答的问题。去掉设问中学科知识的限定后,设问所涉及的是现实生活中客观存在的、有价值的问题,如2016年江苏卷中的题目,我国电影需要"立得住的文化内核"的原因、只要能"叫座"的电影就是好电影吗、如何提高我国制造业企业资本回报率、中国企业如何减少和化解海外投资纠纷、许多国家为何将机器人作为战略性产业来部署、某企业如果准备投资机器人项目,在确定投资前应做哪些必要的调研工作、智能机器人的发展给人类带来的风险是否可控。通过真问题引发学生对现实问题的真正思考,能提高学生运用学科知识分析解决社会现实问题的思维能力,更重要的是有助于推进学生对社会现实问题的关注和思考。

2. 倡导"思路"而不是"套路"

真问题倡导学生在问题的思考中实现从"套路"到"思路"的转变,引发学生的真思考。它针对的是一些教师喜欢用"万能公式"来指导学生,将学科教学引向了机械和僵化的倾向;是为了克服背离学科教学本质,违背"具体问题具体分析"这一马克思主义的活的灵魂的做法。

3. 要求"逻辑"而不是"罗列"

"撒网式"以多取胜的应试方法越来越不适应新的命题特点的要求。以2014年江苏卷第34题(1)对文人墨客的题字、题诗与游人"到此一游"式涂鸦区别的答案为例：① 前者是一种文化创作，具有文化内涵，能保存和传播书法、诗词等中华传统文化。前者与景观融为一体，能给人以美感，具有一定的文化价值，也能带来一定经济价值。② 后者破坏了人文景观或自然景观，违反社会公德，不利于健康文明风尚的形成。答案要点内部是层层推进的，后一层是建立在前一层基础之上的，靠单个的知识点是无法回答问题的，需要依靠逻辑化知识点构成的知识线才能回答问题。第37题(3)以"促进互联网金融健康有序发展"为主题写一篇时事评论，试题更是明确地提出了要求：① 论点紧扣论题，评述全面深入，合乎逻辑。② 根据论题要求，运用相关材料，理论联系实际地加以分析、论证。这要求考生能围绕论题，明确论点，逻辑清晰地表达三层：互联网金融的积极意义、互联网金融安全存在的问题、应对互联网金融安全的对策。如果考生仅仅是罗列若干要点是不符合要求的，也无法正确回答问题，是难以得到理想分值的。

4. 要关注问题的真实性

我们要由单纯关注社会热点到更多地关注现实问题，在挖掘社会热点中现实问题的基础上进一步提炼出有价值、有质量的真问题。如果只是停留在对现实生活的浮光掠影、对社会热点的走马观花是无法挖掘其中的现实问题，提炼出真问题的。

在命题中，教师要避免命制要求学生分析某段材料或中央文件中体现的哲学道理或经济学道理的"伪问题"。在教学中，要改变从经济生活、政治生活等学科知识角度对社会热点进行观点和材料一一对应的"碎片化"解读的"伪思考"。这些质量低劣的"伪问题"和"伪思考"与高考命题方向背道而驰，无法激发学生的真思考，无助于考生对社会现实问题的理解和把握。

5. 要重视情境的多变性

主观题的材料主要发挥两个方面的作用：首先，给学生的思维提供原料。由于高中生对社会现实生活缺乏足够的接触和感知，命题者需要提供素材作为铺垫，为学生思考分析真问题提供材料支撑。其次，对考生思维做出限定。具有高黏合度的情境使得问题具有了个性化的特色，情境的多变带来问题答案的不确定性,避免了试题的雷同,能有效避免教学中的猜题押题。用一个固定的答案或"套路"去套多变的试题当然是不符合要求的。

只有学会面对情境化的真问题,实现对问题的真思考,才能适应高考试题情境的变化多端,提升分析解决问题的能力,而不是靠平时的"死记硬背""猜题押题"去应考。只有通过真思考才能展现真能力和真水平。

6. 要培养思维的逻辑性

不能满足于以简单罗列知识点的方式来训练学生答题,必须提高学生打通知识点之间联系,明确知识点之间逻辑的能力。由只看到了知识点的点状思维到注重内在逻辑的线状思维。小论文式试题更是要能围绕论题(中心论点),明确自己准备表达几层意思(分论点),每层意思之间的逻辑是什么,在每一层的内部的逻辑是什么,并表述成文,而不是简单地列举若干个点。通过这种有效的训练才能适应今后学生发展对逻辑思维能力的需要。

101

做一名会命题的政治教师

命题是教学工作的重要环节。会命题的教师,能准确地把握本学科的课标、正确地理解教材、精确地判断命题趋势,是综合素养最全面的教师,直接决定着教师课堂教学的可持续发展力。命题过程凝聚着教师的心血,包含对知识的扬弃,也体现教师的科研能力,是教师专业发展的一个有效过程。那么,政治教师怎样才能命制高质量的试题呢?

一、在解析中开始

命制高质量的试题,首先必须从学会阅题、解题开始。阅题、解题、析题和命题是教师环环相扣的四项专业活动,阅题能力、解题能力、析题能力和命题能力也是教师逐层提升的四种专业能力。要提升教师的命题能力,就必须从日常教学的阅题、解题开始。拿到学生要做的习题或试卷,养成与学生一起解题的习惯,不要依赖现成的参考答案。毕业班的教师要多看、多做近几年的中高考试题,尤其是最新的模拟试题。解题中,教师要感受到试题的难易度、知识点分布,参考答案语言的组织、分值设置,提高自己读题和提取题干材料的信息能力。能发现试题的优劣,为自己下一步分析试题提供必要的材料。

当然,作为教师光会解题显然是不够的,还要学会去分析试题。通过对试题进行分析,不仅可以对试题和考生做出恰当的评价,获得考试提供的教学反馈信息,为今后改进教学提供依据,也能相应地提高教师自我命题的能力。试题分析主要有以下几个环节：一是分析试题的立意，即明确试题具体考查的知识、能力或情感态度价值观；二是分析试题的亮点和待完善之处，即试题好在哪里，哪些问题尚需改进；三是试题的拓展，即分析试题可做哪些拓展、延伸出哪些变式；四是分析学生答题中易出现的错误及其原因；五是分析试题对教师的教、学生的学和平时考的启示等。

二、在仿编中创新

对于年轻教师来说，模仿是最基本的一种命题方式，也是命题实践迈出的第一步。一旦教师在教学实践中觉得某个题目不错，便可以进行初步模仿，比如模仿其背景选材、模仿其表述方式、模仿其试题类型、模仿其设问方式、模仿其组织答案，等等。当然，模仿也是一个自觉接受、积极思考、认真分析、主动消化吸收的能动过程。通过模仿，不但可以实现对不同知识点的考查，而且使命题者在模仿的过程中领会命题的思路，掌握命题的基本要领和命题技巧，从而增强积极参与命题的意识。

在模仿基础上，教师可进一步对试题进行改编。改编的方式主要有两种：一种是"完善"式改编，也就是对某一道具体试题，如果觉得在某些方面存在一定的问题，或发现其尚有可进一步完善之处，命题者就可以通过对其进行再加工即改编，让试题变得更加科学、更加完美。另一种是"拓展"式改编，即某一试题本身没有问题，且又有较多利用空间，我们便可从不同角度进行挖掘、拓展，从这个题目延伸出其他题目。就非选择题的改编而言，这种"由此及彼"式的改编具体可从如下两个方面考虑：一是设问不变材料变，也就是用新的背景材料取代原来试题的情境材料，从而使原题的内容与时俱进、形式变得更入目。二是材料不变设问变，即在保留原题干材料前提下，命题者对原题的设问进行变换。常见方式主要有：① 变换设问方式，如把"为什么"换成"怎么做"；② 变换设问角度，如把"从经济方面"换成"从政治方面"；③ 变换设问要求，如把原来的简答题改成了论述题；④ 变换设问主体，如把"国家"换成"公民"；等等。

三、在研思中提升

会上课的教师，不一定能命制出好试题。相反，能命好题的教师，一般都能上出精彩的课。因此,提高命题能力,更需要命题者从钻研课标、教材做起。要求命题者必须仔细研读课标,准确把握教材上的重难点,特别是考纲中的考点,需要琢磨品味教材上的每一段、每一句、每一张图片,命题切忌把课本搁置一边,鼠标复制、剪刀加糨糊式的命题不可取。因为这种做法不但不可能命出高质量的试题来,而且有可能侵犯他人的知识产权。

同时,命题必须研究和总体把握适合本地考生考试的学情。如对以下问题的思考:这道题目学生可能会如何思考? 答题过程中可能会出现哪些问题? 可能会出现哪些答案? 哪些问题跟学生的知识掌握程度有关? 哪些问题反映出学生的能力缺陷? 哪些问题又可能跟学生的思维方式和学习习惯有关? 等等。

命题能力作为教师的一项专业能力,是不可能从别人的说教中形成和发展的,而只能在自己的实践和感悟中不断得到提升。因此,教师命题能力的提升,不仅需要背景材料的积累,还需要经验的积累。经验的积累则需要命题者进行不断地反思。这就要求教师不能仅满足于命好试题,命题或考试结束以后,命题者再回过头去对试题的命制、考试情况做出评估或进行反思,包括对教材和课标的理解是否达到应有的水平、情境材料的选择和裁剪是否科学合理、试题与学生学情的结合度是否到位、命题中存在的问题及可进一步改进的地方等。在评估或反思的过程中,命题者才能更好地总结经验、吸取教训,使自己的命题素养得到进一步提升。